面向新时代应用创新型人才培养的理论与实践

主　编　周鲜华　栾世红
副主编　王婉郦　刘益彤

哈爾濱工業大學出版社

内容简介

高等教育是一个国家发展水平和发展潜力的重要标志。伴随着中国特色社会主义进入新时代,高等教育迎来重要发展机遇期,同时在实现内涵式发展过程中也面临各方面的挑战。面对机遇与挑战,探索面向新时代应用创新型人才培养理论与实践成为推动高等教育内涵式发展的重要研究课题之一。本书汇集了沈阳建筑大学管理学院等单位的教师和管理者多年来在学科专业建设与发展、课程建设与教学方法改革、实践教学与创新创业教育、人才培养与国际化和管理现代化方面的宝贵教学、研究和管理经验,以期为从事高等教育的同人提供参考。

图书在版编目(CIP)数据

面向新时代应用创新型人才培养的理论与实践/周鲜华,栾世红主编.—哈尔滨:哈尔滨工业大学出版社,2019.10

ISBN 978-7-5603-8557-0

Ⅰ.①面… Ⅱ.①周… Ⅲ.①高等学校-人才培养-研究-中国 Ⅳ.①G649.2

中国版本图书馆 CIP 数据核字(2019)第 235038 号

策划编辑 田新华
责任编辑 马 媛
封面设计 刘长友
出版发行 哈尔滨工业大学出版社
社 址 哈尔滨市南岗区复华四道街 10 号 邮编 150006
传 真 0451-86414749
网 址 http://hitpress.hit.edu.cn
印 刷 哈尔滨市道外区铭忆印刷厂
开 本 787mm×960mm 1/16 印张 18.5 字数 349 千字
版 次 2019 年 10 月第 1 版 2019 年 10 月第 1 次印刷
书 号 ISBN 978-7-5603-8557-0
定 价 58.00 元

序

沈阳建筑大学管理学院秉承“博学上进,知书达理”的院训,以学科建设为龙头,以本科和研究生教学为核心,致力于培养面向新时代的应用创新型人才。这部《面向新时代应用创新型人才培养的理论与实践》,以应用创新型人才培养为核心,涵盖本科教育与人才培养、研究生教育与人才培养等主题,坚持党的教育方针,紧扣高等教育改革与发展主题,联系高等建筑教育教学改革实践,对建设有特色、高水平的建筑大学和培养高素质应用型人才具有重要的促进作用。

创新是一个民族进步的灵魂,是一个国家兴旺发达的不竭动力。我国正在向创新型国家迈进,面对建设创新型国家这一目标,高等院校需要改革现有的培养模式,提高学生的实践创新能力,以适应现代经济社会的发展和国家对专业人才的需要。以培养应用创新型人才为己任的沈阳建筑大学管理学院,坚持“求真务实,打造特色,创新发展”的理念,将培养目标明确定位为培养建设工程领域的高层次应用型、复合型工程技术和工程管理的专门人才。本书是我院人才培养取得的成果的具体体现之一,凝结了全院教师宝贵的教学研究经验以及对新情况、新问题的探索和反思。他们善于发现问题、敢于正视问题,用科学的方法分析、研究和解决问题,不断探索培养高素质应用型人才的新途径。他们在繁忙的教学工作之余以严谨认真的态度笔耕不辍,将自己的研究与思考形成论文,这不单是教师们对教学理论和实践工作的思考和总结过程的记录,更是他们的教学理论与实践结合的智慧结晶,是人才培养的一笔宝贵财富。

为了加强论文成果的交流与推广,让更多的人得惠于此,同时,也为了感谢学院教师们的辛勤付出,营造更加浓厚的教学研究氛围,深入开展教育教学研究工作,努力促进教师教学理论与实践水平的提升,更好地培养新时代应用创新型人才,我院汇编出版了此书,希望能够为广大教师培养新时代应用创新型人才提供参考。同时,也恳请广大读者和同行对书中的纰漏和不妥之处赐教指正!

孔凡文

2019 年 7 月 15 日

前　言

伴随新科技革命和产业变革的工业4.0时代浪潮奔腾而至，沈阳建筑大学管理学院以“超前识变、积极应变、主动求变”的思维意识，把握高等教育发展的历史机遇期，着重培养面向新时代的创新型、复合型、应用型工程管理人才，探索建立工程教育的新理念、新标准、新模式、新方法、新技术、新文化，推动学院高等教育的思想创新、理念创新、方法技术创新以及模式创新，力求最终实现学院高等教育内涵式发展。

沈阳建筑大学管理学院在总结多年本科与研究生教育教学经验的基础上，不断探索面向新时代应用创新型人才培养的理论与实践，取得的相关理论研究和实践成果中有新思想、新突破，对新工科理论研究、新工科建设发展、卓越工程师教育培养计划2.0的实施以及工程实践能力强的高水平专业教师队伍的培育具有重要的促进作用。

经过面向沈阳建筑大学管理学院教师以及校内外实践导师公开发函征集、组织专家评审、技术性筛选、修订完善等一系列环节，共有51篇论文入选《面向新时代应用创新型人才培养的理论与实践》。

该书分为四大专栏：

专栏一“学科·专业”：共收录论文10篇。针对工程管理、工程造价、会计以及房地产开发与管理等相关学科专业的建设发展，跨专业人才培养模式创新，人才培育质量体系构建等进行了较深入的研究，涵盖了新时代下专业人才的培养理念和教学培养过程优化，培养管理模式的改进，应用人才、创新人才培养模式的变革路径等内容。

专栏二“课程·教法”：共收录论文17篇。针对课程内容的更新与完善、教学手段的改进、教学方法的创新以及新技术在课程教学中的应用等问题，提出了可供借鉴的经验做法，涵盖了具有行业特色的课程内容优化和教育改革，“模块化教学法”“行动学习法”“Jigsaw模式”“虚拟仿真技术”在课程中的运用等内容。

专栏三“实践·双创”：共收录论文9篇。针对实践教学建设、协同育人模式创新以及学生的实践能力培养与双创能力提升等问题，提出了创新性的实践模式，涵盖了建设类高等院校实践教学的建设、专业人才实践能力的培养、“双创”人才培养的模式等内容。

专栏四“人才·国际化”：共收录论文15篇。针对师资队伍建设、人才培养模式创新、留学生培养质量提升等问题，提出了前瞻性的对策建议，涵盖了“双师型”高校师资队伍建设、校企人才资源双向流动机制构建、新媒体背景下网络舆情管理队伍培养等内容。

世界正经历百年未有之大变局，我们必须改变教育的形态，必须改变教育的结构，必须改变教育的理念，必须改变教育的标准，必须改变教育的技术，必须改变教育的方法，必须改变教育的评价。沈阳建筑大学管理学院将主动求变，在改变中求发展，紧跟时代步伐、国家步伐，不断加速高等教育改革进程，形成以学生为中心的教育体系，以浓厚的人文关怀氛围和爱国主义情怀为国家培养出一代又一代优秀的全能型人才。

本书在稿件的征集、审定和出版过程中，得到了沈阳建筑大学管理学院领导及老师、沈阳建筑大学研究生院领导及老师和哈尔滨工业大学出版社的大力支持和帮助，在此表示衷心感谢！由于编者水平和编辑时间有限，书中难免有纰漏之处，敬请读者批评指正。

编　者

2019年7月12日

目　录

学科·专业

课程·教法

实践 · 双创

人才 · 国际化

学科·专业

工程管理专业学位研究生教学培养过程优化研究

孔凡文[1]　李丽红[2]　周秀丽[3]
（1、2、3. 沈阳建筑大学管理学院）

【摘　要】 为了优化工程管理专业学位研究生培养过程，满足社会的多元化需求和学生个性化培养的要求，研究工程管理专业学位研究生课程体系优化设置，促进工程管理专业学位研究生课程内容优化，建立工程管理专业学位研究生课程授课教师优选机制，研究工程管理专业学位研究生授课方式优化机制，为工程管理专业学位研究生的培养提供新思路，具有时代意义。

【关键词】 工程管理；专业学位研究生；教学培养；过程优化

一、引言

近年来，在建筑行业中包括装配式建筑设计、绿色建筑、BIM 等在内的新理念和新技术不断涌现，受到了国家和社会各界的大力支持。在推广新技术，促进行业转型和升级发展过程中，对高层次的人才需求也从学术型向应用型发生了转变。为了满足建筑行业对工程管理应用型人才的迫切需求，以及完善工程管理人才的培养模式，设置了工程管理专业学位研究生（Master of Engineering Management，简称 MEM）。

《关于制订工程类硕士专业学位研究生培养方案的指导意见》（学位办〔2018〕14 号）对工程类硕士专业学位研究生培养课程体系提出要求，指出工程类硕士专业学位研究生培养应突出“思想政治正确、社会责任合格、理论方法扎实、技术应用过硬”的培养特色。同时课程的设置要以工程的需求为导向，注重工程专业的基础、实际工程能力以及职业发展潜力的培养。各 MEM 培养单位可以根据自身院校的专业特点，按照实际调整 MEM 课程的学分和内容。本文针对 MEM 教学培养的过程进行深入研究，为 MEM 培养过程的优化提供新思路。

二、工程管理专业学位研究生课程体系优化

根据 MEM 教指委制定的相关文件和指导意见，结合网络上查阅的上海交通大

学、同济大学、西安交通大学、北京交通大学、天津大学、浙江大学等近20个高校的培养计划,我们发现目前MEM的课程设置通常由基础课、专业基础课、专业核心课和模块课四大模块组成。

通过评估认证结果来看,近几年,各培养院校的MEM教育成绩较好,各培养单位的培养目标和课程设置大都趋于成熟。但是,部分高校和研究生对专业基础课的重视程度相对较低,各高校需要在宏观上调整课程体系结构。部分MEM培养院校需要调整公共必修课和专业基础课的学分比重,提高专业基础课的比重,并突出专业基础课的理论性和应用性的结合,可以把内容相近的课程进行整合,避免出现重复学习知识点的情况。同时,针对新领域、不同领域和交叉领域知识点的出现,各培养院校要进行动态调整,合理安排课程体系,并不断在实践中优化MEM的课程体系。课程的优化要努力贯彻"知识和能力并重、新颖性和前瞻性、复合型和宽口径、实用性和适应性"的原则。

三、工程管理专业学位研究生课程内容优化

按照《工程管理专业硕士学位研究生指导性培养方案(试行)》的要求,MEM课程的内容应该具有宽广性、前沿性、综合性和系统性,要以工程管理学科为基础,并与相关的工程学科相结合。注重培养学生的创造性解决问题的能力、分析能力以及实际应用能力。教学方法通常可采用案例教学、现场教学、团队学习和项目训练等。

要从角色化社会需求角度出发,结合角色化社会需求的理论知识要素,制订MEM教学的必修课、公共基础课、选修课、专业基础课等类型课程的备选方案;从工程管理专业学位研究生的个性化特征出发,依据学生偏好、性格特征、就业趋向等信息,制定MEM教学的必修课、公共基础课、选修课、专业基础课等类型课程的备选方案;基于协同机制,将上述双视角下备选的必修课、公共基础课、选修课、专业基础课等类型课程进行协同;充分考虑学分、学时限制,进行MEM教学课程科目筛选优化。

四、工程管理专业学位研究生课程授课教师优选机制

MEM课程教学的教师是研究生教育质量的基本保证,要保证研究生教育质量,建设一支高水平的研究生教学教师队伍是关键。不同高校需要根据学校的师资水平,建立相应的选拔机制和培养机制。

1. 选拔原则

授课教师主要从学校的岗位教授、副教授中遴选,一些涉及项目新技术、行业新发展方向的特殊内容可从行业和企业聘请人员讲授。授课教师遴选须优先考虑

“两类人才”，即“核心骨干＋岗位教授”（以下简称“核心岗位教授”）和“骨干人才＋岗位教授”（以下简称“骨干岗位教授”）。

2. 授课团队的构成

专业核心课、专业基础课和模块课三类课程可组建授课团队，由“首席教授”“主讲教师”和“助教”组成。首席教授是课程的第一责任人。

为保证课程的系统性，应鼓励首席教授单独，或组织尽可能少的授课教师完成课程的教学任务。首席教授的授课学时数应不低于所承担课程总学时数的四分之一。同一教师原则上不担任2门或2门以上课程的首席教授。MEM学科前沿讲座的每个专题可设1名助教协助授课教师组织实施。

3. 授课团队遴选

从授课教师的理论功底与知识面、授课教师的学历与学位、授课教师的实践经验与工程经历、授课教师的研究方向与科研兴趣、授课教师的讲课风格等方面出发，针对每门课程的大纲定制的要求，基于理论与实践相结合的准则，制定授课教师团队的优化遴选机制，包括自有教师遴选、外聘教师遴选、主体教师遴选、章节教师遴选。

五、工程管理专业学位研究生授课方式优化

1. 翻转课堂的使用

根据MEM学科特点和学生背景分析，综合考虑翻转课堂的应用现状和案例教学存在的局限性，设计面向MEM的翻转课堂案例教学模式。其中基于翻转课堂的案例教学过程的设计是翻转课堂实施的核心，主要分成课前自主学习、课堂协作学习和课后反思三个教学阶段，教师的个性化指导贯穿整个教学过程。基于翻转课堂的案例教学模式如图1所示。

课前自主学习阶段，学生利用碎片化时间学习案例相关的理论知识，为课堂案例讨论的深度开展提供充足的时间和坚实的理论基础。教师分析案例教学目标，根据目标把案例相关的理论知识制作成课件、微视频等形式加以呈现。课程微视频控制在10～15分钟，精练集中地讲解一个专业知识点，从而保证学生精力集中一次性吸收，适应于MEM学生的碎片化学习。学生完成自主学习后进行在线学习测评，自我考查专业理论知识的掌握程度。测评结果作为课前学习情况的评价指标，教师可以根据该结果了解学生对理论知识的掌握情况，并以此为依据调整课堂教学计划。

课堂协作学习阶段，通过案例讨论实现学生对理论知识的深度内化和灵活应用。教师作为课堂指挥者和引导者，为学生创建互动的学习环境，引导学生分组协作进行案例讨论。教师在案例讨论过程中实时监测，随时捕捉学生动态，引导学生思考并适时提供个性化指导。最后教师根据学生汇报的情况进行点评、总结,针对一些重点知识再次讲解,争取让学生在课堂上最大限度地完成知识内化。

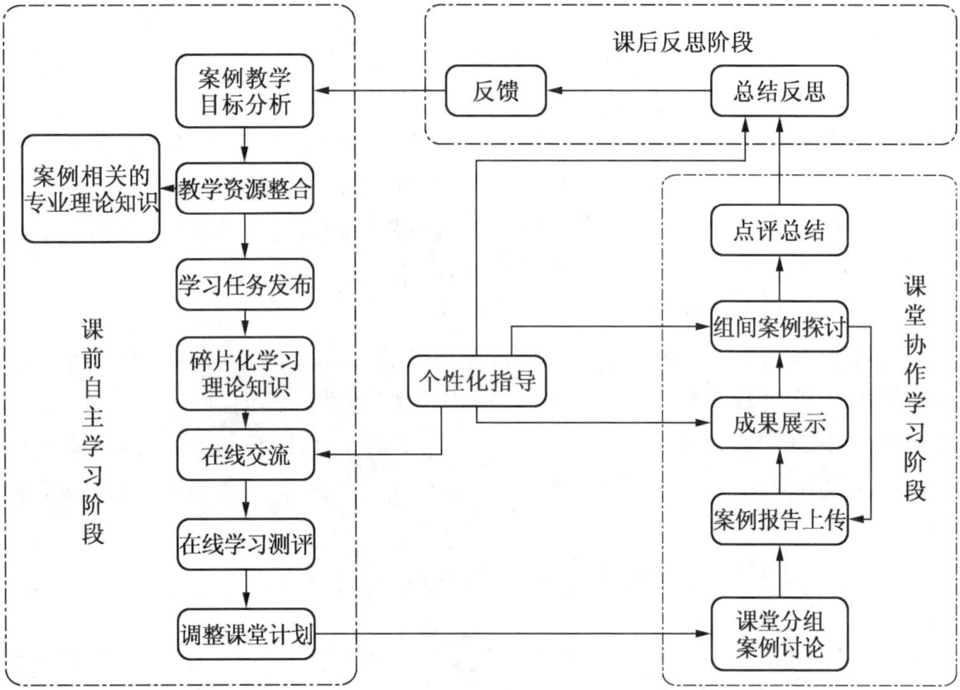

图 1　翻转课堂在 MEM 授课中的应用过程

课后反思阶段,学生课后通过教学网络平台与同学交流分享,还存在疑问的地方可以在平台上请教教师。教师针对学生尚未解决的问题进行解答,提供个性化指导。教师根据学生提出的建议,不断探索改进,提升整体教学质量。

2. 与 MOOC 教育进行结合

分析 MEM 培养与 MOOC 教育的优缺点,可以发现两者之间有互补之处。可以利用 MOOC 教育不断完善 MEM 的培养以及深化 MEM 教育的改革。可将 MEM 考试前期的培养、教学课程的培养、线下考核以及校友网络信息整合等与 MOOC 教育进行结合。

MEM 考生大部分都是在职的员工,他们的备考精力和时间较难集中,可利用 MOOC 教育将相关的知识点进行预演示,加速 MEM 相关知识的传播,有助于下一步的教学和培养。随着网络的发展,将课堂延伸到网络已成为课程教学的趋势,这种方式可以丰富学习课程、增加学习乐趣,同时可以有效解决目前许多培养院校基础课程和专业课程的教学方式、教学内容不合理问题。具体可以通过 MOOC 教育为 MEM 学生提供推荐的课程清单、优势资源共享、课下助教支持、特色课程。当前,MEM 教学培养数据收集较难且比较片面,这是 MEM 教育实证研究的一个难点,可以通过与 MOOC 教育相结合,获得大量质性和量化的数据,从而推动 MEM 教育与 MOOC 教育的实证研究。许多 MEM 考生考取研究生很大程度上是为了扩大社会资源,以 MOOC 平台为中心,将 MEM 局部孤立的校友向联盟性的校友网络进行拓展,同时,增强培养院校 MEM 学历的认可度,形成良性的发展。

六、结论

当前,中国经济进入了多种因素叠加期,诸多的内生变量和外生变量使其呈现出复杂性的系统特征。面对严峻的国际形势和国内艰巨的改革发展任务,建筑行业作为我国经济发展的支柱性产业,要不断深化供给侧结构性改革,不断按照高质量发展的要求,统筹推进稳增长、促发展工作。各 MEM 培养院校要以行业培养标准来指导 MEM 的培养,完善培养模式,提高工程管理人才的培养质量,不断适应社会发展对高层次工程管理人才的迫切需求,推动工程管理专业学位建设与专业发展。

【主要参考文献】

[1] 张彦春,何继善. 工程管理硕士专业学位人才培养模式探析[J]. 科技进步与对策,2012,29(18):128-131.

[2] 江婷婷,徐峥. 工程管理专业学位研究生合作创新培养模式研究[J]. 教育教学论坛,2017(12):94-95.

[3] 郭艳春,郑亚妮,张芬. 浅析 MOOC 环境下高等数学教学模式的探索[J]. 智库时代,2019(24):197,210.

[4] 李宇杰,刘双科,王珲,等. “双一流”建设背景下科学构建研究生课程体系的思考——基于麻省理工学院材料学科的对比研究[J]. 高等教育研究学报,2018,41(4):62-70.

[5] 朱林,刘红勇. 基于 MOOC 教育的 MEM 培养模式改进与建构[J]. 中国教育信息化,2018(7):35-37.

【基金项目】

“工程管理专业学位研究生教育培养质量评价研究”,中国学位与研究生教育学会立项课题,项目编号:B-2017Y0503-071。

【作者简介】

孔凡文(1963—),沈阳建筑大学管理学院院长,教授,博士。

李丽红(1978—),沈阳建筑大学管理学院教授,博士(后)。

周秀丽(1991—),沈阳建筑大学管理学院讲师,硕士。

产教融合背景下应用型本科院校专业人才培养模式研究

栾世红[1]　王雅楠[2]
（1、2. 沈阳建筑大学管理学院）

【摘　要】“产教融合”的人才培养方式一直被认为是高职大专的人才培养方式，随着这一培养模式在本科高校的推广，越来越多的专业型人才被培养并输送到工作岗位，实践证明，将产教融合运用到本科院校是正确的选择，但是，与传统的人才培养模式相比，产教融合背景下的专业型人才培养仍然存在一些问题。例如培养目标不明确、课程设置不合比例、教师的实践能力和服务能力不足和企业积极性不高等问题。本文研究并探讨了产教融合专业型本科人才培养模式的上述不足，提出了产教融合背景下应用型本科专业人才培养的措施及实现方法。

【关键词】 产教融合；应用型人才；培养方案；实践应用；本科院校

一、引言

应用型本科教育的实质是对应用型专业人才的培养，应用型专业人才的培养则意味着应该培养具备创造力、创新力及实践能力的人才。为实现这一目标，本科院校应该在国家大力推动发展“产教融合”的背景下，探索有效的培养模式及相应的实施方法，为促进应用型人才的培养提供有益参考。

二、产教融合下本科院校应用型专业人才培养模式概述

应用型人才培养模式旨在培养某一领域内的专业型及职业型人才，重点在于实践应用，把成熟的技术及理论运用到实际中，强调学生的实操能力。一般来说，应用型人才培养模式培养的学生更受用人单位青睐，就业前景更好。与其他人才培养模式相比，应用型人才培养模式的课程设计围绕基础、成熟的知识体系，结合一线生产实践，更能提高学生的专业知识和专业技能。

“产教融合”可以理解为高校的教学活动与企业的生产活动深度融合，通过利用校方和企业方的资源和环境，让学生在实践中学习，将所学能够致用，实现教学与职业对接。产教融合长期以来局限在职业教育领域，2015 年以后，国家提出将产

教融合作为地方本科院校的转型突破口。2017 年，为提高教育质量，扩大就业，促进经济转型、升级，国务院提出深化产教融合的意见。

三、产教融合下专业型人才培养存在的问题

在产教融合背景下培养专业型人才面临诸多难题，主要分为以下几点。

1. 培养目标不明确

虽然很多本科院校在制定培养目标的时候将专业目标定位于培养实践能力强的应用型人才，但是在实际培养过程中往往与初衷相偏离，目标是应用型人才培养，却越来越向研究型人才培养模式靠近，培养目标得不到有效的贯彻落实。培养目标的偏离导致学生四年中的专业实践机会变少，无法将所学知识与行业实践结合起来。另外，对于"应用型人才培养"这个概念，许多地方本科院校只是从宏观上进行把握，并不能清晰地界定。大多数本科专业仍然是像高中一样的灌输式教育，学生仍是被动的接受者，缺少主动思考、消化的能力。这样的授课模式抑制了本科生的创新能力和实践动手能力，制约了专业型、应用型人才的培养。

2. 课程设置不合比例

首先，一些本科院校在课程体系设置上理论课程占据绝对比例，而实训课程占的比例很小。在课程安排上，许多院校在大一一年中基本以公共基础课程为主，大二、大三两年中从公共基础课程过渡到专业基础课程。但是这样的安排却疏忽了从专业基础课程到实训课程的过渡与衔接，实训课程通常是课时少、任务重、时间紧，任课老师浅入浅出，学生接受程度也不理想。

其次，在课程内容设置上，产教融合背景下的应用型人才培养本应该与时俱进，跟上行业发展步伐，但是一些本科院校的课程内容却严重滞后于行业发展，导致学生进入企业后不能尽快适应企业的节奏。

3. 教师的实践能力和服务能力不足

产教融合的关键点是教师，为了扩大产教融合的深度与广度，应该提高教师的实践能力或者引进高级技工人才。目前，本科院校的教师虽然学历高，但和高职专科的教师相比来说，行业实践还是相对不足。中国教育科学研究院的调查显示，地方本科高校中拥有职业资格证书的教师比例和拥有一年以上行业工作的教师比例都远比不上高职专科中该类教师的比例。

一些应用型本科高校在进行人才甄选的时候，大量引进学术型博士，而不接收技术经验丰富但是学历偏低的人才，评聘教师时也是以学术论文的篇数及是否为核心期刊、纵向科研项目的数量和金额等为评价及准入标准。教师队伍的构成影响甚至决定着人才培养的方向。学术型博士科研能力强，但是实践能力偏弱。一些教师参加实践的积极性不高，虽然很多高校通过出台相应的规定促进教师到企业、行业进行锻炼，但是挂职、人不在岗的情况时有发生。

在促进产教融合的道路上，教师申报横向课题也是方法之一。教师通过服务企业，对企业的产品研发和技术改进进行指导，促进产教融合，提高企业积极性。中国教育科学研究院的调查结果显示，近三年来地方高校的教师承担的横向课题占33.6%，中央所属高校的教师承担的横向项目占44.7% 。这一数据表明，地方本科高校仍有超过65% 的教师未能承担横向项目，对企业的服务能力较差。

4. 企业积极性不高

与学校教书育人的公益性质不同，企业具有天然的逐利性。对于院校来说，希望利用企业的设备和环境增强学生的实操能力，培养出更多适应行业和企业的专业型人才。而对于企业来说，看重的是本科院校的人才资源和先进的科研水平，希望这些资源能在短期内为企业带来利益，但是企业的这个目标在短期内很难实现。因此，通过产教融合使学校和企业共同培育专业型人才，需要找到二者的利益共同点。

现在的校企合作模式主要有四种。第一种是企业提前对学生进行培养实习，希望能尽早招聘到合适的员工。第二种是运用学校的土地等资源，企业与学校共同建立实训基地和研究中心等。第三种是通过科研项目合作，企业希望学校方能为其提供技术支持及指导。第四种是为学校提供设备供教师和学生使用。虽然以上四种合作模式对企业和学校都有一定的利益刺激，但是这四种模式覆盖的专业较少，缺乏能够广泛推广的基础。

四、产教融合下本科院校专业人才培养的实现方法

1. 明确培养目标，确立产教融合的专业型人才培养方案

产教融合培养的专业型人才应该是动手能力强、理论基础知识扎实的现代大学毕业生。高等院校培养应用型本科人才的最终目标应该是，在企业的各个领域，毕业生都能工作在前线职位，能够致力于解决企业运行中发生的实际问题，并保证企业可以高质量运行。在明确的培养目标下，本科院校对专业人才的培养应该建立相应的培养方案，打破传统的理论性强的培养方案，构建基于产教融合的新型人才培养方案。

新型的专业型人才培养方案一方面要立足于培养目标，及时洞悉行业前沿，把握行业发展新方向、新业态，精确定位培养目标，实现人才培养目标和行业人才需求的接轨，提高人才培养的质量标准。另一方面，改变传统的授课方式，为学生提供个性化的平台和锻炼机会，活跃学生的创新思维，提高创新能力。对于专业型人才，在拥有扎实基础的情况下，创新力是其核心竞争力。但是按照传统的方法培养专业型人才，只能保证其理论知识牢固，创新能力和实操能力不能保证。而按照专

业型人才标准培养的人才，则能适应行业企业的用人标准。

2. 优化课程设置，加大实训课比例

为了适应专业型人才的培养特点，我们需要优化课程设置，在拓展知识的宽度的同时，扩大知识的深度。所谓知识的深度即指将知识运用到现实，将理论联系实际，让学生将知识吃透掌握，使其成为自己的一个技能。本科院校对此应该减少一些理论性过强的课程，增加实践类课程，衡量公共基础课程、专业课程和实训实习课程各自所占的比重，优化比例配置。本科院校不仅应该提高实训实习的占比，同时还要明确企业的用人趋势和行业需求，利用产教融合和校企合作的平台，科学制订出企业实习阶段的培养计划，对实习质量进行有效监督。

3. 打造科研与实践并进的教师团队

产教融合的关键应该是提升教师的科研能力与实践能力。科研能力需要从学历入手，目前我国本科院校的教师选聘主要以博士为主，与学术型专业不同，专业型人才培养下的教师选聘应该以专业博士和专业硕士为主。专业博士和专业硕士有较强的应用型科研能力，能够更好地培养学生的研究和实践能力。

提升教师团队的实践能力：一是需要校方积极引进高级技术人才，或者邀请高级技术人才进校担任兼职导师、指导课程设计、举办实践讲座等。二是校方在招聘博士教师时应该添加拥有行业经历的条件。现在我国本科院校招聘教师主要以应届生和其他院校教师为主，受聘博士生拥有企业经验的很少。通过增加有实践经验的教师人数，提升理论与实践能力兼具的"双师型"教师的比例，可为专业型人才培养奠定扎实的职业技能基础。三是要提升在校教师的实践能力，制定激励政策，鼓励高校教师主动提升实践技能。要搭建实践平台，利用校企合作的优势，促进企业和高校之间的员工交流，派选专业教师到企业挂职实践，提高专业教师的技术水平。

4. 通过税收、补贴等手段提高企业积极性

"产教融合"的两个重要角色分别是高校和合作企业，为了保证这种培养模式能够顺利实施，双方都需要注入资金。为了提升企业投身教育的积极性，应该给予企业相应的补贴，同时按照相关规定，校企合作方可以向政府申请专项资金，用于专业型人才培养与输出。另外，对于参与校企合作的企业，可以参照相关税收减免政策，对企业税费给予减免。只有建立有效的激励机制，才能保证"产教融合"专业型本科人才培养模式的持续稳定运行。

五、结语

随着时代的发展，随着国家进一步推进"产教融合"在高校的落实，相比于缺乏实践基础的学生而言，基础扎实、上手快的专业型本科人才越来越受到用人单位的

欢迎。现在的本科高校应该以产教融合为前提，大力培育专业型人才，加快步伐构建成熟的专业型本科人才培养体系，为提高毕业学生的就业率、解决就业难的问题贡献力量。

【主要参考文献】

[1] 黄俊彦，邢浩，吕艳娜，等. 产教融合、协同育人、校企共赢的应用型人才培养模式研究与实践[J/OL]. 轻工科技，2019，35(5)：156－158.

[2] 李倩. 产教融合：地方应用型本科院校转型发展的路径[J]. 教育与职业，2019(9)：45－48.

[3] 滕道明. 人才培养与产业需求“两张皮”原因何在[N]. 中国教育报，2019－04－23(9).

[4] 刘金珠. 校企合作模式助推应用技能型人才培养[J]. 哈尔滨学院学报，2019，40(4)：139－140.

[5] 蔡敬民，夏琍，余国江. 应用型高校的产教融合：内涵认知与机制创新[J]. 中国高校科技，2019(4)：4－7.

[6] 王军，王鑫卉. 应用型本科院校创新创业人才培养模式改革探索[J]. 产业与科技论坛，2018，17(24)：281－282.

【作者简介】

栾世红(1970—)，沈阳建筑大学管理学院副院长，副教授，博士。

王雅楠(1995—)，沈阳建筑大学管理学院建筑与土木工程专业硕士。

面向智能时代的创新型会计人才培养模式探究

赵森浩[1]　任广伟[2]

（1. 沈阳建筑大学土木工程学院；

2. 中建铁路投资建设集团有限公司总承包公司哈尔滨分公司）

【摘　要】　为摸清智能信息时代对高校会计人才培养提出的新要求，本文充分分析了智能信息时代的宏观和微观背景，细致剖析了会计人才创新能力不足的现实原因，将其归纳为就业导向性不足、课程体系不能与时俱进、专业学习缺乏国际视野、会计人才定位存在偏差四个方面，继而对智能时代对会计人才提出的新要求进行研究。在综合考虑新要求的基础上，制定智能时代创新型会计人才的培养路径，突出培养模式的全过程管理。

【关键词】　智能信息时代；会计人才；创新能力；培养路径

一、研究背景

2019年，中美贸易战再次升级，美国政府除对部分商品加征税费外，更将关注点聚焦于智能制造领域，对华为的经济限制便是最有力的证明。随着5G、大数据、人工智能、云计算等技术的高速发展，人们的生产、生活、学习与信息技术实现了高度融合。早在2018年，教育部就印发了《高等学校人工智能创新行动计划》，进一步明确了智能时代高校肩负的责任，即紧抓技术变革的历史机遇，深度挖掘和使用智能技术，增加创新实践环节，充分发挥智能技术对人才培养的助力作用，激发人才培养的活力，为智能新时代源源不断地输送高质量人才。

“培养什么样的人”和“怎么培养人”是高校的重要课题。推动高校高质量发展，势必要充分认清时代宏观背景，进一步明确高校育人的重要地位，以培育时代需要的人才作为高校育人的终极目标，广泛研讨、深入探究，把握各专业创新型人才培养的关键点，培养学生适应智能时代的创新能力和应变能力。本文以会计专业为研究对象，通过深入剖析会计人才培养模式创新型不足等问题，以智能时代会计行业的发展前景和人才需求为导向，倒推高校创新型会计人才的培养路径，为培育智能时代需求的高质量会计人才提供借鉴。

二、会计人才创新能力不足的问题分析

会计是一门技术性较强的专业,要求毕业生具备较强的实践动手和应用能力,同时,具备扎实的专业理论基础。但是,会计人才创新能力不足已成为亟待解决的问题。

1. 就业导向性不足

会计是一门传统专业,有着悠久的历史。会计课程体系和教学环节已非常明晰,人才培养标准也被固定。尽管高校会计专业进行了多轮改革和创新,然而会计专业开设的课程、讲授的内容和毕业要求等方面依然受限于框架,并未做出较大的调整和改变。以课程为导向的人才培养路径难以满足日新月异的时代需求,输送的会计人才并不具备适应智能新时代发展的实际能力,职业和行业发展的局面难以打开。

人才培养的出口是就业,时代和行业的需求应该是人才培养模式的风向标。会计人才的培养模式应当以就业为导向,通过毕业生、行业专家和企业高管的实地调研,重建就业导向的人才培养模式,只有基于此模式培育的会计人才才能具备极强的市场竞争力。

2. 课程体系不能与时俱进

当前,高校会计专业课程体系主要包括理论和实践教学两部分,以财务会计、税法、管理会计、财务成本管理等课程为主干,分成初级、中级和高级等不同阶段,分学期分解讲解。另外,附加经济学、管理学等交叉领域的相关课程,较为完备和固定,但对信息管理技术和创造力开发等方面的内容鲜有涉及,缺少调整和更新。很多会计从业者能够胜任会计基础工作,却难以成为一名优秀的管理者,工作视野十分局限。因此,如何在工作中发散思维、打破僵化的思维模式和创造性地开展工作成为高校会计课程体系研究的重要课题,直接影响着会计专业毕业生的职业选择、职业胜任和职业发展。

3. 专业学习缺乏国际视野

高校讲解的会计专业课程背景为中国会计工作的实际情况,讲授的内容和相关法规要求适用于我国经济体制和市场环境。而今经济全球化高速发展,中国已经成为世界第二大经济体,国际贸易往来频繁,经济业务和贸易体量巨大,涉及的经济背景、核算方式更为复杂。如果不能在会计专业本科教学中增加国际会计管理和多边经济贸易等相关课程,高校毕业生的就业口径和职业发展将严重受限。

贸易不是独立的经济活动,而是涉及多方关系的复杂过程,以国际视野来审视会计人才培养模式,是将课程体系创新和人才培养目标的修正置于开放的经济环境中,是一项开拓性工程。

4. 会计人才定位存在偏差

国内高校对会计人才的培养目标大致为培育应用型人才,因此,课程教学以会计实务为主,教授的重点在于基础业务的处理,对财务分析、财务数据应用、信息披露等多方面的讲授深度和宽度还不够。伴随着经济社会的迅猛发展,未来的会计人才应当是复合型人才,具备的专业技能不仅仅为会计业务核算,还要能利用大数据进行分析和决策。

三、智能时代对会计人才提出的新要求

美国一家公司用人工智能机器人代替人处理会计工作的消息引起重大关注,专家断言“谁会用互联网,谁就赢得了主动权”。会计人才面对人工智能的极大挑战,高校和企业势必对会计从业者的职业能力提出更高的要求,摸清智能时代与会计人才培养的关联性至关重要。

1. 信息化手段的使用能力

会计电算化是会计专业的主干课程,教授内容为会计账簿的建立、会计凭证录入、财务报表生成等。智能时代,会计不仅仅需要具备处理基础业务的能力,更应当强化分析报表和参与决策的能力。身处大数据时代,对于外部经济环境的变化、行业竞争者的变化和宏观政策的变化等内容需要具备职业敏感度和应变能力。因此,信息化处理手段的讲解应当纳入会计人才培养体系中。

2. 数据分析和运用的能力

目前,国内大型企业已经引入智能会计,利用人工智能技术实现庞大数据的收集、甄别、筛选、分析和使用的高效率和精准性。特别是基于互联网技术的数据集成中心,能实现信息的及时交互,极大地提高了工作效率。相当多的专家和学者对数据集成中心持有积极态度,表示“在不久的将来,信息技术会计平台将取代传统的会计人员”。但是,人工智能会计所提供的决策是理性的,缺少对特殊经济环境、市场状况和客户关系群体的感性思考和理解,常常出现客观却不适用的情况。因此,面对人工智能发起的新一轮的挑战,会计从业人员在处理财务业务的基础上,对数据的分析和运用至关重要。智能新时代势必为人脑与电脑的竞争提供更加广阔的平台,同时,也对会计人才培养提出新的要求。

3. 理性的职业认知度和认同感

诚如前文所言,智能时代视域下,会计人才培养模式缺少国际视野,对会计人才的职业能力要求缺乏宏观经济背景下的理性解读。“为什么学习会计?”“会计专业学生的就业去向是什么?”“财务会计的晋升路线应该是什么?”等问题萦绕在每一个从业者脑海中,制约着高校会计专业教育的定位和发展走向。复合型人才培养体系基于充分、全面和理性的专业认知，并将专业置于与时俱进的宏观环境中，根据内外部的因素变化，对职业生涯进行长期的、周密的规划，对职业发展前景充满信心。

4. 公信力和职业道德的高标准要求

一直以来，会计人员腐败现象数见不鲜。在经济业务处理过程中，有些会计从业人员有时钻监管的漏洞，挪用公款、为 IPO 伪造财务数据、不规范建账等违规行为对会计人员的公信力和职业道德发起更高挑战。信息软件仍存在很多漏洞和被侵入的风险，一旦系统被侵入，导致信息外泄，必然给企业带来巨大的经济损失和商誉损失，后果难以弥补。人工智能可以作为会计从业人员的技术手段，但并不能够取代人工操作，因此，职业道德和公信力的培育至关重要。

四、智能时代创新型会计人才培养的关键路径研究

基于会计人才创新能力不足的问题分析和智能时代对会计人才提出的新要求两个方面的研究结果，已掌握创新型会计人才培养的关键点，摸清了关键路径，具体包括以下三个方面。

1. 人才培养理念的转变

相较于会计人才培养的传统模式，智能新时代为新的培养模式赋予了新内涵，把握变革方向的基础在理念的转变，主要包括三个理念的转变。

(1)就业导向理念。高校在充分调研就业出口实际需求的基础上，沿着就业需要指导培养需要的思路，调整人才培养目标、考核标准和课程体系，提升会计人才的就业质量。

(2)国际视野拓展理念。国际经济一体化视域下，强调国家间的经济合作，会计人才应当具备对宏观环境变化的敏感度，掌握经济往来形式、账务处理流程、税费调整、补贴、信息披露等多方面的专业知识，提升处理对外贸易的职业能力。

(3)人机良性互动理念。高校、企业和会计人才对人机关系需要充分认知，人工智能作为人类工作的辅助工具，发挥着不可替代的作用，但其存在的弊端也需人类去修正和调整。高校在会计人才培养过程中应当强调人的智慧与计算机的高效能的结合，做好理念教育和实践教学，实现人机的良性互动。

2. 人才培养方式的调整

(1)变革教学课程体系。会计教学课程由会计主干课程、基础课程、实践课程等多个部分组成。围绕智能时代的新要求，在课程删减、课时安排和教学内容等方面进行调整，由财务核算为主向财务分析、管理会计和财务决策倾斜，并增加会计人才软技能提升的相关课程。如创造力开发、职业生涯规划、就业指导、信息管理技术、风险管理等技能训练课程，提高学生对信息技术的了解、掌握和运用能力，增强职业核心竞争力。

(2)变革实践教学体系。高校应当重点把握日常实践教学、实习实践和专业竞赛三个重要环节,并适时调整三者比重,做到分段教学。第一,在日常教学环节,加大实践教学比重,设置企业参观、软件学习、专题讲座等实践教学环节,真正实现活学活用,避免学习僵化。第二,依托实习实践,为学生打通了解专业、走进企业的通道,增强职业认知度和认同感。第三,以赛促学。充分利用“互联网+”“网中网”“挑战杯”等科技竞赛,引导学生发散思维,在实战中提升财务核算、分析和决策能力。

(3)变革人才评价体系。当前,高校采用学分制,对会计人才的考核评价存在唯分数主义的问题,导致学生埋头学习专业课程,而对专业课程之外的内容接触甚少。因此,高校应当及时变革人才评价体系,在课程成绩评价为主的基础上,增加就业质量、创新能力等评价指标的比重。就业质量主要考核学生的就业满意度和企业对会计人才的满意度。创新能力考核侧重科技竞赛参与情况和成果的检验,使人才评价更加多元化。

3. 人才培养过程的把握

创新型会计人才培育重在过程把握,高校应当高标准、严把控、重反馈,建立有效的过程管理体系,多角度审视会计人才培养的实效性和创新性,将诚信教育、课程教学、实践教学、创造力培养等置于重要位置,并协调它们之间的关系,高效促进虚拟技术与实际操作的有机结合,实现人才智慧与计算机高效率的互补。

【主要参考文献】

[1] 陈小芹. 人工智能时代会计人才培养模式[J]. 商业会计,2019(9):127-129.

[2] 孙雨涵,任姝静,刘彩铃. 人工智能时代下高校会计人才培养的探讨[J]. 中国管理信息化,2019,22(9):76-77.

[3] 谢毅哲. 人工智能时代高职会计人才培养创新研究[J]. 纳税,2019,13(12):99.

[4] 王淑芳,毛志艳. 人工智能时代高职会计专业人才培养探究[J]. 国际商务财会,2019(1):54-56.

[5] 吴媛媛. 人工智能时代会计人才培养新模式探究[J]. 时代金融,2018(35):192,210.

【作者简介】

赵森浩(1990—),沈阳建筑大学土木工程学院,讲师。

任广伟(1987—),中建铁路投资建设集团有限公司总承包公司哈尔滨分公司,总会计师。

新工科背景下房地产专业人才培养模式研究

王静[1]

（1. 沈阳建筑大学管理学院）

【摘　要】 本文提出基于新工科的房地产开发与管理专业人才培养模式，制定工程基础知识、个人能力、团队能力和工程系统能力协同推进的教学大纲；设置以基础课—专业基础课—专业课—专业核心课为模块的课程体系和以课程设计—沙盘模拟—专业实践—毕业实习为基础的实践体系。为进一步改进和提高教学效果，培养具备创新能力、交流合作能力、技术能力、职业能力、项目管理能力的房地产专业人才提供借鉴。

【关键词】 新工科；房地产开发与管理；培养目标；培养模式

一、引言

新工科建设是为应对新经济、新业态挑战，服务国家战略，满足产业需求和面向未来发展，提出的一项持续深化工程教育改革的重大行动计划，其目的是打造高等工程教育的新范式，树立新理念、新要求、新途径的办学目标。近年来我国房地产业的飞速发展激发了社会对房地产开发与管理专业人才的巨大需求，同时也对房地产开发与管理专业人才的培养提出了更高层次的要求，培养具有高素质、高效率、高水平的管理人才，是当前社会的迫切需要，也是工程教育改革的重点之一。在新工科建设的背景下，依据房地产开发与管理专业的特点，不断改革和创新，构建符合社会需求的人才培养模式，培养具有创新能力、交流合作能力、技术能力、职业能力、项目管理能力的房地产专业人才，是目前各高校需要重点关注的问题。

二、新工科背景下房地产专业人才培养目标

房地产开发与管理专业是为改善人类居住环境而新兴的专业，属于工程、技术、管理、法律等交叉的复合型边缘学科，涵盖房地产投资、城市规划、项目管理、房地产营销、工程造价等范畴。新工科对房地产开发与管理专业人才培养提出了新

的要求：

（1）培养学生掌握专业知识和实践技能，包括建筑规划、土木工程、设备安装，与房地产开发管理有关的技术、经济、管理、法律、金融等专业知识以及市场调查与分析、房地产策划、房地产融资、房地产项目管理、房地产营销等实践技能。

（2）培养学生具备良好的职业道德和社会责任感，使学生在复杂的市场环境中，具备发现问题、分析问题、解决问题的能力。

（3）培养学生具备良好的人格修养，具备一定的领导和沟通能力，能够在团队合作中相互协调、相互配合，具备与各方面人士有效沟通的技能。

三、新工科背景下人才培养模式的构建

1. 设置多层次的人才培养体系

为满足新工科背景下对房地产开发与管理专业人才提出的要求，应主动转变教学理念，结合新工科背景下的人才培养目标，修订培养计划，完善课程体系，把专业知识要求、能力培养要求以及素质培养要求等融入教学过程中；从培养学生的工程系统能力、团队能力、工程基础能力以及个人能力四个维度构建新工科人才培养体系，为房地产行业输送水平高、效率高、素质高的管理人才（见图1）。

2. 构建模块化的课程体系

课程体系的构建直接关系到针对学生的培养目标和培养内容，是提高学生综合素质的关键内容，是人才培养模式的核心。基于新工科的要求以及房地产业复合型的特征，遵循房地产开发与管理的过程，分解工作任务，结合我国房地产业转型阶段对人才需求的特点的变化，构建系统化、开放式、模块化的课程体系。根据能力目标和岗位要求，将课程群划分为房地产融资管理、房地产项目管理、房地产开发管理以及城市化管理四个模块，构建起相互支撑与关联的课程群模块（见图2）。

3. 项目式教学方式

在课程群模块的基础上，由专业教师和课外导师共同编制房地产开发与管理专业教学案例库，全面构建完整的以学生为主体、教师为主导、师生结合的理论与实践教育体系，模拟房地产开发全过程，推行项目式教学方式。以房地产开发项目管理全过程为主线，让学生以房地产企业管理者的角色，参与项目从前期策划、项目融资、土地拍卖、规划设计、工程招标、质量管理、进度管理、成本管理直至竣工验收、项目销售等全过程。案例教学能够提高学生的主动性，变教师主导为学生主导，从而起到活跃课堂气氛、调动学生思维活跃性、完善知识结构体系的作用。

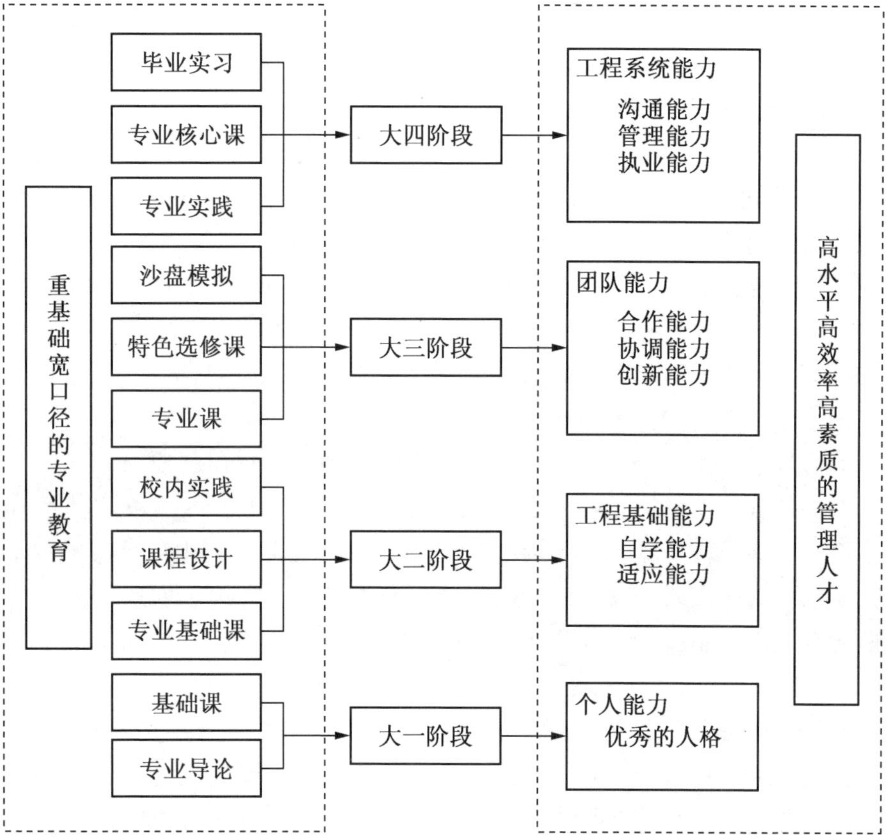

图1　新工科背景下房地产开发与管理专业人才培养体系

4. 全过程的实践教学体系

实践教学作为教学过程的重要环节，是培养学生应用能力的重要手段，是实现人才培养目标的有效途径和重要保证。以强化实践能力和创新能力为目标，建立全过程的实践教学体系，包括课程设计、校内实践（含创业创新大赛、市场调查大赛、沙盘大赛等）、沙盘模拟、“三明治”专业实践等。

（1）课程设计。从大二到大四每学期都安排相应的课程设计。课程设计依据课程群设立，每个课程群均安排若干个具体的房地产项目，学生以团队方式完成综合性的课程设计。如房地产融资管理课程群课程设计，通过市场环境分析、客户分析、竞争对手分析，完成市场定位、产品定位、客户定位等任务，编制房地产项目可行性研究报告，完成项目前期策划报告，形成最终的融资方案；房地产项目管理课程设计群课设,要求学生完成质量管理、成本管理、进度管理方案,以及施工组织设计的编制等。综合性的课程设计使学生把课程群内的课程知识点有机地结合起来,有利于各知识点的综合应用;房地产开发管理课程群课程设计,利用房地产开发沙盘,组织学生成立房地产开发公司,任命总经理、项目前期经理、预算部经理、财务部经理、销售部经理和工程部经理,准备参与模拟竞争,组织土地拍卖会,完成土地出让、工程招投标,编制房地产营销策划、计算财务评价指标等。

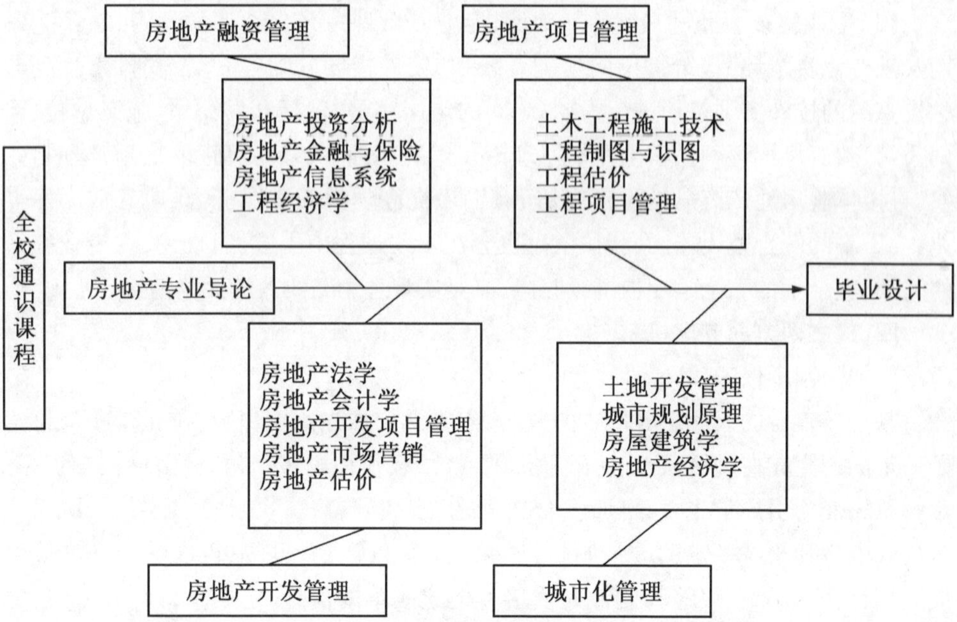

图2　新工科背景下房地产开发与管理模块化课程体系

(2)“第二课堂”。“第二课堂”即学校、学院以及全省、全国组织的各类学科竞赛。例如大学生创新创业大赛、房地产策划大赛,鼓励学生组队,创办新型房地产开发公司,突破传统房地产开发的模式,利用专业知识和活跃的思维开发新型房地产项目。再比如市场调查大赛,学生组队深入各省市调研房地产市场现状,调查内容包括装配式建筑的应用、节能住宅的普及、住房满意率、农村住房安全等。通过“第二课堂”建设,有利于推动人才培养模式与实践教学改革,激励学生主动学习,激发学生利用所学专业知识发散应用,拓展知识面,营造创新创业教育的良好氛围,提高他们的创新能力、团队合作能力和实践能力。

(3)沙盘实验。房地产开发与管理沙盘模拟课程安排在大三下学期,该实验通过模拟房地产公司在现实的复杂环境下进行的开发与竞争,模拟房地产项目的整个开发周期,通过各个环境的决策,实现企业的最大利润。通过沙盘实验,学生学习到如何制定企业经营目标和完成本部门的工作计划,了解市场竞争,掌握管理和合作的重要性。沙盘实验涵盖了多方面的专业知识,是对课程设计的综合运用,可以培养学生的决策能力、战略管理能力和团队合作精神。

(4)专业实践。经过三年的基础课、专业基础课以及专业课的学习,在第七学期安排专业实践环节,给每位同学配备校内、校外指导教师各一名,安排学生到与学校签约的校外实训基地进行为期20周的定岗实习,包括开发公司、施工单位、咨询公司、政府机构等。让学生在学习理论知识的基础上,参与真正的房地产项目开发,直接体验房地产产品的生产过程,有助于提高学生的实践能力,使其成为懂专业、会干事的复合型人才。同时,学生也会在实践过程中了解到自己某些专业知识的欠缺,在余下的一个学期内继续充电,真正实现理论与实践的无缝衔接。

四、建立两方面支撑机制

1. 加强制度保障

基于新工科的人才培养模式的改革,需要学校加强制度保障,首先学校应该给予一定的资金支持,设置合理的激励机制,鼓励教师积极转变角色,由传授知识、答疑解惑转变为引导学生发现问题、分析问题、解决问题;其次对参加改革并取得一定成效的教师给予一定的政策倾斜,如优先评优、优先晋升等;再次学校和学院要成立两级督导小组,跟踪和监督人才培养模式改革的实施,定期修订培养方案,定期进行学生反馈和教师反馈,动态监管实施效果。

2. 加强师资建设

“双师型”师资队伍建设是提高教学质量的保证之一。依托校外实训基地平台资源,采取“校内 + 校外”双重师资的形式进行教学与实践环节的指导,鼓励校内教师将教学、科研与实践相结合,积极承担横向课题,将项目引入课堂;鼓励校内教师到企业挂职锻炼,积累工程实践经验;校外教师由企业具有丰富工程实践的管理人员和技术人员担任,定期以专题报告的形式为专业教师和学生讲学,为教师带来最前沿的专业信息,为学生拓宽专业知识面。同时,兼职教师也可作为专业实践的校外指导教师,在实际工作中给予学生一定的专业指导。

五、结语

在新工科建设不断发展的过程中,为了适应经济发展的新要求,房地产开发与管理专业需要充分结合自身专业的特色，在深化人才培养模式改革的同时，强调配套建设，如教材建设、课程建设、实习基地建设等，同时注意不要过度改革。只有充分重视传统人才培养的重要性，在传统人才培养模式的基础上，渗透新工科改革的理念，不断完善人才培养模式，才能为房地产行业的发展提供优秀的复合型人才。

【主要参考文献】

[1] 叶民，孔寒冰，张炜. 新工科：从理念到行动[J]. 高等工程教育研究，2018(1)：24－30.

[2] 王强，姜莉，等. “双一流”与“新工科”背景下应用型本科高校学科、专业及课程一体化建设[J]. 湖北工程学院学报，2019，39(2)：72－75。

[3] 李文忠，焦爱英，等. 房地产开发与管理应用型专业建设途径研究[J]. 价值工程，2018，37(13)：230－232.

[4] 蔡忠兵，罗三桂，郭碧乃. 地方高校应用型人才培养方案制订的路径选择[J]. 中国大学教学，2013(10)：65－67.

[5] 贾广社，尹迪. 基于全过程自主学习模型的人才培养模式[J]. 高等工程教育研究，2011(5)：85－88.

[6] 胡文龙. 基于CDIO的工科探究式教学改革研究[J]. 高等工程教育研究，2014(1)：163－168.

[7] 侯湖平，丁忠义，等. 新工科背景下土地资源管理专业人才培养模式研究[J]. 教育现代化，2018(8)：11－18.

【作者简介】

王静(1981—)，沈阳建筑大学管理学院，副教授。

非全日制专业学位硕士研究生培养模式研究

李森[1]　任广伟[2]
(1. 沈阳建筑大学管理学院;
2. 中建铁路投资建设集团有限公司总承包公司哈尔滨分公司)

【摘　要】 非全日制专业学位硕士研究生已经成为我国一类重要的研究生培养模式,研究生的培养数量呈逐年快速上升的趋势。但由于我国非全日制专业学位硕士研究生培养起步较晚,在此类研究生的培养过程中还存在着学生差异较大、学生专业基础较差、工作时间与上课时间相冲突、实践应用能力不足等问题,严重地制约了培养质量的进一步提高。为此本文提出了优化我国非全日制专业学位硕士研究生的对策建议:不断强化复试的选拔作用,增强培养方案的灵活性,制定弹性的上课时间安排,扩大双师型教师比例。

【关键词】 非全日制;专业学位;研究生;培养模式

一、引言

近年来,随着我国研究生教育的快速发展,非全日制专业学位硕士研究生的比例逐年提高,已经成为我国研究生培养的一个重要类型。不同于传统的全日制学术型硕士研究生,此类研究生具有“非全日制”和“专业学位”两个突出的特点。“非全日制”是在从事其他职业或者社会实践的同时,采取多种方式和灵活时间安排进行非脱产学习。而“专业学位”是针对社会特定职业领域的需要,培养具有较强的专业能力和职业素养的高级管理和技术人员。由此可见,非全日制专业学位硕士研究生具有鲜明的特点,并且我国越来越多的普通高等学校开始扩大非全日制专业学位硕士研究生的招生数量。但我们也应清醒地认识到,我国非全日制专业学位硕士研究生培养工作由于起步较晚,其培养模式还有着很大的优化空间,我们有必要对其进行深入细致的研究。

二、非全日制专业学位培养模式

非全日制专业学位虽然起步较晚,但同传统的全日制学术学位相比,非全日制专业学位有着鲜明的特点。因此,其培养模式也有着很显著的特色,具体体现在招生、课程、实习和论文等方面。

1. 招生

目前国家为规范非全日制专业学位硕士研究生的培养,安排其在每年的10月份同全日制学生一起进行研究生考试报名,但在考试科目上有着很大的区别。以专业会计硕士为例,非全日制专业学位学生在当年的12月初试中只需参加英语(二)和管理学联考,总分也只有300分,同时这两个考试科目均由国家统一出题。在次年3月份的复试阶段,各学校可以根据自己的学生筛选原则设定复试科目,以沈阳建筑大学为例,目前设置了政治、英语和专业课。

2. 课程

专业学位的课程设计同学术学位的课程设计有着较为明显的区别。以会计硕士和会计专硕为例,会计硕士以理论教学为主,学制通常为3年,而会计专硕以实践教学为主,在课堂中加入了大量的案例来辅助教学,其学制通常为2年。在上课时间设置上,非全日制专业学位课程也更加灵活。考虑到很多非全日制学生在被研究生培养单位录取后仍然需要继续工作,因此其课程通常定在周末。

3. 实习

由于专业学位更加强调实践,因此在很多学校非全日制专业学位硕士研究生的培养方案中,都设置了一定比例的实习环节,并且实习的周期较长,通常在半个学期到一年的时间,期待学生在校期间就能接触社会工作实际。目前实习通常安排在入学后的第二年,多数学生会选择在自己的工作单位完成实践教学环节,同时也有少数学生会选择学校或导师为其提供的实习单位进行实习。

4. 论文

论文是考查学生在研究生阶段学习科研成效的有力方法。按照培养方案的要求,非全日制专业学位学生在获得毕业证和学位证前,需要达到相应的论文写作能力,完成发表任务。在期刊上发表学术论文,通常称之为"小论文",完成的毕业论文,通常称之为"大论文"。目前"小论文"同全日制学术型研究生的毕业要求基本一致,即在指定期刊上至少发表1~2篇论文。而非全日制专业学位的"大论文"则有着鲜明的特色,普遍要求学生以案例形式进行写作,以更好地将理论与实践进行结合。

三、目前培养存在的问题

1. 学生差异较大

近年来,随着非全日制专业学位学生数量的逐渐增加,学生之间的差异程度也在逐年扩大。首先,非全日制研究生来自不同的企业、不同的行业,他们的工作背景有着很大的区别;其次,非全日制研究生由于工作年限不同,因此在入学时学生之间的年龄差异往往很大,不同年龄段的学生在一起学习需要更多的协调;最后,学生的个人基本情况存在差异,如婚姻、职位等因素的差异也会给学生的日常管理带来极大的挑战。

2. 学生专业基础较差

目前非全日制专业学位硕士研究生的招生考试,是各种类型研究生考试中相对简单的一种,不仅考试科目少,同时考试难度也比较低,因此此类研究生的报考数量呈逐年快速上升的趋势。我们仍然以会计硕士和会计专硕为例,分析考试科目设置的区别:首先会计专硕考试没有数学,这就使得缺少了一个筛选学生的有力方式;其次目前会计专硕只考管理学联考,其难度同各个学校会计硕士所设置的会计学专业课在难度上存在着一定的差距。而这些因素都导致学生进入到研究生专业知识培养阶段,容易出现学习困难的问题。

3. 工作时间与上课时间相冲突

目前,虽然非全日制专业硕士的课程普遍设置在周末或节假日,已经充分考虑了很多学生需要在工作日工作的困难。但在实际教学过程中,仍然会经常出现学生因加班、出差等原因无法按时参加课程学习的情况。同时,非全日制专业学位学生如果仅利用周末时间进行学习,而在课后没有充足的时间进行复习,也会极大地影响其学习的效果,这也会进一步影响其“小论文”和“大论文”的写作,导致很多非全日制专业学位学生不能按时毕业。

4. 实践应用能力不足

非全日制专业学位设立之初,就以实践为培养导向,要求非全日制专业学位硕士研究生导师在传授专业知识的同时,也要为学生讲解实际问题。但在实践中,由于硕士研究生导师长期在高校内任教,与实际工作有着较大的距离,因此很难为此类学生提供更多的实践经验。同时,随着此类招生名额的逐年增加,录取学生的情况又有了新的变化,一部分报考全日制专业学位的学生由于各种原因不得不调剂到非全日制专业学位,而其本身并不具有工作经验,因此在专业实践教学过程中容易出现理解困难的问题。

四、培养模式优化的对策建议

1. 强化复试的选拔作用

复试是研究生招生单位对学生的第二次考核,也是决定学生是否被录取的最后一关。鉴于非全日制专业学位初试考试难度不大的问题,应当强化复试阶段的选拔作用,通过更加科学有效的考试科目设置和考试内容编排,进一步提高非全日制专业学位学生的招生质量。应当在复试阶段着重强化对学生基础能力和专业能力两个方面的考核。在基础能力方面,可以设置政治、数学、英语等科目,这是因为学生对这些科目的掌握能力会直接影响其在未来的科研水平。而在专业能力方面,各招生单位可以根据学校的特色和专业的培养方案设置1~2门专业课,以检验学生在该领域的知识掌握情况。在复试中可以通过笔试、面试、小组作业等丰富多样的测评方式来综合考核学生的素质,进而从中选拔优秀的学生进入研究生阶段的学习。

2. 增强培养方案的灵活性

为了应对非全日制专业学位学生之间的差异,做到因材施教,在保持培养方案主体框架的同时,应当设置部分灵活的教学内容。我们仍然以会计专硕为例:首先,为了解决部分同学专业基础差的问题,可以为其安排管理学、基础会计等会计学专业骨干课进行选修。其次,为了帮助学生更早地确定研究方向,可以在每学期期末设置1~2周的课程实践,以帮助学生将理论同实践进行结合。最后,为了解决部分被非全日制专业录取的普通学生实践动手能力差的问题,可以选派专门的校外导师,指导学生在其单位进行专业实践,以缩小同其他同学在实践方面的差距。

3. 制定弹性的上课时间安排

目前非全日制专业学位学生的课程多安排在周末或节假日,在此基础上,应当制定更加弹性的上课时间安排,以帮助学生协调工作与学习之间的冲突。首先,针对没有工作的非全日制学生,可以安排其同全日制学生一同上课,这样不仅可以为其提供一个更佳的学习氛围,同时也能使其拥有更多的时间进行学习。其次,通过蓝墨、网课等现代化教学手段,为非全日制专业学位学生提供在线学习课程,并允许抵扣一定的课程学分,但在考核环节也应增加对学生自学效果的考核,使学生真正掌握专业知识。最后,利用寒暑假提供集中上课的机会,以减少学生来校的次数。

4. 扩大双师型教师比例

双师型教师是专业学位教育教师队伍建设的特色和重点,即教师既要具备理论教学的素质,也应具备实践教学的素质。目前,硕士生导师普遍具有较好的理论教学能力,但在实践教学方面存在一定的不足。因此,如何有效地提高硕士生导师的实践教学能力,成为双师型教师队伍建设的关键。首先,针对现有硕士生导师,可以定期为其组织培训活动,邀请业内专家和企业高级管理人员为其授课,以增加现有硕士生导师的实践能力。其次,鼓励和引导现有硕士生导师,根据授课情况,考取相应的实践证书。如会计专硕导师可以考取注册会计师、注册税务师等职业资格证。最后,向社会中具有中高级职称,并从事与专业相关的工作的企业中的高级管理和技术人员发出邀请,聘任其做非全日制专业学位学生的校外实践导师。

五、结语

非全日制专业学位是我国研究生教育发展到一定阶段的必然产物，是提高和优化我国劳动力层次的一项重要举措。作为非全日制专业学位学生的培养单位，各高校应当充分认识到此类学生所具有的鲜明特色，并结合学校和专业的实际情况，不断强化复试的选拔作用，增强培养方案的灵活性，制定弹性的上课时间安排，扩大双师型教师比例。通过这些手段更加科学、合理地制订非全日制专业学位学生的培养方案，实现非全日制专业学位学生的培养目标。

【主要参考文献】

[1] 刘静，刘军伟. 校企联合培养非全日制工程硕士模式重构研究[J]. 研究生教育研究，2015(3)：77－81.

[2] 毛甜. 非全日制研究生多元型培养模式问题[J]. 文教资料，2018(11)：113－114.

[3] 张法碧，周娟，徐卫林，等. 非全日制硕士研究生培育模式探索与建议[J]. 教育教学论坛，2018(15)：198－199.

[4] 吴薇薇，高强，刘钟佳文. 非全日制工程硕士培养指标体系的构建[J]. 黑龙江教育(高教研究与评估)，2017(11)：37－38.

[5] 杨彦海，张旭，杨野. 非全日制研究生教育现存问题与对策分析[J]. 沈阳建筑大学学报(社会科学版)，2017，19(5)：530－535.

[6] 朱毓，刘凤翔. 非全日制研究生双导师制的改革与创新[J]. 中国成人教育，2018(10)：35－38.

【作者简介】

李森(1986—)，沈阳建筑大学管理学院，讲师。

任广伟(1987—)，中建铁路投资建设集团有限公司总承包公司哈尔滨分公司，总会计师。

会计专业学位研究生的培养模式创新

王星[1]　李天贺[2]　刘阳[3]
(1. 沈阳建筑大学国际交流与合作处;
2. 沈阳建筑大学管理学院;3. 沈阳建筑大学)

【摘　要】 会计专业学位研究生培养应当从学生的职业发展需要出发,按照高层次、高起点和职业性的基本要求,以提高学生的职业适应性为重点,着力构建实践化的教学体系,促进专业学位研究生掌握行业的尖端实践能力。本文针对会计专业学位研究生教学模式的现状及主要问题进行了分析,在此基础上提出了优化创新会计专业学位研究生培养模式的方法以及构建创新的专业学位研究生培养模式。

【关键词】 MPAcc;研究生;培养模式

一、会计专业学位研究生培养模式现状

我国2004年以前所授予的会计学硕士学位几乎都是学术型学位,以科学研究能力为主,侧重理论而忽略实践。基于此,2004年4月30日,国务院学位委员会办公室下发了《关于开展会计硕士专业学位教育试点工作的通知》(学位办[2004]28号),批准中国人民大学等21个研究生培养单位开展会计硕士专业学位(MPAcc)教育试点工作。从图1可以看出MPAcc培养单位的数量在逐年增长,同时根据图2能看出社会对专业硕士的认可程度越来越高,专业学位的报名人数连年增长,专业学位硕士人数于2017年首次超越了学术学位硕士。MPAcc的出现可以满足社会对高端会计人才的需要,会计专业学位硕士熟悉市场经济规律并能将会计专业知识应用于市场经济。

二、当前会计专业硕士培养模式的主要问题

1. 招生范围和生源类型

MPAcc的招生对象在2009年以前是具有学士学位和本科学历、从事会计或相关领域工作、具有至少两年实践经验的在职人员,从2009年开始,MPAcc的招生对

象发生变化,开始招收应届毕业生。由于会计行业的火爆和 MPAcc 初试科目对专业知识要求较低,除了应届生之外,MPAcc 也吸引了许多已经从事会计工作或从事其他行业工作的从业人员报考。如图 3 所示,MPAcc 的报名人数从 2011 年的8 972 人增长到了 2017 年的 92 262 人,短短七年间增长了 9 倍多。这就造成了学生专业背景和职业类型的多样化,不同的学生之间专业基础有着不可忽视的差距,对会计专业理论和技能的掌握程度参差不齐。在 MPAcc 短短 2 ~3 年的时间内,用同一个教学方案和课程设置来培养专业和职业背景相差巨大的对象,想要满足培养对象不同职业规划和不同研究方向要求,培养出符合社会市场需要的应用型高级会计人才是不现实的。这不可避免地加大了学校和教师在培养学生过程中的难度,直接影响了教学效果和培养目标的实现。

2. 研究方向和职业导向不明显

会计专业学位研究生的研究方向不明确,没能在教学活动中体现出职业导向性。教学内容没有区分不同的研究方向,在 MPAcc 的专业课程中,必修课一般占了大部分,学生可选择的选修课则相对较少。这限制了学生自己选择未来研究方向的空间,导致不同研究方向和不同职业规划的学生的课程配置大同小异。同时,受传统会计学术学位研究生教学模式的影响,会计专业学位研究生虽然名义上以应用为主,但是实际情况是仍有相当一部分学生侧重理论研究,没能更好地体现专业学位特色。同时,教师没能根据市场和企业需要开展教学,影响了职业性特色的实现。

3. 课程体系不完善

当前会计专业学位研究生的课程体系设置不完善,课程内容存在不合理的地方。除了上文提到的研究方向问题外,课程中缺乏职业导向性的内容,培养专业学位研究生创新能力的课程不足,专业理论课程占了绝大部分,而提升实践能力的课程相对较少。同时,校内实训课程的项目较少,很多教师的教学方法仍然停留在学术型硕士,甚至本科课程的阶段,以传统的知识传授模式为主。即使设置了案例课程,大部分老师还是以自己讲解为主,单纯针对具体案例进行分析,没有引导和帮助学生思考和掌握分析的思路和方法。此外大部分学校仍然没能构建实践性的教学场景和氛围,实践教学的比例不足,项目型和研讨型的活动较少,没能给学生提供丰富的参与企业实践教学活动的机会。这就导致案例分析课成了一种任务,在形式上进行了案例分析的流程,却没能够在教学中实现对学生的分析能力、专业素养的培养,没有真正地成为一种提高教学效果的手段。

4. 师资队伍配备

目前,MPAcc 培养单位以各级高校或科研机构为主,这些培养单位的工作长期以来都是以科研、学术为重心。这就导致了虽然大多数从事 MPAcc 教学的教师具有高级职称，但是工作重心长期放在理论教学和研究上，理论知识和实践应用相结合的经验相对有所欠缺。而理论知识和应用能力都具备的从事教育工作的会计人士又远远满足不了目前中国众多 MPAcc 培训单位的需求。这就致使大部分 MPAcc 培养单位的教师在教学中没有体现出会计专业学位硕士的特点，不能满足 MPAcc 培养模式的需求。

三、完善 MPAcc 培养模式的方法，构建创新的 MPAcc 培养模式

1. 体现职业属性

自 2009 年以来，MPAcc 开始招收应届本科毕业生，同时对考生的会计专业理论基础和实践经验的要求降低，于是报考 MPAcc 的人数急剧增加，出现了大批的跨专业考生，这在一定程度上给 MPAcc 培养目标的实现提出了难题。

MPAcc 本质上属于职业学位，与理论型学术研究生的培养目标有根本性差异。MPAcc 是为培养高层次的专门人才而开展的教学活动，强调提高人才的高层次职业水准，因此在教学过程中应当体现职业背景，促进学生能够创造性地把 MPAcc 中学到的知识同自己之前的专业或者职业结合起来。高校在培养专业学位型研究生人才的定位的基础上，应当体现教育宗旨的差异性，注重不同背景人才培养模式的差异，促进人才更好地适应多样化的岗位实践需要。同时应当紧密结合区域经济发展需要，进一步加强 MPAcc 培养目标、方法手段、教学内容与特色课程的考察研究，从招生、课程体系设置、导师制的实施角度订立新的培养制度。根据企业的需要进行教学内容的优化，在打造实践基地的基础上促进学生广泛地投入到项目开发等实践教学活动当中，切实体现 MPAcc 的职业化、前沿化与适应职业需要的教育特征，在教学过程中着力激发立足岗位的职业意识。

我们参考美国会计专业的课程设置，对 MPAcc 的课程体系进行以下分类，让学生根据自身不同的专业基础和职业规划，参考不同机构对会计人才能力的不同需求对课程进行自主选择：(1) 专业知识课程，夯实培养对象的专业知识基础。(2) 商业案例课程，向培养对象传授经营、组织行为以及作为总经理如何整合这些职能的内容，同时通过具体案例分析来加强培养对象的应用分析能力。(3) 一般会计课程，指以信息的辨认、分析与应用为中心，使之与专业知识课程相结合，培养对象在掌握一些基本概念后能具体应用。(4) 专门会计课程，指上述三门课程完成后的课程，进一步研究有关财务会计、管理会计、税务会计、政府与非营利组织会计及国际会计方面的知识。当前社会需要的是高水平复合型的高级会计人才，只有把职业性与知识属性相结合，才能更好地培养应用性较强的专业学位研究生人才。在体现职业属性的同时还要向更高层次发展，培养应用领域的专门人才，强调职业性的教学活动指向行业发展的前沿需要，要求学生具有专业领域的较强的综合能力，以及从事相关行业工作的特殊品质，最终形成较强的解决问题的能力。

2. 以需求为导向，丰富课程内容

MPAcc 的教学还要以需求为导向，能够根据行业的发展需要进行人才培养目标与内容有效变革。不同的会计职业对不同的能力因素侧重方向不同，学校要根据不同学生的不同未来职业生涯规划来注重教学指向的明确性，着重培养高层次的应用型会计人才，注重面向产业结构调整的需要和社会发展需求培养有突出地域和行业特点的人才。在实践人才培养的过程中更注重校内、校外两个教学载体，校内重理论教学，校外重视教育实践基地的建设，从而为培养高层次的专业技术人才搭建有效的实践教学活动平台。

MPAcc 教学从本质上是为社会服务的，强调培养高层次的应用型、创新型人才。高校应当根据 MPAcc 教学的需要进行课程模式的优化改革，以丰富的实践型、项目型、拓展型、互动型的课程满足不同学生的成长需要。高校应当根据不同研究方向、不同职业规划的学生的不同需求来设置学科课程，着眼设置多层资助的实践课程项目，强化对不同职业目标学生的实践引导，秉持专业性的特征，根据学生的岗位需要进行灵活的课程安排。注重在课程设置方面满足学生的自主学习需要，丰富实践型的课程，促进学生在专业学位研究生学习的基础上进行岗位实践，在实践中全面优化理论知识体系，培养学生积极主动的创新意识，有效满足学生的职业发展需求。为了促进专业学位研究生自主反思和自我成长，还要在教学中增添多样的专题讲座，注重丰富实践案例教学，从而满足学生自主学习需要。

3. 加强师资培训

促进 MPAcc 课程质量的不断提升，进一步贯彻落实不同职业需求的学生的培养任务，还要提高教师的专业素养，促进教师有效落实培养模式转型的任务。首先，应当强化任课教师的教学理念，提高教师指导专业学位研究生岗位实践的教学能力，教师在教学过程中要融入更多的实践教学的因素。其次，要求教师密切掌握前沿会计行业的动态信息，了解发展趋势，密切关注会计行业的人才需求，从而将上述需求有效地融入 MPAcc 教学当中。最后，高校还要对任课教师进行专门的培训，提高教师通过各种途径开展学生职业能力培养活动的教学能力。整合校内、校外两类指导方式开展教学活动，校内重点进行理论教学，校外加大实践教学，积极吸纳社会优质的教育专家力量，从而形成有效、多样化的教学机制，并且为教师之间的相互沟通提供契机，推动校企合作下教育教学水平不断提高。

4. 增加实践机会，增强操作能力

实践是 MPAcc 教学活动的必要载体，在教学活动中融入丰富的实践活动是构建新培养模式的重中之重。首先，MPAcc 的教育教学活动应当实现实践与理论的紧密衔接,注重提高学生的实践技能培养的有效性,在专业学位研究生的评价机制中充分围绕学生的实践能力建立评价标准。其次,加大校企合作教学的力度,为学生提供优质的企业实践机会,引导学生走上实践岗位,营造浓厚的实践教学氛围,以便于学生更好地实践,达到促进学生不断提高职业能力的目标。再次,还要加强高校校内实践基地建设,为学生实现理论与职业过渡的缓冲地带,促进学生在校内借助模拟情境进行管理类、技术类和其他岗位种类的实训活动,实现实践教学体系化。最后,围绕学生自主实践学习的需要,倡导建立微课与慕课教育资源供给机制,引导学生利用碎片时间自主学习,强调线上、线下学习的互动,促进学生在实践中有效地理解学科理论知识,了解行业发展动向。

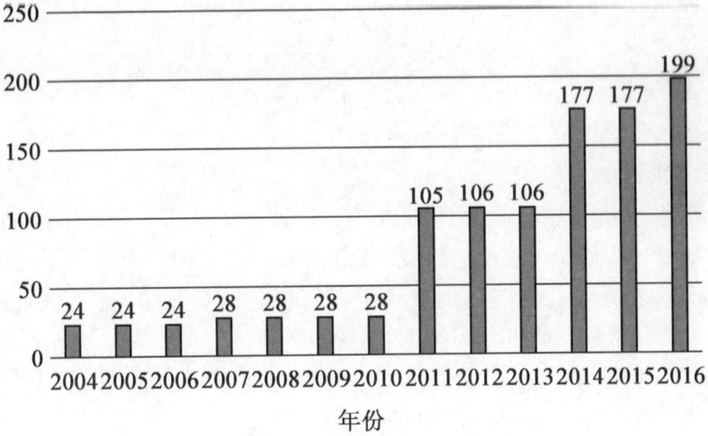

图1　MPAcc 培养单位数量　单位:个

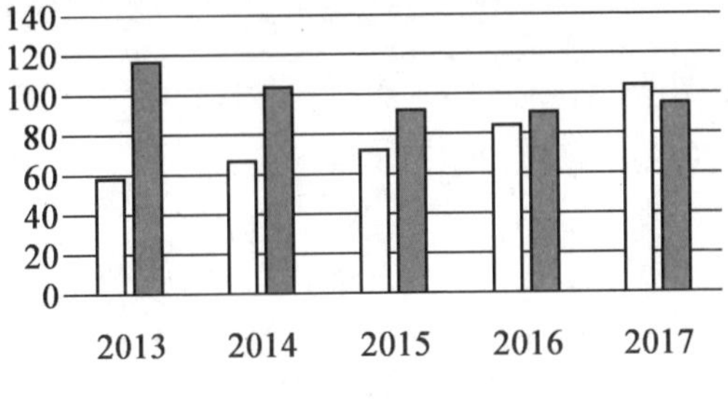

图2　专业学位、学术学位报名人数　单位:万人

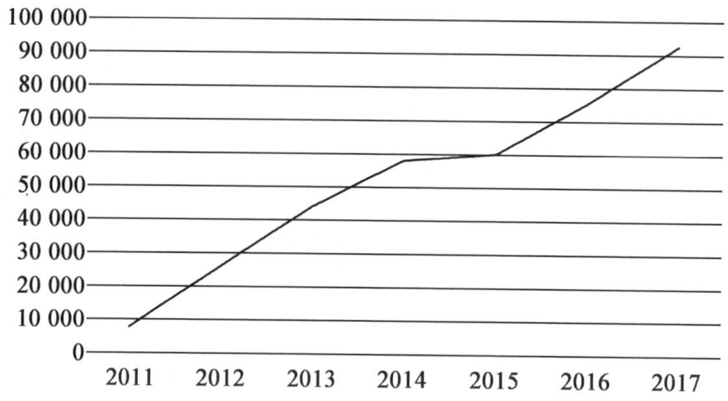

图 3 MPAcc 的报名人数 单位:人

【主要参考文献】

[1] 王成,徐琳,王世波. 基于行动学习的专业学位研究生创新实践能力培养模式探究——以 MPAcc 为例[J]. 黑龙江畜牧兽医,2019(10):161－164.

[2] 龚志文,张翎子,杨建仁. 地方理工科院校会计专业硕士(MPAcc)培养模式研究[J]. 金融教育研究,2018,31(6):69－74.

[3] 李爱琴,马锦,吴莹. 我国会计专业硕士培养模式研究综述[J]. 黑龙江教育(高教研究与评估),2018(9):64－67.

[4] 赵振智,王勇,赵玉林. 全日制会计硕士研究生培养模式改革探索——以中国石油大学(华东)为例[J]. 中国成人教育,2018(8):49－52.

[5] 李定清,钟廷勇. 会计专业硕士(MPAcc)培养模式创新的若干思考[J]. 亚太教育,2016(19):74－76.

【基金项目】

基于“互联网＋慕课”平台的本科人才跨专业能力培养模式研究,辽宁省教育科学“十二五”规划 2017 年课题(JG17DB417)。

【作者简介】

王星(1980—),沈阳建筑大学国际交流与合作处处长,副教授。

李天贺(1994—),沈阳建筑大学管理学院,硕士研究生。

刘阳(1978—),沈阳建筑大学,助理研究员。

辽宁省高校会计专业人才培养方案比较研究与优化设计

李雨笑[1]　王秋菲[2]
（1、2.沈阳建筑大学管理学院）

【摘　要】 针对会计本科人才培养方案中存在的问题，文中通过对我国11所高校会计专业人才培养方案的对比研究，再结合服务于本地经济发展的实际情况和辽宁省高校应用型人才培养目标定位，进行深入分析，提出改革的方法与优化的建议，对培养会计专业人才与加强专业建设有着重要意义。

【关键词】 会计；培养方案；比较研究；优化

一、引言

会计是经济管理的重要组成部分，是经济信息的重要提供者。常言道：经济越发展，会计越重要。随着整个社会的快速发展，高校对教学的改革必须与时俱进，培养会计专业人才也是如此。但是，辽宁省的人才培养方案存在一些问题，比如会计专业人才的能力与市场需求不相符，高校培养出来的会计人才与现实岗位的实际需要不匹配。虽然大家已经熟知会计类的专业应用型特点，但是不同学校的地域、经济结构、学校特色、教师结构以及生源质量都不同，也正是这些差异对会计人才的培养产生重要的影响，所以会计专业人才培养方案必须结合实际来进行定位。目前很多本科高校缺乏对会计人才培养目标的精准定位，整体存在笼统、宽泛，与本地经济发展不匹配的问题。

因此，会计专业教学改革迫在眉睫。本文结合服务于本地经济发展的实际情况和辽宁省高校应用型人才培养目标定位，通过对比研究国内同级别会计高校专业人才培养方案，分析现存的问题，同时提出改革方案，这对培养会计专业人才与加强专业建设有着重要意义。

二、人才培养方案比较分析

1.比较样本

本文从两个方面即辽宁省内的高校（省内高校）会计专业人才培养方案的比

较、省内高校和其他省份高校(省外高校)会计专业人才培养方案的比较,研究会计专业人才培养问题。全国开设会计学本科专业的高校有808所,我省开设会计学专业的高校约有41所。本次研究选择了11所高校,其中综合院校2所,特色院校9所。这些院校的会计专业建设都有一定的特色,值得我们学习。调研高校的基本情况见表1。

表1 调研高校的基本情况

序号	学校名称	学校性质
1	辽宁大学	辽宁省211高校
2	沈阳理工大学	辽宁省属特色大学
3	沈阳农业大学	辽宁省属特色大学
4	沈阳工业大学	辽宁省属特色大学
5	沈阳大学	沈阳市属特色大学
6	华北水利水电大学	河南省属特色大学
7	江苏理工大学	江苏省属特色大学
8	山东工商大学	山东省属特色大学
9	合肥工业大学	安徽省211高校
10	长沙理工大学	湖南省属特色大学
11	西北工业大学	陕西省985高校

2. 培养目标分析

人才培养目标分析主要包括培养的人才类型、毕业生的目标去向和毕业生的适应岗位三个方面。

(1)培养的人才类型。高校会计专业的培养目标主要有两大类,第一类是培养应用型人才,共有5所大学。第二类是培养应用型、复合型人才,共有3所院校。另外3所大学的培养目标是复合型、决策型和高素质会计人才。会计专业培养的目标与学校的层次和特色有密切的关系,985(西北工业大学)、211(辽宁大学、合肥工业大学)和财经类院校(山东工商大学)更重视复合型人才的培养。各学校的人才培养目标见表2。

表2 调研高校会计专业的培养目标

序号	学校名称	培养目标
1	辽宁大学	复合型高级专业人才
2	沈阳理工大学	应用型专业人才
3	沈阳农业大学	高素质创新型应用技术人才和创新型拔尖人才
4	沈阳工业大学	应用型高级专门人才
5	沈阳大学	从事财务与会计管理工作的应用型人才
6	华北水利水电大学	高素质应用型人才
7	江苏理工大学	应用型高级人才
8	山东工商大学	复合型、应用型会计专业人才
9	合肥工业大学	决策型会计专业人才
10	长沙理工大学	高素质会计人才
11	西北工业大学	“复合+应用”型骨干会计专业人才

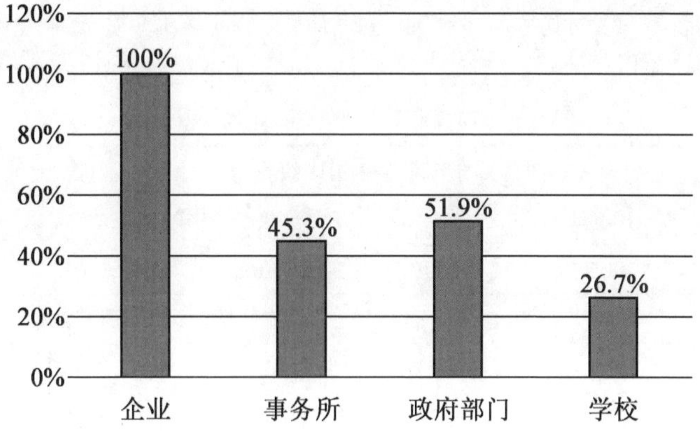

图1 会计类毕业生的目标去向

(2)毕业生的目标去向。11份样本培养方案详细描述了毕业生的目标去向,由图1可知,企业、事务所、政府部门、学校占比分别是100%、45.3%、51.9%、26.70%。由此可见,企业是会计高校毕业生去向的主要目标,所有高校都将会计相关企业作为毕业生的去向。同时,也有51.9%的高校将政府部门作为毕业生去向之一，这与会计类毕业生的实际就业情况有一定差别。目前，公务员岗位竞争激烈，进入政府部门就业的会计专业毕业生还是相对较少的。

(3)毕业生的适应岗位。对于会计类专业毕业生的适应岗位，11份培养方案对其进行了描述。由表3可知，其中公司会计、预算制定、管理会计、商业咨询分别占100%、36.4%、63.6%、45.5%。所有方案将“公司会计”作为会计类毕业生的适应岗位，这一描述并不意外，但是仅有36.4%的高校将培养“预算制定”岗位人才作为目标，定位相对有些模糊。因为既然大多数高校将“应用型人才”作为培养目标，那么“预算制定”的岗位也应该为大多数毕业生所适应。同时有多达63.6%的高校选择“管理会计”的岗位，说明会计与财务管理的融合趋势，会计管理专业的学生要同时掌握相关会计系统的理论、方式与应用工具，才能胜任应用型的会计管理工作。

表3　会计类毕业生的适应岗位

目标岗位	公司会计	预算制定	管理会计	商业咨询
培养方案份数/份	11	4	7	5
占比/%	100	36.4	63.6	45.5

3.知识结构要求分析

分析各学校对于会计类本科毕业生的知识结构要求(见表4)，可以发现几个特点。

表4　会计类本科毕业生的知识结构要求

学科知识	会计学基础	财务管理	中级财务会计	管理会计	审计学
省内高校占比	100%	100%	80%	70%	60%
省外高校占比	100%	100%	70%	60%	40%
学科知识	经济法	英语	统计学	资产评估	计算机科学
省内高校占比	60%	80%	60%	70%	50%
省外高校占比	60%	50%	40%	70%	80%

(1)会计类专业对知识范围要求较大。各个高校的相关会计专业多达15个学科，其中包括会计学基础、财务管理、中级财务会计、管理会计、审计学、经济法、英语、统计学、资产评估、计算机科学等，知识要求跨度非常大。这些学科与会计类专业人才培养方案的目标相贴合。

(2)省内高校对英语的要求相对高于省外高校。有接近三分之一的省内高校在人才培养方案中对英语水平提出了要求，而省外高校对英语水平的要求则相对较低。这与省内高校设置的国际化人才培养目标相吻合。

(3)省内高校比省外高校对管理会计和统计学知识的要求相对较多。这表明了省内高校更加侧重于应用型的数据分析与企业实际管理能力的培养。

4. 能力要求比较分析

对于能力要求不同高校描述差异也相对较大。比如，有的高校的培养方案提出了10多项能力要求，而有的高校只提出了5项左右能力要求。从表5的5所省内一般高校和6所省外一般高校会计类专业排位前10项的能力要求统计可以看出：

(1)省内高校对会计实务操作能力、财务管理能力更重视。80%的省内高校提出了这两项能力要求，然而省外高校仅有65%的比例对这两项提出要求。这种结果有可能是培养方案编制不规范导致，因为对于应用型会计类专业来说，这两项是必备的不可能不做要求的专业能力。

(2)都对创新能力非常重视。由调查数据可知，所有985、211会计类高校都对学生的创新能力、研究能力提出了各项要求，大多数其他会计类高校也对学生的创新能力提出了要求，这表明高校对于创新能力有着统一性的重视，创新能力已然成为会计类专业的必备的能力之一。

(3)省内高校对于计算机应用能力的要求比省外高校低，省外有80%的高校人才培养方案中对计算机应用能力进行了要求，而省内高校对计算机应用能力的要求仅占50%。

表5　省内外一般高校会计类专业的能力要求

能力要求	英语能力	会计实务操作能力	财务管理能力	语言能力	信息处理能力
省内高校占比	80%	80%	80%	60%	60%
省外高校占比	50%	65%	65%	60%	40%
能力要求	创新能力	研究能力	学习能力	计算机应用能力	人文素养能力
省内高校占比	60%	70%	60%	50%	70%
省外高校占比	60%	75%	65%	80%	70%

5. 素质及学分要求分析

对培养方案的所有素质及学分要求进行总结分析可知，各高校的素质要求差异不大，基本从政治思想素质、身体素质、心理素质、人文素质、公民意识和社会责任感、团队协作意识几个方面进行要求。985、211高校对人文素质、公民意识和社会责任感等的要求相对更多。

总结其学分要求可知：

(1)985、211 高校比一般高校的要求较低。其中，985、211 高校的学分最高是 190 分，最低是 155 分，平均是 174 分；而其他高校最高是 342.5 分，最低是 160 分，平均是 180.28 分。

(2)省外会计专业学分要求比省内偏低，学习能力与研究能力的要求比省内偏高，差异并不大。省外高校平均要求学分为 172.25，省内高校为 170.83。所以，170 分左右的总学分是大家的共识。

6. 课程结构分析

对培养方案的课程结构进行分类，大致可以分为三种。第一种是首先将课程分为必修课、选修课，然后再进一步分为通识课程、基础课程、专业课程等，可以称之为“课程性质型”。第二种是先按上课方式分为室内教学和室外教学，然后再分为通识教育、基础课程、专业课程等课程，可以称之为“课程类型”。当前，应用第二种培养方案的课程类别居多。第三种是按照课程内容来分，分为通识与基础课程、平台课程、专业课程、课后课程，然后，再细分为多个课程模块，可以称之为“课程分块型”。

三、现有人才培养方案存在的问题

综上所述，目前会计类本科高校的人才培养方案存在以下主要问题：

1. 专业课程设计不科学

高校会计专业人才的应用型培养是一个流动的概念，既是教育改革的目标，同时也是经济与市场发展的选择。新时代必须推进经济发展升级、构建发展新动力，所以这就对会计人才培养提出了新的质量要求，转化会计人才培养理念与模式成为当下的迫切目标。现如今各个高校都把审计学、资产评估、财务管理、管理会计等专业设置为重要专业。然而，课程安排的重复性为会计人才培养带来了弊端。举例可知，在专业课程设计方面，大多都设有审计学、管理学、西方经济学、统计学等相似课程。且这些重复性专业的就业方向也大体重合，主要集中于金融部门、银行、事务所、企业等就业场所。大部分高校对于会计人才的培养局限于对理论知识的普及，而往往忽视了对实际工作岗位中实践技术的指导。

2. 专业能力培养不匹配

虽然会计专业人才就业方向逐渐拓宽，但是在市场竞争越来越激烈的情况下，高校培养出的专业人才的能力却与市场需求不匹配，反而十分缺乏应用型的会计人才，实际的会计人才结构与应用实际的需求之间有着大比例的脱节。然而，实践经验对于会计工作岗位是十分重要的。高校的会计人才课程设置多侧重于偏理论的培养，伴随着课本更新缓慢等问题，理论知识的学习速度跟不上会计相关理论的更新速度，使得高校会计专业的人才培养出现实践操作的断档。高校会计专业人才的专业技能不够，所学知识无法应用在相关跨级岗位，不能满足实际工作中的需求。对此进行总结，就是工作单位对会计专业人才的期望远远高于会计专业人才的实际能力。

借助“互联网+”的发展，当前已经进入信息时代，网络大数据渐渐成为专业发展的必经之路。其中，“互联网+会计”就是信息化发展与会计行业的新型产物。在这种背景下，借助互联网使传统会计与大数据信息技术进行整合成为当前的发展趋势。所以，这不仅对会计人才的工作能力、实践操作能力、分析信息能力提出了越来越多的要求，同时也把会计人才的工作重心从基础核算转移到财务管理与分析决策上，使会计人才在企业中体现的价值最大化。

3. 实践教学环节不实用

提高会计专业人才的实践技能是高校会计培养计划的必要要求，从而引导学生发挥创新能力与培养新的思维。进一步使学生将课程的理论知识应用于工作岗位中的实践操作。目前各个高校基本上都存在实践课课程设计较少，动手设计课程比例较低，实习企业单一，学生不积极参加实践型比赛等问题。而且毕业论文深度不够，实践技能的教学成果较少。现如今，大多数高校都加大对资金的投放，把重点放在培养高素质人才的会计实践教学上。比如减少重复性会计理论课程，多增加校外实践课程的比例，多设置模式企业会计实践技能的比赛。

四、人才培养方案优化设计

1. 重新搭建专业课程架构

结合当下的经济发展，重新建立高校会计人才培养方案需要全面理解会计课程体系的转化，在重视创新能力和科研能力的情况下，更多地侧重于应用型人才的培养，结合学校特色、课程设置来培养人才。可以通过减少理论课程的比例，更多地增加实践操作课程的比例，把重心从理论转移到实践，更多地添加对企业的会计岗位理解、资产评估、动态的财务报表分析等课程设置。专业课程的设置不仅仅停留在理论基础，更多地加强课程设置的应用性与实操性。同时，加强财务共享的课时比例，在信息共享的大环境下，利用大数据和云计算等信息技术，整合会计资源，进一步提高会计工作的广度。

2. 着重提升专业实践能力

强化“学校－企业协同合作”，加强操作技能学习和校外实践活动，进一步达到50%左右的实践课程比例。加强老师们对实践教学的重视程度，打造高质量实操性的师资队伍。学校应加大投入，构建实践中心，建立团队科研、实践操作、实习一体的综合性实训基地。同时与财务机构展开合作，通过合作模式展开ACCA、CPA课程，勉励学生报考，从而取得高端会计资格证书，比如注册管理会计师、注册会计师等。还可以把与学生的资格考试相关的知识点转移到应用型人才培养方案里，设置多元化课程教学。另外，每个月组织学生参加一次与会计专业相关的知识竞赛，锻炼其对科研的学习能力，从而培养会计类专业人才的创新能力，并加强其对所学知识的理解。

3. 贯彻“三位一体”的专业培养方案

贯彻“三位一体”的专业培养方案。“三位”指以会计基础理论知识为根本，以专业课程学习为提高，以学生会计实践能力为优化，而“一体”则为增强整体实践操作，从而提高综合素质能力。在教学培养中，把注册会计师的课程作为专业必修课，邀请机构专家进入高校进行专业指导；建立理论学习与实践实习的融合。与此同时邀请全国知名学者开展会计相关专题讲座，拓展学生的学习深度与领域。

五、结论

综上，通过对辽宁省高校会计类专业本科人才培养方案从培养目标、知识结构、能力、素质、学分以及课程结构方面进行比较，可以总结出，目前辽宁省高校会计类专业本科人才培养方案存在忽略实践技能的培养、会计人才结构与市场需求存在脱节等问题。当前各个会计高校需要结合学校的专业特色，重新建立自身的课程设置，进一步加大学生对会计知识的深度与广度，从而加强对其实践操作与综合素质的培养。通过对本校会计类专业人才的培养方案的总结，培养出适用于社会经济发展的应用型会计人才。

【主要参考文献】

[1] 王庆石，刘伟，孙宗扬，等. 本科层次卓越会计人才培养标准研究与设计[J]. 教育研究，2013(1)：97－100.

[2] 赵程程. 应用型本科院校会计人才培养方案设计[J]. 合作经济与科技，2017(3)：149－151.

[3] 王亚萍，王远利. 会计学专业应用型人才培养的现状及模式优化[J]. 会计之友，2010(5).

[4] 孙铮，李增泉. 会计高等教育的改革趋势与路径[J]. 会计研究，2014(11)：3－15.

[5] 姚美娟，董毕荣，王瑶瑶. “互联网＋”时代下的会计人才培养模式研究[J]. 商业会计，2017(6).

[6] 毛雪黎. 财务共享服务模式下的管理会计人才培养[J]. 商业会计，2017(24).

[7] 郭秀珍. 管理会计人才培养模式的研究[J]. 经贸实战，2017(9).

【作者简介】

李雨笑(1995—)，沈阳建筑大学管理学院，会计专业研究生。

王秋菲(1978—)，沈阳建筑大学管理学院，副教授，博士。

对会计专业硕士培养管理模式改进的思考

魏春波[1]　金祖姮[2]　张羽兮[3]
（1. 沈阳建筑大学计划财务处；2、3. 沈阳建筑大学管理学院）

【摘　要】 作为我国高校会计研究生学位制度改革的一项重要内容，会计硕士专业学位教育的实施，在很大程度上改变了会计研究生学位类型单一、培养模式单一的状况，丰富和发展了我国会计研究生教育制度。本文通过对我国会计硕士研究生培养现状及缺陷进行分析，针对当前培养过程中存在的培养目标定位不明确、课程设置缺乏专业特色、师资不充足等问题提出了相应的对策与建议。

【关键词】 培养质量；培养管理创新；创新培养

一、引言

20 世纪 90 年代以来，中国社会经济得到飞速发展，社会对高级会计人才的需求迅速增加，同时这也表明社会大众对高级会计人才的财务能力以及职业道德素质水平的要求越来越高。在这一大背景下，2004 年会计专业硕士（MPAcc）学位教育顺应潮流应时而生。起初，国家设立会计专业硕士的主要目的是培养高素质、高水平的应用型人才，但是由于 MPAcc 教育的发展仍然处于起步的阶段，缺少大量的师资力量和教学经验，且受制于注重培养学术研究能力这一惯性的思维，当下的培养模式仍存在许多缺陷，亟待改进。

二、会计专业硕士培养管理现状、问题和原因

现阶段，我国的会计专业硕士学位教育存在的主要问题概括如下：

1. 培养管理的现状与问题

（1）培养方案制订和实施的管理。合理的、完整的会计专业硕士学位培养计划是提高研究生培养管理工作效率和培养高素质、高水平应用型人才的前提，这也是各高校会计专业管理部门、研究生导师以及研究生在人才培养中所必须遵守的。

各高校管理部门合理安排课程以及教学内容的首要前提就是要制定明确的培养目标,在完备的培养方案的基础上选择适当的教学方式,只有将实际情况与制订的培养方案相结合,会计专业硕士学位的教育才能够获得预期的效果。会计专业硕士学位所强调的是对专业会计财务知识的实际应用与相关的职业道德,其培养目标的首要出发点应该是培养会计职业能力。

培养计划的制订和实施存在着两个方面的问题:一是,在为会计专业硕士学位安排设置课程时,为了教学资源能够得到充分利用,应促进课程的合理开设和便于管理,但高校管理部门在为学生制订的培养计划方案中选修课往往统一,这不仅不利于接下来的学术和科学研究的发展,不利于专业教师因材施教,同时也会对学位论文的撰写产生一定的影响。二是,许多高等院校的培养方案没有得到贯彻落实。考虑到 MPAcc 的特殊性,对于大多数学生来说,许多的培养环节往往流于形式,尤其是涉及实践教学的环节时。在培养方案的制订和实施过程中,理想中的实践模式与教学方式总是与现实存在着较大的距离,研究生导师往往更习惯于把握教学学科中的重点部分,而忽略了其他组成部分的价值。

(2)管理队伍。随着会计专业硕士教育规模的不断扩大,学生人数也大大增加,为加强对会计专业硕士的教育管理,多所高校在研究生院设立了 MPAcc 管理办公室,并根据招生规模配备了相应的专职管理人员。它主要是对规章制度的实施、培养计划的执行与审核、专业课程的安排、师资队伍的管理等进行监督与检查,并对最终成果进行审核。

对会计专业硕士进行培养的前提就是要建立一支优秀的高质量、高素质的教师队伍,良好的师资力量对于学生来说意义重大。但目前,培养单位的会计硕士导师大多既不能满足教学的数量需要,在结构上也不合理,会计硕士导师大都出自高等院校,主要精力集中在理论研究上。同时,由于受到学校管理体制或学历的限制,大量具有丰富经验的注册会计师、商业顾问等不能够进入高等院校担任导师来对研究生进行专业的学术指导。虽然在部分院校中这些专业会计人员可以被聘任成为校外导师,但由于日常忙碌的本职工作,他们很难在有限的时间里全身心地投入,教学工作很难进一步开展。兼具深厚会计学理论与丰富实践经验的高学术、应用型属性的教师成员目前依然十分紧缺,这就使得高等院校很难培养出同样具备高学术、应用型的会计硕士。

(3)科学研究的管理。会计专业硕士所需要进行的科学研究管理主要体现在:开展学术活动、撰写学位论文、发表学位论文等许多方面。待硕士生们在高等院校接受了集中授课以后,将会返回各自的工作岗位与生活角色中进行学术研究和学位论文的撰写。"导师责任制"的实施使得本阶段主要由学生的导师进行指导和管理。在学生的第一学年结束后，硕士生导师将会指导学生阅读大量的文献，并对其进行整理分类，为后续的论文发表夯实基础。在硕士生学习的第二学年里，导师将开始组织学生参加各种学术讲座，共同进行学术方面的交流和讨论。与此同时，指导学生选择、确定学位论文的题目并开始撰写开题报告。在这一环节中，导师将会和学生协商、沟通完成，学生所选的课题应是本人在实习企业或研究机构的工作实践中发现的实际问题。这样不仅可以培养学生的独立参与工作、分析并解决问题、实践创新的能力，又能通过学术研究反哺企业，从而解决企业运营中的实际问题。与此同时，学生不断参与各种学术活动论坛、对文献进行大量的阅读与整理。在导师的循循善诱下，学生会在某一具体研究方向上不断实现创新，并且顺利完成论文的开题报告。科学严谨的开题报告将是学位论文的稳定根基，而这一工作的全部过程，是在导师与学生本人的沟通和交流中不断完成的。

在撰写学位论文的过程中，硕士生导师与学生的沟通会更加密切，指导学生对论文进行反复的修改。在这一环节中导师同学生见面的机会较少，基本上是通过电话、发送电子邮件等来解答学生在论文写作中遇到的问题并进行指导。因此，在学位论文的写作与创新阶段，硕士生导师与学生之间的相互交流至关重要，不容忽视。然而，由于非全日制会计硕士与全日制会计硕士在日常学习方式、学习时间安排、未来就业需求等方面都存在差异，硕士生导师在科学研究的各个阶段难以进行有效的安排和管理，而这也是导致会计专业硕士在学术研究方面与学术论文撰写阶段存在问题的主要原因之一。

2. 培养管理存在问题的主要原因

有针对性地分析并找出会计专业硕士培养和管理过程中存在的问题的原因，可以有效地解决面对的实际问题，为创新 MPAcc 的培养管理体系打下基础。

(1)对培养目标和人才定位的认识不够。一方面，应该明确 MPAcc 教育的基本方向。它是为了培养能够全方位地了解会计现实情况、有能力解决实际问题的高层次、高素质的高级会计人员，各高校的培养单位应在充分考虑到这一基本方向的基础上，进一步去制定具体的培养目标和培养方案。虽然各高校的培养方向存在一定差异，但是培养的层次基本上大同小异，学生在毕业后所从事的岗位多为高层的财务管理人员，但同时这也不利于满足公司对于各级会计管理人员的需求。另一方面从 MPAcc 的培养对象来看，非全日制的在职学生对于会计和财务知识的理解只是来自平时的工作和生活，并没有系统深入地学习过。而全日制的学生仅有少数来自本专业，大部分本科属于非会计专业，他们在对会计基础知识的掌握水平上良莠不齐，这就决定了他们还不具有在理论知识方面进行系统研究的能力和水平。

2010年之后,MPAcc相关培养单位数量快速增加,其中地方高校占较大比例,由于他们在培养计划和课程设置上总是会优先考虑到学术学位研究生的培养方式,因此在实践环节、师资队伍建设、课程设置与安排等许多方面受到条件制约,并没有对MPAcc的培养目标和定位有一个清晰的认识。

(2)对课程设置的把握不准确。对会计硕士培养的目标应该有一个的明确定位,它是学校安排设置课程的前提。其中,合理的课程安排与设置又是实现会计硕士培养目标的主要途径和有效手段。如果高校对会计专业硕士培养的目标不清晰明确,那么就会导致在课程设置方面存在缺陷,就会直接影响到学生的培养质量。

在教学过程中出现的专业硕士出勤率较低、课堂的教学质量达不到理想预期的主要原因是,学校相关的培养管理部门在设置课程教学的过程中往往注重考虑会计专业硕士的特点,从而忽视了课程教学的效果。目前,我国很多高校在MPAcc教学方面,教学方法总体来说比较简单,尽管会有一些教师在课堂的教学中主动运用案例教学法,但大多数仍以教师的讲解为主,学生只是被动接受,主动思考的空间有限,学习动力低下。这种情况下往往不能够形成良好的互动沟通机制。各高校应该结合培养目标来设计教学内容,突出会计专业硕士的实际情况和特点。从课程设置上看,专业硕士生可以根据自己未来的就业方向选择课程,但在教学内容上却是和学术学位的硕士大同小异。同时,过于注重专业课程的教学,能够锻炼综合素质、提高实践创新能力的专业课很少;在专业课程中选修课少,必修课较多。这些现实问题使学生无法合理行使其自主选择权,同时也对学生培养自身综合素质和知识创新能力产生制约。

另外,指导委员会在对会计专业硕士的课程安排上只是象征性按照规定设立职业伦理与职业道德相关课程,很少有高校会在选修课中选择开设与商业有关的课程,同时会计专业硕士实习(或专题讲座等)也比较混乱。

(3)对培养过程的监督力度不够。会计专业硕士中相当一大部分的学生不能按质按时地完成开题报告,面对学位论文总是一拖再拖,而且在此基础上质量往往也无法得到保证,和学术学位研究生之间存在着很大的差距。这就导致他们在学籍所规定的期限内按时完成学业所占的比重远远小于学术学位研究生。究其根本,主要的原因就是培养单位以及导师对学生的要求不高,忽视了对学生的管理与监督,解决问题的关键就是要健全约束与督促学生努力学习的激励与淘汰机制。

在明确会计专业硕士培养目标与培养计划的前提下,培养环节对会计专业硕士的培养质量起到至关重要的作用。当然,一套健全的高校人才培养评估体系可以有效地规范MPAcc培养过程,相应地也可以提高培养单位的教学质量。然而就目前来看,大多数培养单位还没有成立专门的评价中心来对MPAcc教育信息进行及时的反馈和处理，当然也就不能及时地调整教学管理中的薄弱环节。培养单位外部也没有设立独立的评估机构来通过特定的标准和方法对 MPAcc 的教育质量进行专业化、标准化评价，也没有形成能够促进培养单位改进教学方法、提高教学质量的动力机制。

三、优化会计专业硕士培养模式的几点建议

1. 建立科学有效的质量评价体系

科学有效的质量评价体系应体现在培养计划的每一个流程中，并且与培养目标相匹配。各高校的培养单位应该以指导委员会的评价指标体系为指导思想，通过结合高校具体情况，对教学内容、课程安排、创新实践、师资水平、理念特色等许多方面进行详细的调查了解，建立全面的教学评估规章制度。通过质量评价体系充分认识到培养过程中存在的问题，明确需要改进的方向，形成一套适合的办学模式。

各高校也可以通过外部专业管理机构来对 MPAcc 进行教育质量的评估。在评价指标中，毕业生的工作表现和社会各界的反应情况应当占较大比重。测评结论和意见不但对用人单位选拔学生具有重要的参考价值和意义，而且可以增强各个 MPAcc 培养单位之间的竞争意识，促使其不断完善教学方法，提高教学的质量。

2. 明确培养目标

研究生培养计划是研究生培养全过程的重中之重，是具有重大意义的指导性文件，是研究生教育的蓝图。只有以研究生的培养计划为基础，各高校的管理部门以及研究生导师才能够在此基础上对学生进行相应的管理与指导。可以说，研究生培养计划的制订与教育的许多方面和多个环节息息相关、密不可分。我们通过观察一个高校所制订的培养方案，可以从中了解到该所高校对于研究生教育的重视程度，直接反映出其教学水平以及教学特色，从而反映了研究生教育的质量。

MPAcc 注重的是职业导向，重点是要培养学生在会计及相关领域应对实际问题时的解决能力，更偏向的是理论联系实际，即“怎么做”，更加倾向于取得实践性的知识。会计专业硕士的培养重点是能够掌握并且熟练运用会计及相关行业的理论知识，面对会计及相关领域的实际问题要能够具有解决问题的能力。同时，会计以及会计相关领域的实务性工作是会计专业硕士毕业后主要的工作方向，因此，判断该学生是否具有会计从业资格的能力也应列入考核的重点。

在 MPAcc 进行人才培养的过程中，考虑到面对的实际情况存在差异，应该有不同的培养方式，不能大同小异。同一层次的不同学校的培养目标要有所不同，应该以职业为方向，充分考虑到市场需求，各培养单位根据实际情况来对培养方向进行安排。比如，可以尝试和职业资格认证进行衔接，设立会计方向、会计信息化方向、审计方向、财务管理方向等培养方向。

3. 加强教师管理队伍

为了提高 MPAcc 教师队伍的实践经验和实际能力,各高校的培养单位应该为教师进入企事业单位进行实际工作创造良好的条件。通过实习、培训、课题研究和活动等多种形式,增强导师和社会活动的沟通联络。与此同时还应对在职教师进行学习培训,支持年轻的骨干教师到国外的著名大学访谈交流,从而达到改善教育观念、提高专业技能和教学水平的目的。

在改进和完善会计专业硕士培养机制的过程中,各高校的管理部门也应该进一步完善招生管理制度,优化研究生的课程教学体系,创新研究生的教学方式,不断地完善和巩固导师负责制。目前,各大院校中既有理论基础,又有实践经验的教师十分稀缺,要实行"导师组制度"并充分发挥其指导作用,优秀的教师队伍对于会计专业硕士的论文撰写与实践十分重要。同时积极邀请有实际工作经验的商界人才来进行交流、举办讲座论坛,或者可以聘任其成为实践导师,并且加强校内导师与校外导师的沟通联络,切实改进学生的职业能力培养。实行校内外双导师制,发挥导师的各自优势,取长补短,不仅有利于 MPAcc 理论水平的提高,对学生专业技能的提高也有较大的促进作用。

【主要参考文献】

[1] 高明, 刘成立, 刘凤阁. 会计专业硕士应用能力培养创新研究[J]. 中国管理信息化, 2012, 15(21):83 -84.

[2] 王景升. 关于会计专业硕士的培养目标和能力要求[J]. 财务与会计, 2012(6):38 -39.

[3] 郑伟. 会计专业硕士培养模式的问题及其改进[J]. 财务与会计, 2014(12):67 -68.

[4] 刘永泽, 赵合喜. 会计硕士专业学位(MPAcc)培养模式的思考[J]. 会计之友, 2012(6):112 -115.

[5] 刘琨. 我国会计专业硕士培养存在的问题及解决对策[J]. 当代教育实践与教学研究, 2015(7).

【基金项目】

工商类专业教育质量国家标准下特色人才培养方案研究,沈阳建筑大学课题,2018 年。(沈建教字[2018]116 号 -7)

【作者简介】

魏春波(1971—),沈阳建筑大学计划财务处处长,高级会计师。

金祖姮(1996—),沈阳建筑大学管理学院,硕士研究生在读。

张羽兮(1995—),沈阳建筑大学管理学院,硕士研究生在读。

工程管理专业学位研究生教育培养质量评价指标体系构建

周秀丽[1] 孔凡文[2]
(1、2. 沈阳建筑大学管理学院)

【摘 要】 本文研究工程管理专业学位研究生教育培养质量评价指标体系构建。拟将该指标体系划分为多级,形成多级指标体系。第一级指标主要包括工程管理专业学位研究生课程体系与教学质量、专业实践与创新质量、学术研究与论文质量、素质与能力培养质量、培养方式与环节监管质量。针对每一个一级指标,又细分为若干个二级指标和若干个三级指标,这些指标共同形成工程管理专业学位研究生教育培养质量评价的多级指标体系,为研究生培养质量的评价提供有效的参考依据。

【关键词】 工程管理;专业学位研究生;质量评价

一、工程管理专业学位研究生培养的现状

目前,无论传统的大型工程建设领域还是新兴产业领域,对工程管理人员的需求量都呈现逐年增长的态势。同时,随着管理技术和管理层次的提高,对工程管理人员的综合素质也提出了更高的要求,工程管理人才组成结构失衡已成为亟待解决的问题。工程管理专业学位研究生(Master of Engineering Management,简称MEM)能够有效改善工程管理人才短缺和结构失衡的问题。MEM 的培养目标是培养既具有扎实的工程技术基础,又具备较高的管理素质与能力,能够推动我国工程领域技术创新与技术发展,能够有效计划、组织、指挥、协调和控制工程实践及技术开发等活动的高层次、复合型工程管理专业人才。

2003 ~2008 年,中国工程院一批院士三次向教育部、国务院学位办提议,设置工程管理硕士专业学位。国务院学位办多次组织研讨,2009 年委托清华大学组织论证。2010 年1 月,国务院学位委员会第27 会议审议通过,设置了工程管理硕士专业学位。经过不断的实践和理论探索,各培养单位和全国工程管理专业学位研究生教育指导委员会积累了大量的宝贵经验,陆续出台和完善相应的指导性文件。

截至2018年11月,全国共有工程管理硕士授权点单位101个。其中,2011年首批授权点单位有77个,2014年增列授权点28个、撤销8个;2015年自主申请撤销6个授权点;2016年增列授权点2个、撤销3个;2017年增列13个、撤销2个。

二、MEM教育培养质量评价指标体系制定的原则

1. 科学、典型性原则

评价的指标均应在科学分析的基础上,能够客观反映MEM教育培养的实际情况,符合硕士研究生培养最基本要求。各指标体系选择、设计能够客观真实反映MEM的特点和培养现状。各评价指标要具有典型性、代表性,指标不能过于烦琐,数据获取和计算要简单易懂,同时也不能过于简单,以免遗漏和不真实。评价指标尽可能准确反映出MEM课程体系与教学质量、专业实践与创新质量、学术研究与论文质量、素质与能力培养质量、培养方式与环节监管质量的综合特征。

2. 系统性原则

评价指标之间要有一定的逻辑关系。指标要从不同的角度反映出MEM教育培养系统的主要特征和状态,同时也要反映出多级质量评价指标体系之间的内在联系。在评价指标体系中,每一个子系统由一组指标构成,各指标之间相互独立,又彼此联系,共同构成一个有机统一体。

3. 可比较、可操作、可量化原则

MEM培养单位能够根据培养需要,结合专业特点制定适合本培养单位的评价实施细则,指标具有较大的拓展空间,在为培养单位提供参考指标的基础上,要特别注意在总体范围内的一致性。指标的选取、计算量度和计算方法需要统一,同时注意指标的操作可行、可比以及可量化,便于进行数学计算和分析。

三、MEM教育培养质量评价指标体系构建

根据国务院学位委员会、教育部《关于开展2018年学位授权点专项评估工作的通知》(学位〔2018〕8号)的要求,并参照《工程管理硕士专业学位设置方案》(学位办〔2010〕15号)等文件精神,全国工程管理专业学位研究生教育指导委员会制订评估方案并提出了工程管理硕士专业学位授权点专项评估内容与指标,见表1。

按照以上原则及思路,并参照工程管理硕士专业学位授权点专项评估内容与指标,拟将工程管理专业学位研究生教育培养质量评价指标体系划分为多级,形成多级指标体系。一级指标主要包括工程管理专业学位研究生课程体系与教学质量、专业实践与创新质量、学术研究与论文质量、素质与能力培养质量、培养方式与环节监管质量。针对每一个一级指标,又可细分为若干个二级指标,而每一个二级指标,又可细分为若干个三级指标,如图1所示。本文在数据收集阶段统计了大量研究生管理人员的数据,与此同时,查阅了研究生培养管理方面的资料。采用层次

分析法将研究生培养质量分为课程体系与教学质量(B 权重系数为0.2)、专业实践与创新质量(C 权重系数为0.1)、学术研究与论文质量(D 权重系数为0.3)、素质与能力培养质量(E 权重系数为0.1)、培养方式与环节监管质量(F 权重系数为0.3)。

表1　工程管理硕士专业学位授权点专项评估内容与指标

一级指标	二级指标	评估内容
培养目标与定位	目标	培养目标与工程管理硕士专业学位设置方案或指导性培养方案是否相符
	定位	本专业学位的定位与本校相近专业学位的差异
师资结构与水平	校内师资	师资队伍结构、水平与招生规模是否匹配
	校外师资	
生源结构与质量	录取规模	历年 MEM 报考人数、录取人数、考录比、全国统考管理综合、英语录取生源的平均成绩;录取生源的本科专业或工作经历与培养目标定位是否匹配;为保证生源质量是否采取相关措施
	生源结构	
人才培养	培养方案与课程设置	培养方案是否符合《工程管理硕士专业学位研究生指导性培养方案(试行)》;课程体系设置是否符合《工程管理硕士学位基本要求》
	课程教学与实践训练	课程内容是否基本符合《工程管理硕士学位基本要求》核心知识点
		实践教学的设计及实施是否符合《工程管理硕士学位基本要求》
	学位论文质量与学位授予	论文选题、论文形式、论文抽检、评审情况等学位论文质量是否符合《工程管理硕士学位基本要求》
		学位授予工作是否成规模
质量保证与制度机制建设	质量保证制度	管理机构设置、规章制度体系、教学监控体系、质量保障等对 MEM 人才培养的促进作用
	改进机制	针对本次校内评估发现的问题,拟采取的持续改进措施与投入的保障
培养成效	成果	毕业生职业发展整体提升状况(岗位、职位、薪酬等的变化情况)
	特色	凝练总结本校 MEM 办学特色

课程体系与教学质量、专业实践与创新质量、学术研究与论文质量、素质与能力培养质量、培养方式与环节监管质量各自向下分解出二级指标。“工程管理专业学位研究生教育培养质量评价二级指标分解表”见表2。

表2　工程管理专业学位研究生教育培养质量评价二级指标分解表

课程体系与教学质量 B	专业实践与创新质量 C	学术研究与论文质量 D	素质与能力培养质量 E	培养方式与环节监管质量 F
培养方案 B_1	学生素质与实践动机 C_1	论文选题 D_1	思想素质 E_1	学生基础 F_1
学生学术成果 B_2	实践能力培养基础条件 C_2	开题报告 D_2	日常管理 E_2	导师团队 F_2
培养成果 B_3	实践能力形成过程 C_3	中期报告 D_3	能力培养 E_3	培养条件 F_3
	实践能力培养质量保证 C_4	论文答辩 D_4		

其中，各项二级指标又可以分别向下分解出三级评价指标。如表3所示，在“课程体系与教学质量的三级指标分解表”中，将二级指标分解为11项三级指标。如表4所示，在“专业实践与创新质量的三级指标分解与评分表”中，对每项三级指标给出具体的评分细则。

专业实践与创新质量(C)在评价体系中，可分为学生素质与实践动机 C_1（权重系数为0.05）、实践能力培养基础条件 C_2（权重系数为0.15）、实践能力形成过程 C_3（权重系数为0.5）、实践能力培养质量保证 C_4（权重系数为0.3）四个方面，其中：$C_1 = C_{11}C_{12}$，$C2 = C_{21}C_{22}$，$C3 = C_{31}C_{32}$，$C4 = C_{41}C_{42}C_{43}$，$C = 0.05C_1 + 0.15C_2 + 0.5C_3 + 0.3C_4$。根据此方法分别对另外的二级指标进行上述处理，并对各三级指标进行打分。

将上述分析进行综合，通过表1研究生培养质量评价指标体系，可得到研究生培养质量(A)，$A = 0.2B + 0.1C + 0.3D + 0.1E + 0.3F$。$A$ 的数值在1上下浮动，在一定程度上反映出在社会、研究生、导师、管理和条件建设等条件下的研究生培养质量。

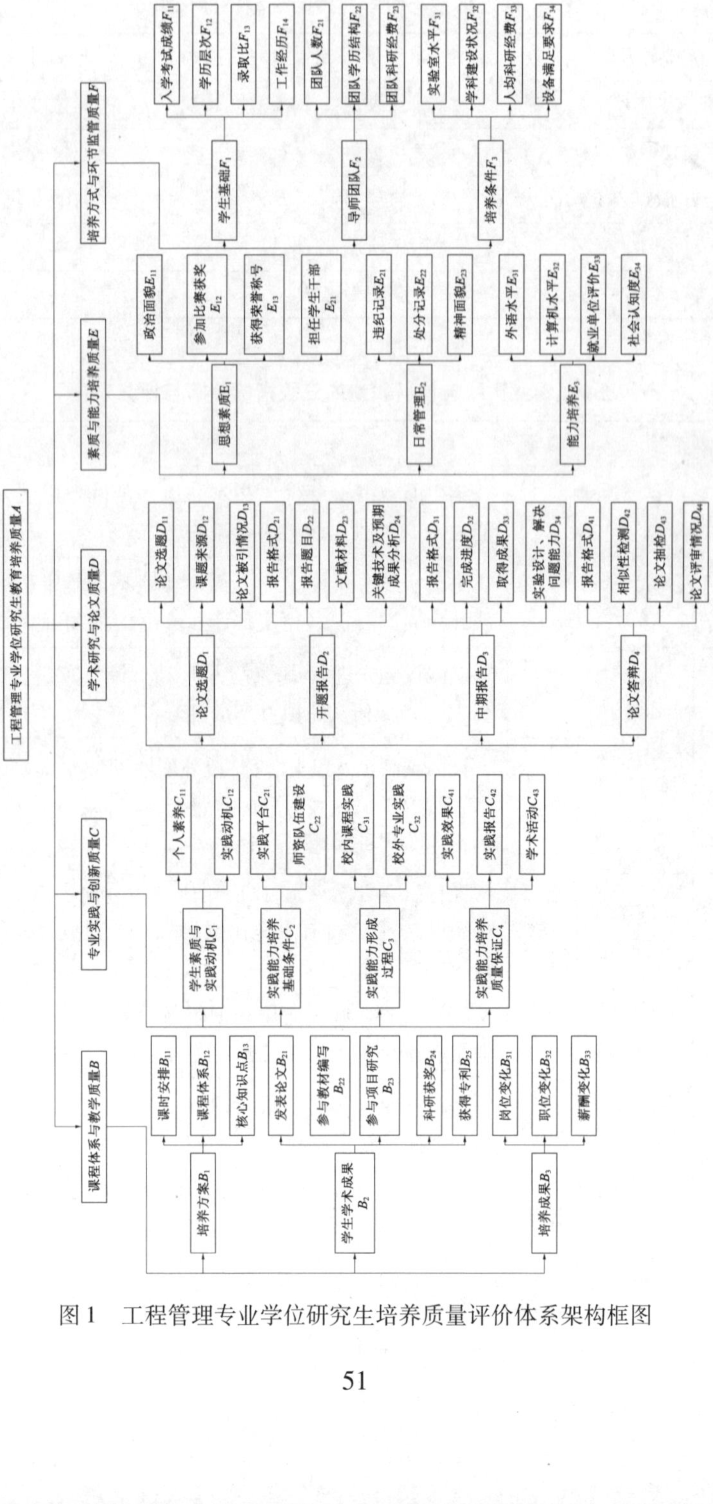

图1　工程管理专业学位研究生培养质量评价体系架构框图

表 3　课程体系与教学质量的三级指标分解表

培养方案 B_1	学生学术成果 B_2	培养成果 B_3
课时安排 B_{11}	发表论文 B_{21}	岗位变化 B_{31}
课程体系 B_{12}	参与教材编写 B_{22}	职位变化 B_{32}
核心知识点 B_{13}	参与项目研究 B_{23}	薪酬变化 B_{33}
	科研获奖 B_{24}	
	获得专利 B_{25}	

表 4　专业实践与创新质量的三级指标分解与评分表

二级指标	三级指标	权重	具体分值
学生素质与实践动机 C_1(0.05)	个人素养 C_{11}	0.4%	学生能力占2.4%(学生本科阶段的院校层次);沟通表达能力占1.6%(学生与人交流的能力)
	实践动机 C_{12}	1%	主动实践占0.8%(学生面对实践态度是否积极主动);实践计划周详占0.2%(实践计划可行性强,详细具体)
实践能力培养基础条件 C_2(0.15)	实践平台 C_{21}	6%	实践设施先进,利用率高占1.2%;校外实践基地设施健全占3%;产学研实践项目丰富占1.8%
	师资队伍建设 C_{22}	9%	校内副高级及以上职称,校外实践领域专家或优秀工程技术人员占3.6%;校内导师实践经验培养占3.6%;校内、外导师沟通交流机制健全占1.8%
实践能力形成过程 C_3(0.5)	校内课程实践 C_{31}	20%	课程研究方向突出,以应用研究为导向占10%;教学方法新颖高效占5%;有一定比例的优秀工程技术人员教授科目占5%
	校外专业实践 C_{32}	30%	实践内容以知识应用和创新为导向占9%;培养学生的职业素养占6%;实践单位专业实力强,培养机制健全占15%
实践能力培养质量保证 C_4(0.3)	实践效果 C_{41}	10%	课程作业(实验)质量;课程考试成绩;实践报告撰写质量;科技发明或技术专利或实践单位评价
	实践报告 C_{42}	12%	毕业论文(设计)具有一定创新性技术难度和工作量;毕业论文(设计)逻辑性强、文字表达规范
	学术活动 C_{43}	8%	次数

在 MEM 培养过程中,包括社会、导师及学校管理制度等在内的多种因素都对其培养质量起到至关重要的作用。所以,在构建 MEM 教育培养质量评价指标体系时,必须综合考虑和分析各个因素对研究生培养质量的影响,才能进行科学的评价。评价的目的在于改善 MEM 培养质量,为国家和社会输出多样性和专业化的工程管理人才。不过,针对不同时期和不同院校的培养特点,以及研究过程中反馈的信息,需要对评价指标进行不断调整和完善,因此研究设计的评价指标体系应该是一个不断完善的过程。

【主要参考文献】

[1] 史璇,向泰. 分类别研究生课堂教学质量评价指标设计[J]. 科学咨询(科技·管理),2018(09):25-26.

[2] 郭跃显,侯维磊. 全日制专业硕士研究生实践能力培养评价[J]. 合作经济与科技,2018(18):153-156.

[3] 郭健,叶季红,陈英. 安全工程本科培养质量评价指标构建研究[J]. 消防界,2018,4(12):60-62.

[4] 邵建新,石佳. 艺术类硕士研究生教育质量评价体系构建研究[J]. 教育现代化,2017,4(47):131-133,254.

【基金项目】

专业学位研究生教育培养质量评价研究,中国学位与研究生教育学会立项课题,2017 年。(B-2017Y0503-071)

【作者简介】

周秀丽(1991—),沈阳建筑大学管理学院,讲师,硕士。

孔凡文(1963—),沈阳建筑大学管理学院院长,教授,博士。

学科融合视角下高等工科院校管理类学科建设研究

刘益彤[1]　王星[2]　陈志远[3]
(1. 沈阳建筑大学管理学院;2. 沈阳建筑大学国际交流与合作处
3. 中北大学信息商务学院)

【摘　要】 学科融合是高校学科发展的必然趋势,本文立足高等工科院校,在论述学科融合是高等工科院校管理类学科建设必然选择的基础上,以沈阳建筑大学为例,分析了该校管理学院实施学科融合的可行性,提出了学科融合下学科建设的思路,并对如何促进学科融合与学科建设提出了实施建议。

【关键词】 学科融合;学科建设;高等工科院校;管理类学科

一、学科融合是促进高等工科院校管理类学科建设的必然选择

1. 学科融合是双一流建设的核心重点

2015 年,国务院《统筹推进世界一流大学和一流学科建设总体方案》明确提出了学科建设的目标及原则:"坚持以学科为基础,引导和支持高等学校优化学科结构,凝练学科发展方向,突出学科建设重点,创新学科组织模式,打造更多学科高峰,带动学校发挥优势、办出特色。"在教育部、财政部和国家发展和改革委员会联合印发的《关于高等学校加快"双一流"建设的指导意见的通知》中更是具体提出:"以'双一流'建设学科为核心,整合相关传统学科资源,促进基础学科、应用学科交叉融合,在前沿和交叉学科领域培植新的学科生长点。"

2. 学科融合是互联网信息技术革命的必然要求

互联网的信息技术革命带来了管理理论与实践的新要求,"大智移云"等新技术革命正在颠覆着传统管理理论和方法,越来越多的大数据、云计算等技术运用于管理当中,以往依靠经验和程序的管理工作将逐渐被人工智能取代,管理决策的产生越来越依托于对宏观发展方向的把控、项目或业务的精通以及大数据的分析。这就要求管理类专业紧随经济环境变化,根据社会需求方向重构跨学科核心课程,以学科融合应对综合性管理人才的需求。

3. 学科融合是工科类院校管理类学科实现发展和成长的重要途径

学科融合本身对学科的发展和成长就有着非常重要的作用,学科融合能够通过整合各类资源,推动传统学科进行结构调整与升级,催生新的学科,实现学科现代化发展。当今世界,学科前沿的重大突破和创新成果,大多是多学科交叉、融合和汇聚的结果。在工科类院校当中,管理类学科作为学校非优势类发展学科,往往更需要自身内源式发展,尤其是在管理类学科中引入融合学科的工具创新,将极大地激发学科的生机与活力,实现学科的持续发展和成长。

二、管理学院学科融合的可行性

沈阳建筑大学管理类学科的发展本身就与建筑工程等工科学科交叉渗透,具备学科融合的土壤和条件。再加上管理学院刚刚经历学院合并,新管理学院整合原管理学院和原商学院各学科专业,为管理类学科融合创造了机遇。学院在合并之后,需要重新统筹学科间的关系和发展定位,统筹重点学科及其他学科建设规划,配置实验实训资源,调整教师资源以及教师研究方向,鼓励教师向相近紧缺学科转型,极大地促进了管理类学科间加速融合。

目前管理学院涵盖4大学科,分别是管理科学与工程、建筑与土木工程、工程管理以及会计。管理科学与工程、建筑与土木工程、工程管理来自原管理学院,原商学院以会计为主,这4大学科同属管理大类,在知识、方法和问题上具有相邻相关性。譬如我们发现当前越来越多的工程管理人员需要读懂会计数据,而财务人员需要了解公司业务,为公司提出发展建议并参与公司重大决策,会计作为一种语言、一种工具易于在复杂系统下实现与其他学科间的优势互补、协调发展与融合。

沈阳建筑大学管理学院会计学科建设以模块化设立会计课程体系,注重应用实践,会计专业作为辽宁省应用转型示范专业之一,具备与其他管理类学科融合的有利条件,管理科学与工程、工程管理等学科作为学院的传统优势学科,充分利用会计模块化课程能够有效根据融合学科需求进行优化调整、较强的应用性、与基础理论型学科交叉的优势,有利于促进基础学科与应用学科的融合。

三、管理学院学科融合与学科建设的思路与实施建议

1. 管理学院学科融合与学科建设的总体思路

学科之间的融合并不能自发形成,需要院系通过政策制度、资源配置引导具有融合潜力的学科进行交叉渗透、移植融合。在引导过程中院系要综合考量融合学科的应用性、边缘性发展能力,既要考虑避免与其他高校管理类学科趋同发展,又要考虑如何借助自身优势拓宽建设路子、培育新的学科增长点。

学科融合也不应止步于多学科或跨学科发展模式。多学科发展是指学科间针

对复杂问题进行协同处理,跨学科发展是指突破学科界限,协调两门或者两门以上的学科范式开展研究,而学科融合应当是学科之间在概念、认识论、方法论上形成较高程度的、系统的理论和操作体系的整合,是各学科在贡献自己的基础知识之上形成的深度整合的知识架构,进而产生崭新的整体效应。

基于此在以学科融合促进学科建设这一方向下,应致力于构建基于各学科基础知识的综合性网状知识框架,实现有效问题探究,这既是学科融合的要求,也是当前经济社会对管理人才的需求。以工程管理与会计学科融合为例,企业实务显示工程全过程的管理核心在于工程建设所需经济资源的统筹配置和高效利用,工程管理全流程以财务管理为重心,将实现各环节数据交融互换、管理高效衔接,推动业务部门提高工程管理水平。据此在学科建设中推动工程管理与会计融合,培育工程财务作为学科增长点,重点针对传统工程管理全过程中各薄弱环节尝试运用会计知识,尤其是管理会计基础理论和基本方法,最终形成一种全阶段、协同性工程全过程财务管理研究、教学、实践体系。在构建综合性知识框架上应当"以一种学科间的和整体的方式嵌入到课程中,而不是作为一门单独的学科",形成融合式双元学科课群,除去两个学科的基础知识和专业知识课程外,开设前沿导向、问题导向类课程。如大数据工程财务会计、工程财务决算与分析、施工企业财务管理、建筑企业作业责任成本管理与作业责任会计等,通过"综合、渗透、实用"的教学模式,着重培养学生分析问题、解决问题的能力。

2. 管理学院学科融合与学科建设实施建议

(1)科学的学科规划,凝练学科研究方向。随着两院的合并,重新制订科学的学科规划,进一步凝练学科研究方向,是学科融合与学科建设的前提。

①新制订科学的学科规划。管理学院作为培养满足辽宁省经济社会发展需要的建筑类管理人才的学院,将贴合自身定位,在充分调研的基础上,整合两院优势学科,理清学科建设思路,优化专业结构,制订具有特色、符合学校办学定位和发展战略、能够服务地方经济社会发展的总体学科建设规划及分阶段实施计划。

②凝练学科研究方向。在充分了解和分析本学科当前发展趋势和走向的基础上,科学地论证和选择学科研究方向,一方面实现错位竞争发展,一方面为学科融合打基础。

(2)加强学科融合观念,培育新的学科增长点。充分利用两院合并契机,催生新的学科增长点,实现学科深度融合。树立学科深度融合思想观念,探索传统树状学科结构向网状学科结构转变的方式,创造宽松、自由、有利于科研团体和资源融合的研究环境,鼓励应用新的研究方法,增强学院教师原始创新能力和集成创新能力。

(3)加强学科平台、实践平台融合建设。学科平台及实践平台融合对学科融合具有巨大助推作用。

整合学院现有资源,实现学科实验设备共享互通。管理学院首先应当整合原管理学院和原商学院学科平台设备及实验室设备,搭建学院内学科大平台,在硬件上实现共有共用、共通共享,在软件上实现网络共享,整合学科平台及实验室资源,提高现有资源的综合利用效益。

继续加大对学科平台和实践平台建设的投入,努力打造高水平学科实践基地。重点建设学科发展所依托的教学、科研平台,以加强学科平台和实践平台作为提升学科融合的突破口,不断提高学科平台和实践平台服务学科发展的能力。

(4)学科融合纳入学科建设体制,加强监督管理。为实现内涵式学科发展,在建立健全学科机制体制过程中将学科融合纳入其中,加强学科融合建设管理。

完善学科融合动力机制和运行机制。结合物质激励和精神激励调动学院教师参与学科建设的积极性,引导教师不断探寻新知识,勇于迎接新挑战,获取学科发展带来的事业满足感。进一步完善学科运行机制,构建"重点学科建设、融合学科建设、高水平学科基地建设、科研推动学科建设、学科带头人引领学科发展"五位一体学科建设运行机制,探索学科建设内涵式发展。同时将学科融合指标纳入学科建设考核体系,加强对学科融合实施情况的监测和评估,确保学科融合有序推进。

【主要参考文献】

[1] 李寰. 高校适应新时代发展,学科交叉融合是趋势[N]. 四川日报,2018-09-24(7).

[2] 郑冰冰. 管理会计在工程管理中的应用探究——基于"一体化"数据交互模式[J]. 管理会计,2017,9(17):44-46.

[3] UESCO IIS. International Implementation Scheme for the United Nations Decade of Education for Sustainable Development (2005—2014)[M]. 2005, Paris: UNESCO.

【作者简介】

刘益彤(1989—),沈阳建筑大学管理学院,讲师。

王星(1980—),沈阳建筑大学国际交流与合作处处长,副教授。

陈志远(1983—),中北大学信息商务学院,讲师。

面向工程管理特色的“运筹学”课程内容优化

常春光[1] 孔凡文[2] 高波[3] 宫园园[4]
(1、2.沈阳建筑大学管理学院;3.沈阳建筑大学人力资源处;
4.沈阳建筑大学教务处)

【摘　要】 为提升面向工程管理特色的“运筹学”课程内容的科学性,分析了“运筹学”课程内容设置中存在的问题,进行了“运筹学”课程内容的整体设计。从绪论、基本理论、综合应用等方面出发,进行了面向工程管理特色的“运筹学”课程章节内容设计。从课程内容的性质结构、要素结构、难易结构、学时结构等方面出发,实现了“运筹学”课程内容的结构优化。方案通过应用得以验证,为工程管理类“运筹学”课程教学内容设置提供了参考。

【关键词】 工程管理;特色课程;建设模式;优化

一、引言

深化教育领域综合改革对高校人才培养方案提出了新的要求。随着近年我国工程建设的蓬勃发展,社会对工程管理类专业人才的需求日趋增加,同时对该类人才培养的质量要求也日益提高。如何针对工程管理类专业特色,加强课程内容的设计与优化是当前工程管理领域人才培养中的一个重要命题,具有现实意义。

作为工程管理类专业的特色课程之一,“运筹学”具有较高的学习难度,如何实现其课程内容设计与优化,是摆在“运筹学”授课教师面前的一项新课题。

二、面向工程管理的“运筹学”课程内容设置中存在的问题

针对工程管理类专业课程教学的特色,“运筹学”课程内容设置的科学与否关

系到其教学效果。然而,目前面向工程管理特色的“运筹学”课程内容设置中仍存在着一些问题。

1.“运筹学”课程内容设置对工程管理类专业特色体现不足

从目前的“运筹学”课程内容设置来看,许多院校并未紧密结合工程管理类专业特色,制定出切实可行的“运筹学”课程内容,仍然沿用其他专业或通用的“运筹学”课程内容设置。在“运筹学”课程教学实践中,显现出来的教学效果并不理想。学生感觉“运筹学”离自己的专业好像比较远,也不清楚在未来的专业实践中如何运用“运筹学”的理论知识。

2.“运筹学”课程内容设置对工程管理类专业实践覆盖度不合理

在进行“运筹学”课程内容设置时,没有充分考虑到工程管理类专业实践领域对“运筹学”课程内容的需求,导致有些对工程管理类专业实践领域用途较大的章节被删减,而一些对工程管理类专业实践作用一般的章节却被增强。导致“运筹学”课程内容设置与客观需求不相符。

3.“运筹学”课程内容设置对工程管理类专业人才培养的重点不突出

对工程管理类专业人才所应具备的相关知识体系的特点研究不够深入,对“运筹学”中哪些知识内容应当重点掌握、哪些内容只要求一般了解的权衡不够准确。这样就导致有些应当重点讲授的内容被忽略,而有些需要一般了解的内容被作为重点内容。

三、面向工程管理特色的“运筹学”课程内容的整体设计

1. 工程管理类专业特色体现视角下的“运筹学”课程内容的整体设计

考虑到工程管理类专业具有鲜明的实践应用特色,同时兼顾工程管理实践活动又具有显著的生命周期性、系统性、协调性、经济性等特征,统筹制定工程管理类专业特色体现视角下的“运筹学”课程的整体内容。

2. 工程管理类专业实践覆盖视角下的“运筹学”课程内容的整体设计

考虑到工程管理专业领域在施工组织与设计,施工进度控制,施工材料物资采购与库存管理,施工设备采购、租赁与维护管理,施工设备使用管理,施工人员指派管理,施工方案决策等实践方面对“运筹学”课程内容知识的需求,统筹制定工程管理类专业实践覆盖视角下的“运筹学”课程的整体内容。

3. 工程管理类专业人才培养重点视角下的“运筹学”课程内容的整体设计

工程管理类专业人才培养的主要目标是培养出具有较强实践应用能力、综合处理实际问题能力、多方协调能力、整体优化能力等的高素质工程管理人才。为此,“运筹学”课程内容的整体设计的重心应放到理论与方法的具体实现步骤与具体应用方面,而不是将重点放到理论与方法的理论推导方面。

四、面向工程管理特色的“运筹学”课程章节内容设计

在上述面向工程管理特色的“运筹学”课程内容的整体设计的基础上,进行面向工程管理特色的“运筹学”课程章节内容设计。

1.“运筹学”课程绪论部分章节内容设计

结合工程管理类专业特色对“运筹学”课程的客观需求,对该“运筹学”课程的绪论部分内容加以设计,阐述“运筹学”学科的起源与产生背景;介绍“运筹学”在工程管理领域的典型应用范例;阐述“运筹学”与工程管理学科之间的密切关系;归纳工程管理领域涉及的“运筹学”的主要知识体系与方法;展望未来“运筹学”在工程管理领域的应用前景与发展方向。

2.“运筹学”课程基本理论部分章节内容设计

针对“运筹学”课程基本理论部分章节内容,进行科学化设计。针对工程管理类专业特色,将“运筹学”课程通常涉及的线性规划、运输问题、整数规划、动态规划、图与网络、网络计划与计划评审方法、存储论、排队论、对策论、决策论以及非线性规划等各章节内容进行科学规划。丰富对工程管理实践领域作用显著的章节内容,删减对工程管理实践领域作用不大的章节内容。

3.“运筹学”课程综合应用部分章节内容设计

鉴于工程管理实践领域具有很强的实践运用、综合应用特征,在“运筹学”课程章节内容设计时,补充一些具有典型综合应用特点的内容,培养学生综合运用“运筹学”课程基本理论与方法解决规模更大、复杂性更大、实践性更强的工程管理实践优化问题。

五、面向工程管理特色的“运筹学”课程内容结构优化

1.“运筹学”课程内容的性质结构优化

从“运筹学”课程的内容性质视角出发,在充分考虑工程管理类专业特色的前提下,对“运筹学”课程内容的性质结构加以优化。

按照“运筹学”课程的内容掌握程度性质,可以将“运筹学”课程的内容划分为要求一般了解的课程内容、要求重点掌握的重点内容、要求非常精通的核心内容等,对上述类别内容的结构进行优化。

按照“运筹学”课程的内容掌握方式性质,可以将“运筹学”课程的内容划分为要求一般记忆的课程内容、要求深入理解的课程内容、要求综合运用的课程内容等,对上述类别内容的结构进行优化。

2.“运筹学”课程内容的要素结构优化

结合工程管理类专业特色,按照“运筹学”课程的各类型内容要素的客观需求程度,对“运筹学”课程内容的要素结构进行优化。通常,“运筹学”课程内容的要素可以划分为:基本概念类型的内容要素、类别划分类型的内容要素、原理推导类型的内容要素、定理推理类型的内容要素、过程步骤类型的内容要素、应用举例类型的内容要素等基本类型。不同类型的内容要素在培养工程管理类专业人才中所起到的作用不同,因此,需要针对上述各种类型的内容要素的占比结构进行优化。

3.“运筹学”课程内容的难易结构优化

鉴于“运筹学”本身是一门比较难于理解与学习的课程,更需要针对工程管理类专业人才培养的客观要求,制定合理的“运筹学”课程内容的难易结构比例。依据难易程度,“运筹学”课程内容可以划分为容易型课程内容、一般型课程内容、较低难度型课程内容、中等难度型课程内容、特别难度型课程内容五种难易程度的课程内容类型。为此,需要结合实际,合理优化“运筹学”课程内容的难易结构。一方面,防止“运筹学”课程内容难度过大而导致大部分学生无法理解,影响课程学习效果;另一方面,防止“运筹学”课程内容难度过于简单而导致学生学习的内容有限,影响到学生建模优化能力的培养。

4.“运筹学”课程内容的学时结构优化

“运筹学”课程内容的学时结构优化需要结合上述的课程内容的性质结构优化、课程内容的要素结构优化、课程内容的难易结构优化而实现。在进行线性规划、运输问题、整数规划、动态规划、图与网络、网络计划与计划评审方法、存储论、排队论、对策论、决策论以及非线性规划等各章节内容的学时分配的优化时,还需要考虑上述各章节对工程管理类专业人才培养所起到的作用程度、各章节的知识内容体量、各章节内容的难易程度等。

六、方案验证与反馈调整

为了验证笔者所提出的上述面向工程管理特色的“运筹学”课程内容设计与优化方案的效果,笔者将上述面向工程管理特色的“运筹学”课程内容设计与优化方案应用到沈阳建筑大学工程管理专业“运筹学”课程的讲授实践过程中。通过对应届工程管理专业学生“运筹学”课程授课效果反馈的调查了解到,学生对“运筹学”课程内容设计与优化方案满意度明显提升,对“运筹学”课程的兴趣也显著提升,在一定程度上也促进了“运筹学”课程的平均成绩的提升。另外,通过用人单位对工程管理专业毕业生的反馈了解到,毕业的工程管理专业学生在自己的工作岗位上,运用“运筹学”课程知识内容解决实际问题的能力明显提升,得到了用人单位的好评。从而验证了笔者所提出的上述面向工程管理特色的“运筹学”课程内容设计与优化方案的有效性。

【主要参考文献】

[1] 吴开信,成利刚,肖蒙,等. 基于 OBE 理念的《运筹学》课程教学改革探索与实践[J]. 高教学刊,2019(2):135 - 137.

[2] 徐引玲. 运筹学教学过程中的不足与改进措施[J]. 课程教育研究,2018(40):2.

[3] 潘美芹,丁志军,韩耀军. 管理类信息管理与信息系统专业运筹学教学改革探讨[J]. 大学教育,2019(2):17 - 19.

[4] 张伟,张潇,吴贤国. 工程管理专业“运筹学”教学探索[J]. 当代教育理论与实践,2019,11(1):49 - 54.

【基金项目】

工程管理类实训资源管理机制与优化配置研究与实践,辽宁省普通高等教育本科教学改革研究项目,2018 年。(2018 - 06)

面向工程管理类专业的特色课程建设模式研究,辽宁省教育科学“十三五”规划立项课题,2017 年。(JG17DB419)

工程管理专业学位研究生(MEM)培养过程优化研究,全国工程管理专业学位研究生(MEM)教育自选研究课题,2017—2018 年。(2017 - ZX - 001)

工程管理专业学位研究生教育培养质量评价研究,中国学位与研究生教育学会立项课题,2017 年。(B - 2017Y0503 - 071)

【作者简介】

常春光(1973—),沈阳建筑大学管理学院,教授。

孔凡文(1963—),沈阳建筑大学管理学院院长,教授。

高波(1980—),沈阳建筑大学人力资源处,讲师。

宫园园(1978—),沈阳建筑大学教务处,讲师。

基于蓝墨云班课的"统计学"课程混合式教学模式探讨

何敏[1]　王美英[2]　解东寰[3]
（1、2、3. 沈阳建筑大学管理学院）

【摘　要】 信息时代以不可逆转的趋势影响着高校教学的变革，蓝墨云班课是教学变革的得力助手。通过对蓝墨云班课平台模块和功能的介绍，并在对混合式教学模式的含义及理论依据阐述的基础上，探讨了"统计学"课程基于蓝墨云班课的"线上线下结合，课前课中课后衔接"的混合式教学模式的具体做法。通过对实践效果的分析，得出了这种混合式教学模式能够提高教学效率、引导学生自主学习、监督学习进程和使课程过程性评价更加客观公正的结论。

【关键词】 蓝墨云班课；统计学；混合式教学模式；翻转课堂

一、引言

信息时代，移动互联设备已经在我们身边普及，学生获取知识的途径更加多元和方便，"以教师为中心"的传统教学模式受到前所未有的挑战。将信息技术与教育教学深度融合的"互联网 + 教育教学"，正在迅速成为教育领域变革的大方向。教育部于 2016 年发布的《教育信息化"十三五"规划》中提出："积极组织推进多种形式的信息化教学活动，鼓励教师利用信息技术创新教学模式，推动形成'课堂用、经常用、普遍用'的信息化教学新常态。"作为教育信息化实施者的教师，应行动起来，跟上时代的步伐。

可喜的是，教育教学改革的先行者已为我们搭建了良好的平台。由北京智启蓝墨信息技术有限公司基于移动端和 Web 端开发的蓝墨云班课，即是一款破解教学难题，推动中国课堂教学模式变革的有效工具。从其诞生开始，就已成为教师教学改革的得力助手，拓展了"教"和"学"的时间和空间，为"以学生为中心"的混合式教学模式的开展带来契机。2017 年秋有幸与蓝墨结缘，迄今已在其平台建了 12 门所授课程，取得了较好的应用效果。本文将以使用蓝墨云班课的"统计学"课程为例探讨混合式教学模式的实施及效果。

二、蓝墨云班课简介

蓝墨云班课(简称云班课)适用于任何移动设备或PC机的Web端。教师在手机上安装APP并注册建立班课后,邀请学生加入,就能够轻松管理自己的班课和学生,在课外或课堂现场都可以组织教学和开展活动。云班课中主要包括资源、成员、活动、消息、详情、分组、导出/报告等模块,涵盖了教学活动中的课堂互动、反馈、激励和评价等各种必备功能。其各模块及功能见表1。

表1 蓝墨云班课APP和Web版基本模块的功能和内容

模块	功能	内容
资源	管理学习资源	资源显示;从本地上传;网页链接;资源库
成员	管理学生	成员显示;经验值;发起签到;心意卡片;小组方案;挂科预警
活动	开展课程活动	头脑风暴;投票问卷;答疑讨论;测试;作业/小组任务;课堂表现;活动库
详情	操作班课基本信息	建立、编辑、复制、置顶、结束、删除班课;教师操作记录

除有上述基本模块外,还有以下几个独有模块,见表2。

表2 蓝墨云班课Web版独有模块的功能和内容

模块	功能	内容
图文资源	编辑、发布图文资源	图文页面
我的题库	管理已录入的全部课程题库	导入、添加、编辑、删除试题
库管理	管理题库、活动库和资源库	题库;活动库;资源库
导出/报告	导出过程性考评数据,导出分析报告	学生学习报告与平时成绩;班课汇总/明细数据;课程教学报告
手机投屏	PC端展示手机上的资源和活动结果	资源投屏;活动投屏

三、混合式教学模式及理论依据

1. 混合式教学模式的含义

混合式教学模式并不是新的教学理论,对“混合式”的理解目前有不同的观点,主要有线上线下混合、基于学习目标的混合、学与习的混合等。信息时代会更倾向于“线上线下混合”，并引领其他混合模式。因此，这里着重探讨将“线上”在线教学和“线下”传统教学的优势结合起来的“线上线下混合”的混合式教学模式。“线上”在线教学的优势是资源多样、学习灵活、交流便捷等；“线下”传统教学的优势是教师参与、启发引导、课堂组织等。通过两种教学形式的有机结合，可以把学生学习活动的时空扩展，随时随地就可以学习，并由浅入深地引导学生向自主学习的方向发展。总之，实施混合式教学模式的目的是通过在线教学与传统教学的优势互补，取得最佳的教学效果。

2. 混合式教学模式的理论依据

混合式教学模式的理论依据是建构主义理论。该理论主张：学习是引导学生从原有经验出发，生长（建构）起新的经验。教学不是知识的传递，而是知识的处理和转换。教师和学生、学生与学生之间，需要共同针对某些问题进行探索，并在探索的过程中相互交流和质疑。该理论向普遍存在的课堂缺乏师生互动、同伴协作和交流很少的传统教学模式提出了挑战。因此，体现建构主义学习理论的教学推动了以“学生为中心”的混合式教学模式的实施。这种教学模式是学生通过课外网络在线的自主学习，课堂上在老师的指导示范下，对所学知识开展协作与探究，进行分享与交流，对知识进行加工与整合，进行解决问题式的深度学习，从而实现知识的联结与创新。这种教学模式强调将知识、信息的获取和传递过程放在课后完成，学生的吸收内化放在有老师和同伴帮助的课堂上完成，利用信息化手段使学生成为学习的主角。

四、基于蓝墨云班课的“统计学”课程混合式教学模式实践

2018 秋季学期给 16 级工商大类 3 个班级讲授了理论（16 学时）和实验（16 学时）结合的“统计学”课程。本课程是管理类各专业的专业基础课，理论学时的极度压缩，给该课程的教学带来较大压力。为完成理论教学任务，并考虑当前课堂上学生成为“低头族”的现状，决定采用混合式教学模式。教学模式的改变为得到学生的配合，在开课前即将想法和要求发给了学生。设计思路是以教学大纲为依据，以蓝墨云班课为平台，开展侧重翻转课堂的混合式教学模式实践。概括来说就是采用“线上线下结合，课前课中课后衔接”的混合式教学模式。具体实践情况如下。

1. 课前引导学生自主学习

课前的教学资源推送是引导学生线上自主学习的基础。因此，每次课前充分利用云班课的“资源”和“活动”两个模块，对学生应在课前学习和完成的内容进行了详细的设计和推送。这些内容一般在课前 2 ~ 3 天发布，并且设置了截止时间，学生只能在课前完成。

“资源”中，首先推送学习任务清单，清单内容包括学习目标、重点难点，学习内容、自学结果发布和对自学内容的测试方法等；其次推送与学习的具体内容相关的视频、课件、网页链接、推荐阅读的书籍、学习方法等资源。云班课会对发送的资源即时显示并提醒学生及时下载观看和查阅。

“活动”中，设置了学生自学完成后需提交的内容，如所授章节内容的思维导图、自测题、个人作业或分组作业、答疑讨论等。对提交的思维导图、作业，设置了学生互评环节，学生根据老师设置的评价标准，进行互评，这样既可以督促学生认真完成，又可以互相学习。在自测题中设置了提交后看结果，学生答完题就可以得到做得是否正确的反馈，允许学生重复做3遍，达到了反复练习以掌握基本知识的目的。答疑讨论中鼓励学生对自学中的疑问提出来上传，同学和老师都可以解答，老师还可以对提问和解答加以称赞，实现了师生在线互动答疑交流。

课程中老师在班课界面通过观察或导出数据可以随时关注和了解学生的学习进度和完成情况，并可对未参与者给予适当的提醒，提醒所有学生的内容还可以通过“消息”模块完成。通过这种线上引导学生自学的模式，可以帮助学生高效安排学习时间，在课前建构起对所学课程知识的初步框架。

2. 课中实施教学互动反馈

课堂教学过程是使学生知识进一步内化的过程，以引导学生积极主动思考问题为主。在“统计学”课程中通过课堂讲解习题和案例，并针对课前答疑讨论中发现的学生学习中普遍存在的问题，进行有针对性的课堂讲解和答疑。同时，在有限的课堂教学活动时间内，为了帮助学生更好地理解本课程的重难点，云班课的“活动”模块设计了随堂测试、头脑风暴等来辅助课堂教学，通过课堂测试检验学生知识内化的情况及课堂教学效果，并可及时了解学生对知识的掌握情况。“头脑风暴”是学生对老师提出的问题自我回答的一种形式，学生各抒己见，教师可以对学生答案中的好的思路进行点赞。活动结束后，每个学生都可以看到其他同学的回答，以此引起学生间智慧的碰撞，找到最佳解决方案。多种教学活动的实施，锻炼了学生的发散性思维和创造性地应用所学知识的能力，以期达到深度学习的目的。还要提到的是，大班授课的出勤点名过去较难完成，而借助云班课“成员”模块中的“发起签到”功能，使出勤统计瞬间完成，节省了宝贵的课堂时间，特别是“手势签到”功能增加了学生签到的趣味性。

3. 课后布置作业以巩固所学

“统计学”课程知识的掌握需要大量的练习加以巩固，特别是要通过软件的使用来完成。通过布置课后作业,借助实验教学,指导学生用软件完成统计的计算,进一步提升学生掌握统计知识的实际操作能力。教师通过作业批改,了解学生对教学内容的把握情况。同时,继续利用云班课活动模块中的“答疑讨论”“头脑风暴”等功能,在“答疑讨论”中师生互动继续探讨作业方面遇到的问题。在“头脑风暴”中老师对学生普遍掌握欠佳的知识点继续设置思考题,由学生课后回答,巩固所学内容。

五、基于蓝墨云班课的混合式教学的效果

通过蓝墨云班课“线上线下结合,课前课中课后衔接”的混合教学模式的实践,教学效果已初步显现,从蓝墨云班课 Web 版的教学报告和学情分析中的部分内容可见一斑。以下图表展示的结果均来自对 Web 版的云班课中有关记录的整理。

1. 教师发布资源及组织活动情况

“统计学”课程在蓝墨云班课中发布资源、签到及其他活动情况教学报告清单如表 3 所示,资源清单样单如表 4 所示,各项组织活动的构成情况如图 1 所示。

表 3　活动情况教学报告清单

资源 95 个	成员 86 个	签到 7 个
测试 16 个	头脑风暴 20 个	答疑讨论 9 个
作业/小组任务 11 个	投票问卷 2 个	课堂表现 3 个

表 4　云班课的资源清单样单

序号	名称	分类	查阅人数
1	本课程教学方法变化及要求. pdf	文档	86
2	第 1 章 课前任务清单. pdf	文档	86
3	(01)第 1 章 统计、数据和计算机(P7). pdf	文档	86
4	云班课手册 2017 最新. pdf	文档	86
5	学会用思维导图. mp4	其他	86
6	什么是翻转课堂?. mp4	其他	86
7	史上最好的思维导图中文教程. pdf	文档	86
8	轻松学统计_江西财经大学_中国大学 MOOC(慕课). url	网页链接	86
9	爱上统计学:书单推荐. pdf	文档	86
10	一个大学统计学教授推荐的统计学书单及书评. url	网页链接	86
11	国家数据. url	网页链接	86
12	统计模型与统计实验_南京财经大学_中国大学 MOOC(慕课). url	网页链接	86

2. 学生学习获得经验值情况

以上推送的资源和组织的各种活动,老师都设置了与其完成难度相当的经验值,学生完成任务就可以得到相应的经验值,并且排名会即时显现,使学生立刻体验到完成任务后的成就感,云班课中学生的努力结果还会以授予勋章的形式给予奖励。以班课中前三名的同学获得经验值的情况为例,如表 5 所示。

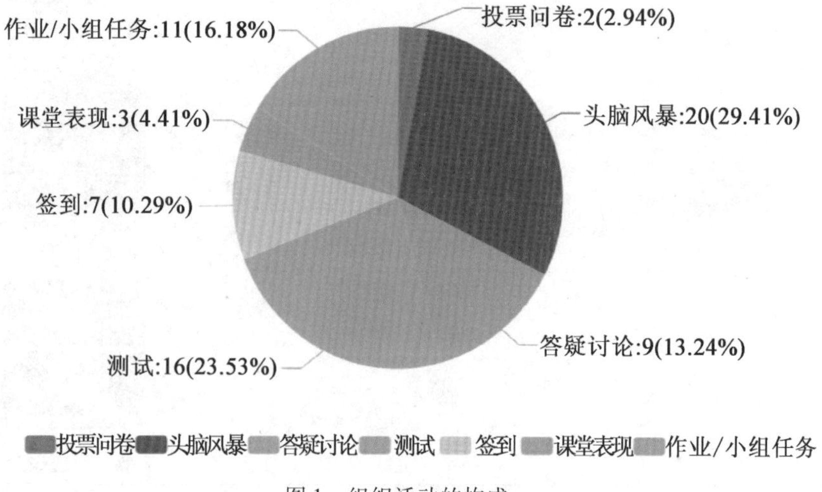

图 1　组织活动的构成

表5　班课中前三名的同学获得经验值的情况　　单位:个

班课排名前三	学生姓名	应得经验值总数	获得经验值总数	额外获得经验值总数	经验值总数
1	王**	713	632	87	719
2	高**	713	623	87	710
3	于*	713	616	78	694

从表5可看出,排名第一的王同学积极完成各项任务的同时,还能积极参与答疑讨论、头脑风暴等环节,获得较多的点赞,获得额外经验值87个,使经验值总数超过了老师给的应得经验值总数,得到能力勋章12枚,表现优秀。其他两名同学的参与和完成任务情况也较好。

从图2可看出,学生经验值分布中70.37%的学生达到了优秀,28.4%达到了及格,只有1人是入门(这个同学是复员后加入班课的)。从图3可看出,学生都很努力完成各项任务,经验值的获得方式中占比前三的是:查阅资源占46.68%、参与活动占30.87%和作业占17.73%。从经验值的分布和获得情况来看达到了较好的学习效果。

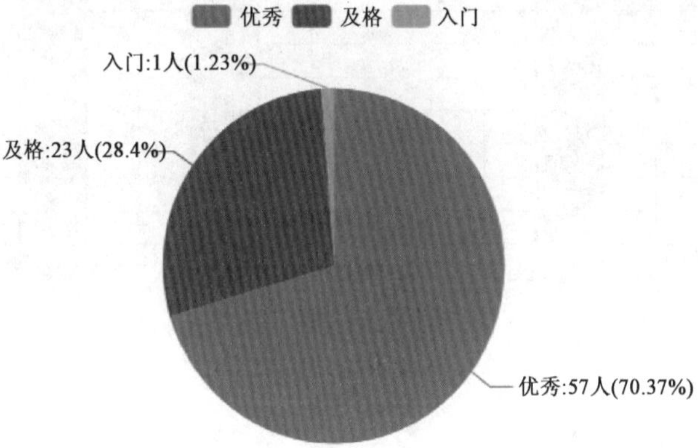

图2　全班同学经验值分布

3. 学生学习活动的参与度及时间分布情况

从图4可看出,学生参与活动除答疑讨论、作业/小组任务外都达到90%以上。从图5学生线上学习活动的时间曲线可看出,两个高峰点分别是10点~12点的课堂和 20 点 ~22 点的课下黄金时间。但也可看出,学生线上学习活动从早 8:00 到 24:00 都没有间断,而不是只在课堂上,说明学生的学习随时进行,突破了时间的限制。

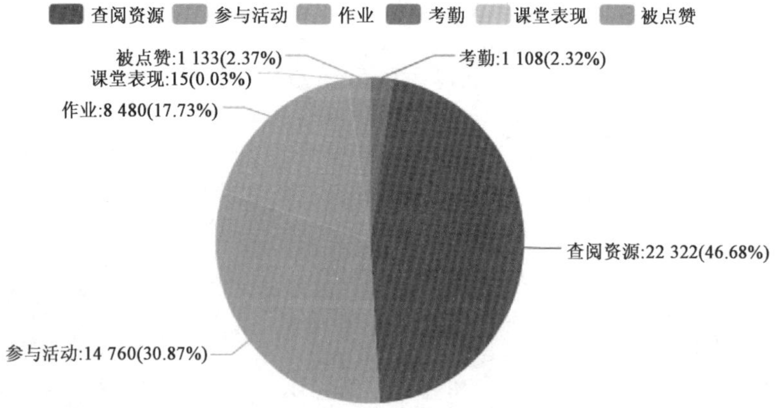

图 3　学生经验值的获得方式

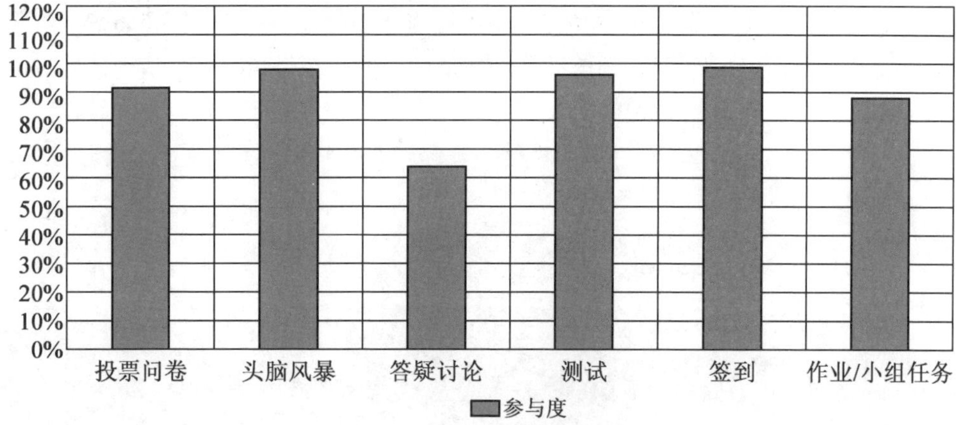

图 4　学生线上学习活动的参与度

4. 学生问卷调查与评价情况

在课程结束时用“问卷”和“头脑风暴”模块,对学生进行云班课使用问卷调查和教学模式评价,分别有 64 名和 61 名同学参与了问卷调查和评价。限于篇幅,只概括说明如下:

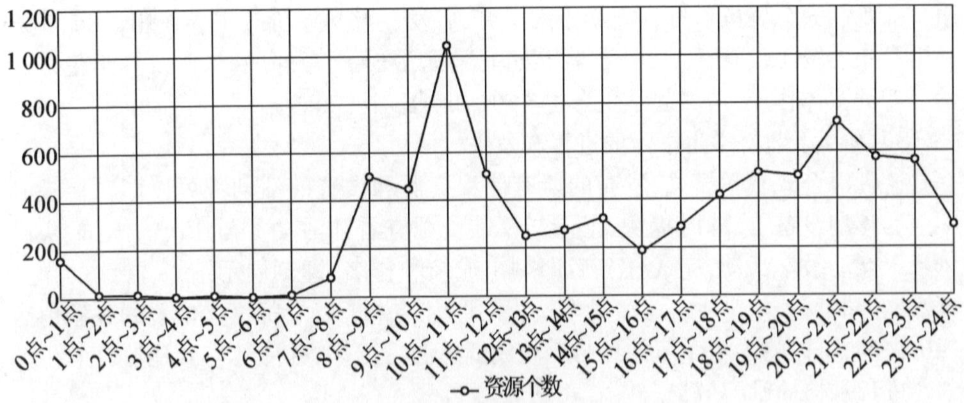

图5　学生线上学习活动的时间曲线

(1)对使用蓝墨云班课的整体感觉和适应情况。感觉可以的和适应的以上的同学占比都为73.44%,达到了比较高的感知度和适应度。

(2)对已使用蓝墨云班课教学更赞成哪些方面。回答赞成人数的占比按从高到低排序分别为:上传课件资源占比最高,为81.25%;上传参考资源占比次之,为68.75%;接下来分别为签到占比48.44%、练习题占比15.63%、课堂测试占比12.50%和答疑讨论占比10.94%。由此看出,学生更看重云班课的资源共享和签到的省时便捷。

(3)在课堂组织活动选择方面。其他选项占比最高,为54.69%,较高的是"以小组为单位展示活动成果",占比25%。由此看出,课堂活动的组织有待创新,学生较喜欢小组共同完成任务且展示结果。

(4)对云班课教学模式改革的评价方面,学生各抒己见,赞同的评价与问卷基本一致,但更具体,在此不多说。这里重点反映学生的普遍意见:网络不给力、同学之间的作业互评不客观、答疑讨论有刷帖现象等。

六、基于蓝墨云班课的混合式教学模式实践的几点体会

1. 有利于提高教学效率

这种混合式教学模式,打破了教与学的时空界限,课前老师精心选择推送的教学资源更加丰富多样,学生通过预习扩展了获取知识的容量。课上学生带着问题学习,通过教师创设的各种教学活动互动,激发了独立思考能力,课堂的趣味性增强,学生的学习过程在良好的教学氛围中进行,相应地也提高了教学效率。

2. 有利于培养学生自主学习的能力

这种混合式教学模式,将传统教学和信息化教学融合,起到了优势互补的作用。它既能充分发挥教师在教学中的引导、启发、组织、评价等主导作用,又能充分利用发布的资源设置活动,引导学生自主学习,深入思考问题,从而发挥学生作为学习者的主体作用,培养起学生自主学习的能力。

3. 有利于监督学生学习的进程和效果

这种混合式教学模式,发布的所有课程资源和设置的活动都可以即时传递到学生的移动设备上,即时提醒、记录与反馈资源查看和活动参与情况。测试、头脑风暴等互动教学活动,完成任务后即刻出成绩和排名、即刻展示结果,在线的作业批改能即时反馈给学生。学生学习过程的即时结果是以老师事先设置的经验值表现出来的,可以将学生学习的参与感和成就感激发出来,并能够有效地监督学生的学习进程和检验学习效果。

4. 有利于课程过程性评价的客观公正

这种混合式教学模式,全部过程性评价结果在云端详尽记录,学生可以自行查看。每种资源学习、每个活动参与获得的经验值和综合评价都一目了然。教师也可以随时查看每名学生的情况和全班学生学习行为结果的教学周报、资源报告、活动报告等,并可以下载导出数据进行分析。这种多维的全过程评价方式更加客观公正,作为学生平时考核成绩的依据更加科学有效,降低了教师平时考核可能出现的主观随意性。

【主要参考文献】

[1] 李方.教育知识与能力[M].北京:高等教育出版社,2011.

[2] 田巧娣,王艺臻,赵丽粉.基于蓝墨云班课的翻转课堂教学设计与实践[J].教育教学论坛,2018(13):197-200.

[3] 耿晓媛,王树峰,徐素波.基于蓝墨云班课的《统计学原理》教学改革探索与思考[J].教育教学论坛,2018(51):133-134.

[4] 赵嵬,姚海莹.基于蓝墨云班课的混合式教学模式构建与实践[J].中国现代教育装备,2018(23):12-15.

【作者简介】

何敏(1963—),沈阳建筑大学管理学院,副教授。

王美英(1993—),沈阳建筑大学管理学院,会计专业硕士研究生。

解东寰(1993—),沈阳建筑大学管理学院,会计专业硕士研究生。

融合教育理念下统计学教学模式改革与实践

田珅[1] 周莹[2]
（1、2. 沈阳建筑大学管理学院）

【摘　要】 统计学是收集、整理、描述和分析数据的方法和技术。为了培养学生的学习兴趣，为了结合更多专业知识，需要深入研究统计学教学模式，并不断尝试，找到最佳教学方法和手段。结合融合教育思想，开展任务导向的学生合作融合，并开展统计学知识点与专业课知识点的融合，探讨专业基础课如何有效地联系专业课，以竞赛为导向，开展产教融合，提升学生的创新能力，服务地方经济。

【关键词】 融合教育；统计学；教学模式改革；创新

一、融合教育的概念、特征和内容

融合教育是指将不同性质的事物结合在一起运用到教育中，产生融会贯通作用，促进提升教育教学效果的教学方法。

融合教育的特征：合作性，通过学生之间的合作、教师之间的合作、师生之间的合作和教学与科研合作；高效性，不同形式之间的合作的主要目的是提高教学效率和效果；新颖性，在融合教育设计过程中，处处体现新颖的设计，教学方法新颖、教学案例新颖、完成手段新颖；实用性，新颖是为了吸引学生的注意力，而完成后带给学生的是踏踏实实的收获和技能的提升；正规性，融合教育在课程中要绝对规范，保证培养方案与大纲的对应、大纲与日历的对应和日历与教学的对应。

融合教育的内容重点体现在四个方面的融合：学生主体的融合、教师主体的融合、师生互动融合和产学融合。

二、融合教育理念下统计学教学模式改革目标

目标1：通过统计学课程开展融合教育试点课堂，探讨专业基础课如何有效地联系专业课，将专业课提前渗入课堂，寻找专业基础课开展融合教育的支撑。

目标2：完成统计学开展融合教育的教学任务设计。不同专业至少设计2个适

合学生合作完成的教学任务。

目标3:在管理学院,调研已有5个专业对统计学的教学需求,按专业设计教学大纲和日历,体现融合教学要求,设计融合教学内容。

目标4:提高学生应用统计知识获得学生竞赛奖励的比例。通过产教融合,提高学生实践与创新能力。

三、融合教育理念在统计学教、学、研领域的应用

统计学课程按其学习内容不同可以分为数据准备阶段、数据描述分析、数据推断分析和数据建模四个方面。每个学习内容对学生的要求都是不一样的,且有较大差距。以学生为主导,通过任务设计、合作学习、不同学科内容渗透、有效教学,使不同特质学生享受学习乐趣,并愿意用统计学知识解决实际问题,是统计学课程基于融合教育理念,进行教学模式研究与实践的目的和意义。

与此同时,在合作学习基础上完成多方融合是选题创新的要求。多方融合主要目的是不同专业教师在集体备课过程中,完成知识点设计的融合,在了解实际需要的基础上,产教融合、多方融合正是试图建立一种稳定的以备课为基础的多学科交叉思想的融合,试图解决专业基础课缺乏专业针对性要求的问题,了解行业需求,开展产教融合。

1. 改革教学方法,开展任务导向的学生合作融合课

设计多个教学任务,以学生为本,进行分组,使得学生在学习过程中,有分工、协作、互动,同龄孩子共同学习,实现高效学习,建立学生社会关系,从而达到学生间平等、尊重、和谐、共进的互动学习目标。大学生群体本身本源复杂,涉及不同城市、不同民族、不同家庭条件多方面因素。在学习中,相互了解,尊重,融入,创造平等和谐的学习环境,并对3个重点问题开展研究。

重点1:分组方法研究。科学合理的分组方法,会使学生更好地合作,完成教学任务。

重点2:过程控制研究。过程控制保障教学任务的顺利完成有着至关重要的作用,课前、课中和课后的全方位控制方法值得研究。

重点3:考核方法研究。合理的考核方法能够最大限度地发挥激励机制的作用,其和过程控制相辅相成,保障合作任务的完成。

2. 改革教学内容设计,开展统计学与专业课的内容融合

针对不同的授课对象,设计不同的融合课堂。例如,房地产管理专业的学生,可以将统计学与房屋估价学结合起来,学习统计在房产估价中的应用;土地管理专业的学生,可以将统计学与土地管理学融合在一起,学习统计在土地管理中的应用。

按专业要求重新设计统计学教学大纲，制定教学日历，分解知识点，针对不同专业的学生，寻找可融合的知识点，设计融合课堂内容，达到大纲、日历与知识点统一，设计参与教师的工作量配套。

3. 以竞赛为导向的产教融合创新保障机制

产教融合、科教融合和军民融合是国家"十三五"规划纲要提出的三大融合发展战略。为使高等教育适应和服务地方经济与产业转型发展，需要将地方产业需求结合到专业教学中，把实际问题引入课堂，在解决问题的过程中，形成的研究成果用于参加指定的学生竞赛，加强实践与创新能力。收集地方产业需求，建立有效和地方产业沟通的渠道，了解不同专业的地方需求，制成案例，引入教学。

四、完善平时考核，提高教学效果

平时成绩重在对过程的考核。从某种意义上说，过程控制要比单纯地注重结果更重要。没有较好的过程控制，就不会有好的教学效果或结果。因此，如何根据"统计学"的课程特点，优化改进现有平时成绩考核体系，对于及时明确学生学习中存在的问题、调动学习积极性、提高教学效果至关重要。好的平时考核体系要满足两个条件：一是平时成绩的给定要满足公平性，因此必须做到量化、细化与透明化；二是平时成绩的给定要有利于调动学生的学习积极性，它是教师合理控制、引导学生学习过程的利器。

考核方式上，实行 45 分平时成绩加上 55 分期末考试成绩的考核模式。

平时成绩要考查学生平时课堂表现。课堂提问每人 6 分，每次 2 分，按回答问题质量，由任课教师给定。

在综合训练实践项目中的主要表现，准备 3 次综合训练项目，每次 10 分，每个团队 4 人，任课教师按照完成情况给每个团队打分，团队成员按照平时完成情况自己分配分数。

案例分析课、辩论赛、观影后感等比较新颖的课题讨论每次 3 分，共计 9 分。按照课堂参与的积极程度和课后作业完成情况由任课教师打分。

综上所述，学生总成绩 = 平时成绩 + 学生考试成绩 ×55% = 课堂提问成绩 + 综合训练成绩 + 案例分析成绩 + 辩论赛成绩 + 影评成绩 + 学生考试成绩 ×55%

五、融合教育理念下统计学教学模式改革评价

开展教学改革和课程建设，需要在实践过程中自检自查，保证教学改革目标的顺利实现。需要有规范的教学改革效果评价体系，监督和帮助改革顺利完成，因此，要结合改革目标设计统计学教学模式改革评价体系。评价围绕以下几个方面进行：

第一，教学理念。教师具有创新意识，综合素质强，具有实践创新能力，以及理论与实际,教学与科研相结合的能力。

第二,教学手段。充分利用多媒体、大数据平台开设网络课堂,构建师生交流平台,重视实践实验课,达到统计教学与计算机软件应用相结合。

第三,教学方法。优化教学方法,注重启发,大量采用案例教学法,注重统计思维训练。

第四,教学内容。选取优秀统计学专业教材,增设统计软件,增设“模拟抽样调查”,教学理论要联系实际,介绍最新科学动态和成果,多种途径考核,培养学生的开创性思维,试题安排合理,能充分考核学生能力。

【主要参考文献】

[1] 张其春. 课题式研究性教学模式探索与实践—以“统计学”课程为例[J]. 长春理工大学学报(社会科学版), 2014,27(8):168 - 170.

[2] 刘干,胡晓超. 统计学课程研究性教学模式的研究与探索[J]. 统计与咨询, 2010(5):40 - 41.

[3] 石学,云高丽. 论融合教育的多元理解与质量保障[J]. 绥化学院学报,2019, 39(4):1 - 4.

[4] 陶庆生. “95”后大学生理想信念融合教育模式的探索[J/OL]. 现代交际, 2019(6):83 - 86.

【基金项目】

基于融合教育理念的统计学教学模式研究与实践,沈阳建筑大学第十批教育科学研究立项课题。

【作者简介】

田珅(1981—),沈阳建筑大学管理学院,副教授。

周莹(1990—),沈阳建筑大学管理学院,讲师。

Jigsaw 模式在“人力资源规划”课程教学中的应用

岳文赫[1]　栾世红[2]
（1、2. 沈阳建筑大学管理学院）

【摘　要】 本文介绍了 Jigsaw 模式的教学理念、发展历程以及特点，并以“人力资源规划”课程的教学实践阐述了该模式的实施步骤，最后提出实施中应注意的问题。

【关键词】 合作学习；Jigsaw；分组

一、Jigsaw 的发展历程

1. Jigsaw 模式的理念

Jigsaw 也可称为拼图式合作学习，由 Elliot Aronson 教授等于 1978 年提出。在 Jigsaw 课堂，每个学生必须参与到完成任务的活动中来。通过这种以任务为导向的教学活动推动学生努力理解他人、与他人合作、完成目标。

2. Jigsaw 模式的发展历程

（1）Jigsaw I。Aronson 教授设计之初是将学生分成 5 ~ 6 人一组，即“原属小组”，每个“原属小组”拥有一份学习材料，每位组员只获得材料的一个片段。只有通过与其他同学的交流合作，像组合拼图那样共同努力完成学习材料片段的汇总，才能获知完整的信息。接下来，把“原属小组”负责同一部分任务的学生组合在一起，形成若干个（根据子任务数量决定）新的小组，即“专家小组”。小组成员一起对所承担的任务进行学习研究。之后，所有的学生又重新回到各自的“原属小组”，分别向同一“原属小组”的其他同学分享自己负责的那部分任务。最后，通过不同形式的测验，对每个学生的学习掌握情况进行检验。

（2）Jigsaw II。Jigsaw II 是 Slavin 在原有基础上于 1986 年提出的拼图式合作学习的修正版。Slavin 在第一版的基础上增加了两个新的内容：第一是在合作学习之初，要求全体学生都必须了解全部的学习总任务，然后在各自的“专家小组”完成承担的子任务；第二是教师对全体学生进行测验时，需要考查每一位学生对完整的学习材料的掌握程度,并用小组成绩分工法计算每个小组的得分,旨在鼓励小组间的相互竞争。

(3)Jigsaw III。Kagon 提出的 Jigsaw III 是为双语教学设计的,要求各拼图式合作学习小组必须有一名母语为英语的学习者,并在最后测验前进行小组复习。

(4)Jigsaw IV。Holliday 丰富了 Jigsaw III 的步骤,升级到 Jigsaw IV。他认为 Jigsaw 模式应该关注学生个体掌握知识的准确度,并建议教师应该提供相关知识的补充性讲授。Jigsaw IV 旨在解决学生个体和小组成员如何知道他们回答的问题是否正确这样的关键性问题。Jigsaw IV 可以分为 9 个步骤。它们分别是:课程介绍;设置专家问题;学生在各自的专家小组,掌握对应的专家知识;进行专家小组测试;专家小组成员返回原属小组分享传授知识;小组间开展测试;竞赛积分机制的复习;评价;教师根据实际需要对学生忽视或者掌握不牢的知识进行重新讲授。

二、Jigsaw 的特点

1. 培养学生合作交流能力

在教学过程中,通过该模式将任务分解并落实到每个学生身上,这样可以最大限度地发挥学生的学习能力,激发他们的责任心,令每个学生均能获得深入学习分析、表达、聆听和讲授的机会。彼此间的合作,培养学生互相交流、共同协作的能力。

2. 构建网状交互的学习过程

Jigsaw 主要强调同学间相互学习。在整个 Jigsaw 学习过程中,每一个学生都经历了“原属小组”→“专家小组” →“原属小组”三个环节,学生间进行了多次交互学习讨论。这种方式可以使学生更加充分理解学习的知识,使协作学习更加顺利、有效,不但实现了以学生为主体的课堂教学理念,还实现了重视学生内部之间、学生与教学资料之间的互动。

3. 体现认知学徒制

Jigsaw 中采用的“专家小组”学习,可以使学生更好地融入以班级为单位的学习共同体中;每个学生既扮演“专家”的角色,对自己负责的问题进行讨论、观摩、讲授,同时也充当“新手”的角色,“聆听”其他“专家”学生对各自所负责问题的分析和讲授,最终完成所有问题的解答和学习,完成相应的小组任务。这种小组变化过程则体现了认知学徒制。

在“专家小组”中讨论自己的任务,再返回“原属小组”进行讲授的这个过程为表达能力不足的学生提供了更多向表达能力较强的学生学习和锻炼的机会。在“专家小组”的学习过程中,学习能力欠缺的学生可以向较强的“同伴专家”请教和学习;而学习能力强的学生也可以在为较弱的“同伴专家”答疑讲授的过程中,将相关知识学习得更透彻。学生在角色转变的动态学习共同体中,经历了多样化的学习知识体验,获得了对研究问题的全面理解和感悟。

4. 提高课堂效率

传统的课堂讲授学习方法通常会占用较多提问和回答时间,此外教师还无法保证所有学生在课堂上都能够完全理解所学的知识。而 Jigsaw 模式的协作学习将问题进行分解,组织学生根据子任务展开学习,并进行组内汇报讲解。这种方式有助于学生较快地解决问题,使学生更加容易在班级内完成较为复杂的任务;教师扮演指导者、协调者和推进者的角色。此外,这种方式还可以提升学生课堂参与程度和学习主动性,营造了一种民主、平等的同学关系,学习效率也随之提高。

5. 促进学生对知识概念的理解和掌握

Jigsaw 模式中在“原属小组”和“专家小组”学习结束后会开展相关的测试。教师会根据班级学生的学习情况,适当对学生没有完全掌握的内容进行补充讲授。这样不但巩固了学习中各知识点掌握的准确程度,也完善了合作学习的过程,提高了学生的学习成绩。此外,Jigsaw 模式也增加了教学过程中的趣味性,培养了学生的耐心和逻辑推理能力。

三、Jigsaw 模式在“人力资源规划”课程中的实施方案

1. “人力资源规划”课程介绍

“人力资源规划”是人力资源管理专业的专业基础课。主要分析人力资源环境评价、人力资源预测、人力资源规划编制与实施、人力资源战略规划等内容。课程主要采取学生为主、教师为辅的教学模式,通过互动性和启发性的教学活动培养学生分析问题、解决问题的能力,沟通能力和团队协作精神,以及结合具体情境从权变和系统的角度理解和分析人力资源战略和规划问题的专业思维品质。

2. Jigsaw 实施方案

基于课程的特点,在人力资源培训规划一章中的“上海某培训机构 SWOT 分析”的案例中实施 Jigsaw 模式。具体步骤如下:

第一步,鉴于 17 级人力资源管理专业有 20 名学生,因此将其分成五组“原属小组”,每组 4 名同学。学生自愿组合。教师向全体学生介绍要解决的任务的大致信息,即针对一家培训机构的内部优势(S)、劣势(W)以及外部环境的机会(O)和威胁(T)情况,进行 SO、ST、WO、WT 战略制订,以帮助学生很好地理解任务并激发起他们的兴趣。

第二步,在每个小组中推选一名组长,负责组织开展“原属小组”的活动任务。

第三步,教师将待完成的任务材料分别发放给每个“原属小组”,且同一“原属小组”的组员每人都得到一份与他人不同的材料。即每个“原属小组”的 4 名组员分别拿到的是培训机构的优势(S)、劣势(W)、机会(O)、威胁(T)情况的描述。整个“原属小组”可以拼成一份完整的培训机构 SWOT 分析材料。“原属小组”成员分到自己负责的那部分材料后，详细地阅读、研究、思考。

第四步，每个“原属小组”中有相同子任务材料的学生重新组成“专家小组”，每组 5 人，共四组（如图 1 所示）。新组建的“专家小组”的同学持相同内容的材料，围绕着他们共同承担的“上海某培训机构 SWOT 分析”的片段开展讨论，发表自己的观点、意见和看法等。

图 1 “专家小组”情况

第五步，“专家小组”成员各自返回自己的“原属小组”。

第六步，请每个同学在自己所在的“原属小组”内就自己承担的片段对组内其他成员进行讲解，并鼓励组内其他同学相互提问。四名成员讲解完毕后，小组即可把握整篇“上海某培训机构 SWOT 分析”材料。

第七步，五组“原属小组”成员全部了解案例材料后，由各小组组长牵头，在组内针对该案例制订 SO、ST、WO、WT 战略。

第八步，教师进行组间巡回指导。

第九步，“原属小组”选派人员在班级范围内进行成果汇报，教师根据评分标准进行打分，并在最后和学生一起回顾相关知识点，反思存在的问题。

四、Jigsaw 模式实施的注意事项

Jigsaw 模式实施应根据知识点的难易程度确定学习时间和进度。内容相对简单的教学内容，一节课（约 90 分钟）通常可以完成。但是对于比较复杂或涉及较多知识点的教学内容，则需要设计更为详细的学习过程，形成单元主题。如“上海某培训机构 SWOT 分析”，也可以将“SO、ST、WO、WT 战略制订”任务设计成新的 Jigsaw 模式。平均分配“专家小组”成员，然后使两两搭配。即“S”“专家小组”的成员分别和"O"和"T""专家小组"的一部分成员组合,制订"SO 和 ST 战略",然后再分享各自组的观点和思考。因此在设计 Jigsaw 前需了解学生对所学内容的了解程度,在教学活动开展的过程中,教师随时观察任务完成情况,从学生处获得反馈,及时协助辅导学生,并做相应处理,以确保课堂协作学习活动的正常开展。

【主要参考文献】

[1] 曹杨. 拼图式活动在课堂教学中的应用[J]. 才智,2016(23):144 - 145.

[2] 杨蕾. 拼图式合作学习分组策略的实践研究[J]. 上海教育科研,2018(10):78 - 81.

[3] 黄娟,傅霖. 切块拼接法(Jigsaw):一种行之有效的协作学习方式[J]. 2010(5):98 - 102.

[4] 徐立清,钱国英,崔彦群. 高校合作性学习的研究现状、问题及对策[J]. 中国大学教学,2010 (7):82 - 84.

【基金项目】

跨学科、跨专业、跨年级的创新创业教育实训平台建设研究与实践,沈阳建筑大学教研课题,2018 年。

【作者简介】

岳文赫(1979—),沈阳建筑大学管理学院,副教授,硕士。

栾世红(1970—),沈阳建筑大学管理学院副院长,副教授,博士。

应用型人才培养模式下会计专业“经济法”课程教学改革研究

袁日新[1]

（1. 沈阳建筑大学管理学院）

【摘　要】 经济法作为专业基础课程，在会计专业人才培养中占有重要的地位。传统人才培养模式下会计专业“经济法”课程教学在教学目标、教学内容、教学方法、教学模式等方面都不同程度地存在一些问题。在应用型人才培养模式下，“经济法”课程应当进行系列改革，具体包括：准确定位教学目标，科学设置教学内容，合理采用教学方法，多元构建教学模式，以适应会计专业应用型人才培养的现实需要。

【关键词】 应用型人才；会计专业；经济法

一、引言

为了适应现代社会的快速发展，我国当前的应用型本科人才培养必须审时度势、高瞻远瞩，以社会发展和人的发展的双重视角，检视和优化培养目标；必须找到应用型本科人才培养能促进个人发展、国家繁荣和社会进步的基本特性。2015 年 10 月 23 日，教育部等部门发布的《关于引导部分地方普通本科高校向应用型转变的指导意见》明确指出，应用型本科的人才培养目标着眼于生产实践一线的应用型技术技能型人才，这类人才应当突出“实践应用”的特征，强调“知行合一、重在行动”的素质教育和能力养成。

教育必须围绕受教育者展开，应用型人才培养的重要环节是一系列应用型课程的开发和建设，任课教师把所授课程精益求精地开发和建设成应用型课程，对加快高校向应用型转变，培养高质量的应用型人才具有重要的现实意义。据不完全统计，全国会计专业普遍开设了经济法课程，不仅为会计专业的“经济法”课程教学提供了丰富经验，而且对会计人才法治素养的养成发挥了积极作用。然而，随着应用型人才培养模式的不断推进，无论是教学内容还是教学方法，无论是理论教学还是实践教学，“经济法”课程都难以满足社会对应用型会计人才的迫切需求，亟须不断深入探索和研究会计专业“经济法”课程教学的改革和创新问题。本文拟从应用型人才培养模式下会计专业“经济法”课程教学的目标定位入手,着重分析传统人才培养模式下“经济法”课程教学中存在的问题,系统提出应用型人才培养模式下“经济法”课程教学改革的对策建议,以期对应用型会计人才培养有所裨益。

二、应用型人才培养模式下会计专业“经济法”课程教学的目标定位

经济法是现代市场经济国家法律体系中的重要组成部分。经济法是会计专业学生参加社会工作必需的专业素质和核心能力,也是其在社会工作中核心竞争力的必然要求和充分体现。现代社会对会计专业学生的素质和能力要求持续攀升,既要求具备扎实深厚的专业基础知识,还要求具备从业所需的各类资格证书,如注册会计师证、审计师证等。考取这些资格证书都涉及“经济法”这门必不可少的法律课程。而且,会计专业学生毕业后所从事的财务、管理、税务、金融、证券、审计、房地产等多个领域要求其具备的法律职业素养更高。因此,在校学习期间牢固打好“经济法”这门课程的基础,毕业后在实践中更加深入地探索和学习是会计专业学生提升法律职业素养的重要途径,也是高等院校会计专业学生教育教学的基本要求。

考察全国范围会计专业“经济法”课程的设置情况,呈现以下几个鲜明的特点:第一,在课程类别上,有的院校将“经济法”课程列为专业基础课,有些院校将“经济法”课程列为专业限选课,有的院校将经济法课程列为专业任选课,各类院校并没有统一的归类;第二,在学分分布上,有的院校安排2个学分32个学时,有的院校安排3个学分48个学时,各类院校并没有统一的安排;第三,在教学方法上,大多数院校的授课教师采用讲授法,部分院校的教师采用讲授法+案例分析法,各类院校并没有统一的方法;第四,在教学的侧重点上,各类院校普遍侧重于理论教学,轻视实践教学;第五,在课程开设基础上,各类院校普遍开设在第三学期,未规定先修法学的基础课程,如“法学概论”“民法”等;第六,在师资来源上,各类院校主要是由具有法学专业背景的教师授课,也有的院校是由具有会计专业背景的教师授课。

应用型人才培养是一项长期性、复杂性、系统性工程,需要在课程设置、教学内容、教学方法和教学模式等方面整体构建、协同推进来实现。在现代市场经济中,“经济法”是会计专业人才必需的一门重要法律基础课。系统学习“经济法”这门课程,有助于学生深刻理解市场经济规则,模范遵守相关经济法律法规,熟练运用相关经济法律法规解决争议,自觉维护自身以及所属企业的合法权益。因此,在应用型人才培养目标下,会计专业的“经济法”课程应当设置为专业基础课,在低年级开设,从维护消费者合法权益和社会主义市场经济秩序的角度,引导启发学生掌握从事会计活动的法律依据,指导帮助学生在法律理念和法律精神感召下自觉进行会计活动，应用经济法促进和保障会计活动的顺利开展。在应用型人才培养目标下，会计专业“经济法”课程教学设计与一般经济法课程的内容不同，应当更具有实践应用性，更强调实际能力的训练，注重围绕典型案例进行授课，培养学生依据和运用法律解决会计事务的素质和能力。

三、传统人才培养模式下会计专业“经济法”课程教学存在的问题

1. 教学目标模糊

“经济法”课程在会计专业中定位不清晰，教学目标不明确，这是一个非常现实的突出问题，有的院校认为“经济法”属于专业基础课，是学习专业课的基石；有的院校认为“经济法”是专业主干课，因为其是各类会计职业资格考试的必考内容；还有的院校将“经济法”列为专业选修课，认为可供学生根据兴趣爱好自愿选择。由于对“经济法”课程定位不清晰，也没有认识到“经济法”课程与专业课程相互促进融合的问题，授课教师在教学中缺乏明确的教学目标，“经济法”课程大多被排除在专业主干课之外。

2. 教学内容宽泛

现有会计专业“经济法”课程的教学内容过于抽象，难以满足培养应用型会计人才法治素养的需求。现有会计专业“经济法”课程的教材大都缺乏实用性，教材内容主要适用于经济管理专业的学生，没能真正体现会计专业学生的学习需求，教材较少涉及会计专业学生需要的企业法、票据法、破产法、会计法、审计法等内容，而且现有课程设置的学时有限，不能充分满足学生的真实学习需求。现有会计专业“经济法”课程的内容还缺少重点，存在详略不当的问题，教学内容没能针对培养应用型会计专业人才的客观现实需求进行有效取舍，致使有的章节内容叙述重复，有的章节的内容复杂和难度偏大。

3. 教学方法单一

“经济法”课程的理论性和实践性都很强，想要运用所学经济法律知识解决实际经济纠纷，就要有可靠坚固的理论支撑，还要有灵活运用经济法律知识的实务能力。由于经济法涉及的法律法规非常广泛，作为非法学专业的学生，会计专业的学生普遍缺乏基础的法律理论知识，在有限的课堂教学条件下，授课教师通常只能重视理论讲授，没有更多的时间让学生充分参与课堂经典案例研讨，或者简单用程式化的过时案例、陈旧习题进行随堂提问，教学方法单调，教学内容比较枯燥乏味，学生参与热情不高，从而影响学生自己学、主动学、动手学的积极性和创造性。

4. 教学模式陈旧

目前各类院校会计专业“经济法”课程的教学大都还延续着传统的教学模式，大多数还秉持法学专业教学的传统模式，以授课教师课堂讲授为主，以有限的课堂

讨论为辅。由于会计专业学生缺乏法学知识基础,因而在运用讲授法开展课程教学时,学生通常很难理解经济法中的各种基本概念和重要理论,致使学生本身的知识结构与经济法的知识结构不能有机衔接,往往存在着学生学习积极性偏低,课堂教学效果不高等问题。即便有所突破或者创新,也不能从根本上解决会计专业"经济法"课程教学中的困境。

四、应用型人才培养模式下会计专业经济法课程教学的对策建议

1. 准确定位教学目标

根据《工商管理类教学质量国家标准》的培养要求和《关于引导部分地方普通本科高校向应用型转变的指导意见》的规定,应用型人才培养模式下会计专业"经济法"课程的教学目标必须加以准确定位,即培养出具有较高职业素养的应用型专门会计人才,熟悉国内外与会计相关的方针政策和法律法规,优化整合所学知识,具备分析解决问题的能力、领悟和处理信息的能力、运用和创新知识的能力,特别是运用所学经济法知识分析和解决所从事工作领域相关经济法律问题的能力。由于会计从业资格考试以及初级会计师、中级会计师和注册会计师考试都涉及经济法的内容,在具体课程目标设计上,还要考虑将"经济法"课程的内容直接与会计职业资格考试相联系,"经济法"课程教学时数的确定、教学内容的选择、教学方法的运用、教学模式的采用一定要考虑这个具体目标。

2. 科学设置教学内容

科学设置经济法课程的教学内容是实现教学目标的重要途径。我们应当结合应用型人才培养模式对会计专业人才的经济法律知识、能力和素质的要求,科学选择经济法课程的教学内容:首先,讲授法律的基本知识,包括法律概念、法律规则、法律关系和法律责任等内容,为学生学习经济法律知识奠定扎实的理论基础;其次,讲授经济法的基本理论,包括经济法的概念、特征、体系、宗旨、原则以及经济法律关系、经济法律责任等内容,为学习专业经济法律知识奠定一定的理论基础;最后,讲授专业经济法的内容,可以根据会计从业资格考试、初级会计师考试、中级会计师考试、注册会计师考试内容科学选择具体的教学内容。这样的课程内容设计,不仅有机融合了会计专业基础知识和学生未来职业发展所需的法律知识,还涵盖了会计职业资格考试所涉及的主要经济法律知识,解决了经济法教学内容宽泛与教学时数有限之间不可避免的矛盾,有机衔接了经济法律知识与相关的专业知识,从而可达到应用型人才培养预期的教学目标。

3. 合理采用教学方法

在应用型人才培养模式下,"经济法"课程教学具有理论与实践双重性。针对不同的教学内容,合理采用不同的教学方法,对于实现教学目标和提升教学质量具有重要意义。经济法课程教学方法的改革应秉持多种教学方法有效结合的原则，在充分运用传统的课堂讲授法的同时，可以广泛尝试运用以下教学方法：

（1）案例教学法。积极采用案例教学，搭建“真实案例引导－联系法律理论－精讲精练、师生互动”的课堂讲授平台，结合实际生活中生动形象的真实案例进行引导式教学，帮助学生理解知识点在实际案例中的应用，从而提高分析和解决实际法律纠纷的能力。在具体课堂设计时，对于一些专业经济法章节，如劳动法、合同法、反垄断法、反不正当竞争法、消费者权益保护法等，教师可以采用案例教学法进行讲解。

（2）任务引导法。教师通过按项目任务对授课内容进行分解，使学生带着任务进行学习，提高学生的实践能力。在会计专业“经济法”课程体系中，个人独资企业法、合伙企业法、公司法等章节内容可以通过任务引导法进行具体课程设计。例如，教师可以将公司法相关内容分解为公司设立、公司治理、公司运行、公司破产等环节，并根据不同的环节设计不同任务进行引导，使学生在任务引导下掌握所学知识。

（3）课证融合法。由于会计专业“经济法”课程的相关内容与会计资格考试相关性非常高，因此我们在课程设计时对于一些案例少、任务驱动也不明显的章节，可以采用课证融合法。例如，在法律基础理论、商业银行法、产品质量法的教学过程中，可以将这些章节的内容与资格类考试相结合，通过真题模拟演练提高学生的应试能力，最大程度调动学生学习经济法律知识的主动性和积极性，最终全面提高综合素质。

4. 多元构建教学模式

在应用型人才培养模式下，授课教师应当突出会计专业“经济法”的特点，将传统的理论教学与实践教学高度融合，开展更加实用、灵活、多元的教学模式，提高学生学习兴趣，增加学生参与意识，让学生真正将所学的经济法律知识应用到实际经济生活中，减少经济交易中的法律风险，成为“经济法”课程学习的受益者。因此，构建出一套与实践融合并具有会计专业学科特色的“经济法”课程教学模式，将大幅度地提高本课程的实用性、时效性。

（1）拓展现代教学模式。教师应当注重把理论教学与实践教学有机结合，实现课上课下紧密相连，拓宽学生的学习路径，注重运用翻转课堂、慕课、微课等方式，引导学生主动深入探究经济法律问题。

（2）加强实践教学模式。在教学环节设计中，教师应当结合会计专业学生实际情况加大教学环节的实践性。例如，在讲授“经济法”课程的“反垄断法”一章内容时，首先，在上课前，教师可以询问学生学习的目的，并引出日常生活中反垄断的重要意义,同时指出反垄断法律制度可以解决关系民生的诸多法律问题,增加学生的学习兴趣,提高课堂教学效果。其次,在授课过程中,教师可以寻找一些日常生活中出现的典型反垄断纠纷重点进行引导分析,引导学生掌握反垄断法律制度的适用范围和原理规则。最后,在课程的结束环节,教师可以当前学生需要参加的资格考试为结合点对所教授课程以考题形式结尾,增加学生考证的实践性。只有将实践性的教学理念贯穿于整个教学环节才能促使会计专业学生更好地掌握好经济法律课程相关内容。

(3)深化校外教学模式。一是深化与校外实践教学基地的合作。通过深化与公安局、检察院、法院、司法厅、企业等这些校外的实践教学基地的合作,实现校内、校外实践教学的有机结合,切实培养学生的实务能力;二是聘请实务专家到校授课或者举办讲座。行业企业的专家具有丰富的创新创业经验,可以聘请其担任兼职教师或者指导教师,真正培养学生的执业能力。

【主要参考文献】

[1] 齐晋.会计专业经济法课程教学改革模式构建——基于法学专业经济法课程教学模式的对比分析[J].高等财经教育研究,2012(3)。

[2] 杨秋明.应用技术型高校经管类专业经济法课程教学改革研究[J].科教导刊,2015(11)。

[3] 李玲.应用型本科院校管理类专业经济法课程改革的思考[J].淮南师范学院学报,2013(5)。

[4] 李海娟,曹岩,陈松.应用型本科经管类专业经济法课堂教学的重构[J].黑龙江教育学院学报,2013(4)。

[5] 胡黎莉.应用型人才培养模式下非法学专业经济法的教改研究[J].湖北经济学院学报,2013(8)。

[6] 齐晋,陈新玲.《经济法》课程与行业融合实践性教学模式构建[J].山西广播电视大学学报,2017(1)。

【作者简介】

袁日新(1974—),沈阳建筑大学管理学院,副教授。

虚实结合的装配式建筑概论教学设计

赵愈[1]　李惠玲[2]

（1、2. 沈阳建筑大学管理学院）

【摘　要】 本文阐述了装配式建筑的教学现状，提出了基于仿真技术的教学设计方法，教师在实体课堂进行“翻转课堂”教学，学生在仿真平台上完成“虚拟课堂”学习，并在虚拟情景中完成模拟实验，虚实结合的教学模式有助于工程类课程的深度学习。

【关键词】 虚实结合；装配式建筑；仿真；翻转课堂；教学设计

一、装配式建筑教学现状

装配式建筑是当今建筑业发展的主流方向，装配式建筑的工业化生产方式改变了传统的施工方式，降低了生产过程中对个体劳动技能的过分依赖。装配式建筑生产属于新兴技术，现阶段相关从业人员的建设经验不足，缺乏工业化的生产运作思维，亟须提高装配式建筑产业化的技术支撑能力。装配式建筑的教学内容包括装配式建筑的设计、生产、施工、维护及材料研发等各个方面，面对这种新兴技术的产生和发展，高校教师应积极探索高效的教学模式，解决当前装配式建筑技术人才短缺的问题。

数字仿真技术在装配式建筑建设过程中可以实现全程的工业化控制，在设计、生产、施工和维护过程中进行三维仿真模拟，提高了建筑物生产的效率和工程建设的智能化水平。将虚拟仿真技术应用到装配式建筑教学当中，教师利用三维数据模型直观地展示出装配式建筑的构造特点和建造方式，便于学生了解装配式建筑设计、生产、施工的原理及操作方法。现阶段已有许多仿真软件可以模拟装配式建筑的施工过程，图 1 是利用仿真软件模拟的装配式墙体的生产过程。

二、装配式建筑教学设计

在教学实践中，对“装配式建筑概论”采用虚实结合的教学模式进行授课，在综合考虑教学目标、教学资源和教学条件的基础上，完成“翻转课堂”教学。具体实施途径如下：

1. 结合装配式建筑虚拟仿真软件建立S教学平台

虚拟教学平台分为教师端和学生端。教师在教师端输入课程设计，导入装配式建筑仿真模型，可以实时进行答疑。学生在学生端一方面可以观看教学视频、完成作业、在线自测、论坛交流，完成虚拟课堂的学习；另一方面可以操作仿真软件，在虚拟情境中进行深度学习。装配式建筑虚拟仿真软件根据建筑产业现代化装配式建筑流程特点，对建筑构件的生产、运输和装配化施工进行模拟，实现装配式建筑全过程的虚拟仿真、动画演示、交互式操作、智能考核等多项功能。并且在教学实践中可以依据标准图集进行构件设计，按照建筑构件的生产流程，划分不同工作岗位模块，各模块进行独立学习、训练、考核和评价。

2. 装配式建筑概论翻转课堂教学

实体课堂教学采用"翻转课堂"模式，课程设计中综合运用小组协作、启发式教学、问题式导学等教学手段。教师由课堂的主导者变成辅助者，在课前提供线上学习资源，课上创造有利条件引导学生。教师要转变授课观念，理顺课程的教学体系，重点研究学生在学习中遇到的问题，并参考课前线上学习的数据，进行备课；在翻转课堂教学中，提出问题供学生进行小组讨论，着重讲解装配式建筑的技术知识，并有针对性对个别问题、个别学生进行专门辅导，提供个性化服务。在课后的虚拟课堂中，学生进行学习成果汇报与分享，既能够复习知识点，也能够激发探索欲望，有助于后续的深度学习。虚拟课堂教学在仿真实验室完成，翻转教学在传统的实体课堂或仿真实验室进行，图2为配备装配式建筑生产模拟软件的工程建设仿真实验室效果图。

3. 设计装配式建筑专业实验模块

装配式建筑基本类型包括装配式混凝土建筑、装配式钢结构建筑、装配式木结构建筑、装配式组合结构建筑等。设计专业实验模块分别对应于各类型装配式建筑，各模块中包含模拟演示、互动实验和综合实训。综合实训实验要求学生通过仿真软件系统地学习并获得实践操作技能，学生可以利用装配式建筑虚拟仿真软件了解装配式建筑设计的流程、掌握三维建筑设计方法以及建立装配式建筑信息模型的步骤。实验平台可根据学生输入的实验参数，进行系统分析，展开虚拟实验，学生将虚拟实验结果与理论分析结果相比较，掌握对应知识点。学生通过教学平台完成互动实验，结合装配式建筑各类型模块的施工工艺进行仿真实验，学习运用施工准备、工具族库、操作方法提示、项目管理等功能模块。通过装配式建筑虚拟仿真实验，学生沉浸在虚拟情景中，了解建筑工程各分项工程的施工环节和技术要点，提高学生的实际工作能力和动手能力，改善学生实践环节薄弱的现状。

4. 虚实结合进行装配式建筑的实践教学

学生获得感性认识主要来自实践环节，但工程类的实践成本高、风险大，通过虚拟仿真漫游装配式建筑，学生能够对装配式建筑的概况有感官上的基础认知。另外，教师要组织学生适时开展实地调研，探究装配式建筑的实体构造。仿真模拟与实地调研虚实结合，可促进学生把装配式建筑的数据模型与建筑实体相融合，帮助学生学习先进装配式建筑的设计理念和施工技术。

三、装配式建筑教学实施要点

虚实结合的教学流程按照“课前导学”“翻转教学”和“课后交流”三个环节依次进行，各环节教学设计的目标分别是提出问题、突出重点，解决问题、归纳要点，综合评定、总结经验。具体的实施过程如下：

1. 合理制订教学方案

教学设计是对学生的能力素质进行培养和指导就业的基础，教师要在了解教学设计的基础上，运用课程的设计策略来进行课程设计，优先搭建课程主体框架，教师团队结合平台情况并根据课程安排、课程要求及授课时间，在实践中不断调整设计方案，持续推进课程建设。虚实结合的教学模式，在设计之初就将教学内容和社会需求相联系，将社会发展带来的新兴理论知识和技能学习同实践相结合，使学生的综合素质与专业技能能够适应知识体系的演变与社会发展。

2. 实施可视化教学，构建虚拟仿真情境

为保证教学质量满足社会对装配式建筑技术人才的需要，实施可视化教学，制作可视化电子教材，利用仿真技术的可视化教学体系增强实践教学的灵活多样性，有助于学生进一步深度学习。深度学习是一种高投入的沉浸式学习，工程类课程的学习脱离不了真实情境。对学生来说，除了专业实习之外，很少有机会接触真实的操作现场，这使学生很少有运用工程技术的机会，降低了学习能动性。深入学习阶段，实施可视化教学、突出任务情境对深度学习具有重要意义。因此，构建虚拟仿真的工程类课程的发生情境是有效地深度学习的前提。

3. 结合实际进行理论知识和技能的系统整合

基于仿真技术的教学平台，可以实体比例构造虚拟模型，利用计算机辅助模拟的方式，将实际操作与理论知识进行系统的整合，形成完整的课程体系。通过感性认识与理性认识的结合，缩短学生的认知时间，激发学习兴趣，还可以使学生了解到前沿技术的发展趋势，提升学生的思考和创新能力。

4. 加强课内和课外实践教学的整合

工程类课程采用虚拟仿真技术，降低了实验成本，学习过程中可以反复实践。工程技术的学习过程要加大综合性、设计性实操比例，教师在实习、课程设计、毕业论文环节对学生进行综合训练,把学生培养成为综合型人才。

图1　装配式墙体的生产过程仿真

图2　工程建设仿真实验室效果图

【主要参考文献】

[1]　齐宝库,李长福. 基于 BIM 的装配式建筑全生命周期管理问题研究[J]. 施工技术,2014(8):25-29.

[2]　段金菊. E-Learning 环境下促进深度学习的策略研究[J]. 中国电化教育,2012(5):38-43.

[3]　陈然,杨成. SPOC 混合学习模式设计研究[J]. 中国远程教育,2015 (5):42-45.

[4]　张晓娟,吕立杰. SPOC 平台下指向深度学习的深度教学模式建构[J]. 中国电化教育, 2018 (4):96-103.

[5]　贺斌,曹阳. SPOC:基于 MOOC 的教学流程创新[J]. 中国电化教育,2015(3):22-29.

【作者简介】

赵愈(1978—),沈阳建筑大学管理学院,讲师。

李惠玲(1961—),沈阳建筑大学管理学院,教授。

基于行动学习法的管理会计教学改革探析

金晓玲[1]

（1. 沈阳建筑大学管理学院）

【摘　要】 行动学习法即在行动中学习，强调问题导向、团队协作和成员间的相互学习。本文介绍了行动学习法的起源，以及英国及欧美优秀企业培训管理者的成功实践，进一步分析了行动学习法的内涵及近年来在管理学领域教学中的应用和特点。分析了管理会计课程的特征及教学实践中存在的问题，在此基础上总结教学中运用行动学习法的四个实例，从教学设计、教学理念、教学组织、教学内容等方面提出运用行动学习法进行管理会计教学改革的注意事项。

【关键词】 行动学习法；管理会计；问题导向

一、行动学习法的内涵及发展

1. 行动学习法的实践

行动学习法由英国"行动学习之父"雷格·瑞文斯首先提出，他在 1945 年担任国家煤矿理事会的教育及培训主任期间，将行动学习法应用于煤矿业的技术工人培训，在 10 年内使煤矿业生产率大幅提升。随后瑞文斯将行动学习法的理念介绍到欧洲大陆，得到广泛认同。20 世纪 70 年代末美国学者和媒体开始关注行动学习法在英国和欧洲大陆的巨大成功，管理学家们不断完善行动学习的理论，并推动了行动学习在美国多个优秀公司的实践。以美国通用电气公司、电话电报公司为代表的著名跨国公司尝试运用行动学习法培训高级管理人员，均取得了显著成效。

国内企业在 20 世纪 90 年代末开始接触行动学习，华润是国内最早应用行动学习的企业。自 2005 年起，中粮集团、中国移动、中国核电、石药控股集团等著名大型企业开始探索将行动学习应用于员工开发和绩效提升，效果良好。

2. 行动学习法的内涵

学者们对行动学习思想不断总结完善，逐渐对其内涵形成共识。行动学习法即在行动中学习，参加者以团队形式进入项目，解决现实工作和学习中的问题，以提高参与者的协作能力,拓宽思路,不断进步。行动学习法从问题出发,鼓励参与者在实践中集体制订计划,分头执行,相互学习,不断反思,并以此指导下一步行动,是一个周而复始、循环学习的过程。

3. 行动学习法在教学中的应用

行动学习法在企业的成功,得到管理学教授的密切关注。美国商学院中大量管理领域的课程采用行动学习法,要求学生自由组合形成学习小组,科学地制定议事规则,保证每名同学切实参与到解决实际问题的工作中。小组从梳理相关知识入手,讨论并分享解决问题的思路,在优化小组成员方案的基础上,形成更具创造性的工作计划,并严格执行该工作计划,从而完成实践教学过程。近年来,国内部分高校开始在管理学各学科中引入行动学习法,进行了有益尝试。

二、管理会计课程及教学的特点

管理会计与传统财务会计相比,更具综合性,融合了多学科的知识。其主要任务是依据对企业财务数据及非财务信息和数据的综合分析,为决策者和管理者在市场预测、成本控制、改善经营管理、提高经济效益等方面提供支持,直接参与企业的决策控制活动。因此,管理会计课程的教学目标应以培养学生分析财务信息、从管理和决策层面解决实际问题的能力为主。

遗憾的是,目前管理会计教师一般仍主要以理论教学为主,案例教学、课堂讨论等方法用得较少,加上很多教师本身缺乏实践经验,往往过分强调理论知识的传授,缺乏对学生实践能力提升的关注。学生大部分的练习均为计算,枯燥乏味,学生往往仅从应付考试角度出发学习管理会计,缺乏兴趣,更谈不上主动研究、解决实际问题。

三、行动学习法在管理会计教学中的应用实例

在管理会计教学中运用行动学习法,要求教师在学期初做好课程设计和规划,安排学生组织学习团队,根据教学内容在课堂教学中体验飞鹰行动、小组研讨、课堂展示、头脑风暴、团体列名、团队共创、世界咖啡、六顶思考帽、思维导图等先进的行动学习法,采取循环学习方式,完成整个实践教学过程。

特别需要注意的是,在学生组建团队时,教师要将行动学习过程的规则和计分标准解释清楚。小组成员经由双选产生,他们应志趣相投,互相信任,最好能够取长补短。分组过程应经过充分酝酿,制定目标,明确分工和任务,每个小组须在课堂上陈述分组理由。团队成员一般为 5 人,组员不可更换。

1. 价值创造模型

在讲授第一章时,采用团队共创方式,历时两周 6 课时,10 个小组设计了 10 个价值创造模型,收集了 50 个价值创造个案。团队共创法(Consensus Workshop Method)是行动学习的方法之一，它的工作目标是高效地在团队内达成共识。抛弃细枝末节因素，提炼团队面临的焦点问题，经过个人独立思考、组内分享，形成几套组合意见，最后经由全体团队成员充分讨论，就该焦点问题的解决方案在团队内达成共识。

全班50位同学分为10个小组，历时两周(6课时)，历经个人寻找案例、小组交流、小组展示、案例整理、提炼价值创造路径、分类、命名、模型化、模型展示、评价10个环节，搜集50个案例，总结出46个价值创造因素，归纳为十大价值创造途径，最终创造出10个价值创造模型。

通过此次行动学习，全体同学不仅领略到了团队共创的魅力，锻炼了领导力与团队合作能力，也在课程伊始即对管理会计所涉及的内容有了初步了解，有助于本学期课程学习的顺利进行。

2. ES公司变动成本法与完全成本法案例

在学习第四章后，结合ES公司案例练习变动成本法与完全成本法的计算原理，通过分组扮演董事长和总经理角色，体会两种方法的差异。最后，大家认识到，不管是哪种方法，采用利润这一单一指标对总经理进行评价是不科学的，在财务指标中，可以增加现金流、存货等相关指标，在非财务指标中可以考虑市场占有率、产能利用率、战略定位等因素。

3. 战略地图和平衡计分卡案例

分组寻找案例企业进行分析，总共设计了9个案例，包括青岛啤酒、国美电器、苏泊尔、美宜佳、中兴通讯、长庆油田、金都房地产、华侨城、成都康宁光缆。青岛啤酒有两组，最终合并为1个案例。学生运用团体列名、思维导图等方法对案例企业的实际问题进行了梳理，并提出自己的见解。

4. 海尔集团人单酬案例分析

由学生自己编写案例，每个小组对海尔集团的战略管理、经营管理、绩效管理体系(人单酬)进行分析，运用头脑风暴法讨论海尔绩效管理与平衡计分卡的异同，以及海尔体系是否适用于美国企业和新兴国家企业。对于海尔绩效管理体系的适用性，各小组出发点不同，结论不同。

通过分组合作，大家不仅掌握了相关知识，而且提升了团队合作、沟通交流、报告写作、PPT制作、Presentation等的技能和积极主动的处事态度。

四、运用行动学习法进行课堂实践的注意事项

行动学习法与传统教学方法不同，其成功实践受多方面因素的制约，在管理会计教学中应注意以下几点：

1. 重构管理会计教学内容,科学安排教学时间

近年来会计学专业本科教学面临缩减理论学时、增大实践学时的改革,引入行动学习势必会增加理论教学的压力。教师需对教学内容有所取舍,适当增加自学内容,详略得当,为重点、难点问题的行动学习方案留出相对充分的时间;也可考虑将行动学习放在课程设计等实践学时中完成。

2. 坚持学生的中心地位

以学习者为中心是行动学习的基本出发点,教师在课堂教学过程中,要时刻关注学生的需求,注意保护学生的兴趣。通过教学方法的改变,吸引学生积极参与,最终达到提升学习效果和学习效率的目标。

3. 注重提升学生的学习能力

行动学习中,学生由被动的听众转化成为学习活动的主要参与者,协助教师共同完成教学实践任务。每一位同学都要分享自己的知识和经验,帮助小组发现问题、分析问题和解决问题。如果在行动学习实践中,学生的总结、分析、沟通和反思能力欠缺,将难以顺利实现倾听、反馈和创造,不仅会影响小组成绩,还会影响整个行动学习实践的效率和效果。教师要有意识地鼓励学生勇于发表观点,在解决问题的实践中不断提升持续学习的能力。

4. 设计科学合理的学习模块

行动学习法的核心理念是问题导向,问题的范围应以本模块为限,用于解决问题的主要知识点应来源于本模块。可以选择一些社会热点案例设计问题,学生们往往会对此类问题很感兴趣。问题的难易程度应与学生的学习基础相当,符合教学目标的要求。

5. 优化行动学习实践的程序和规则

在行动学习实践中,教师不再是传统意义上知识的传授者。教师的主要任务是营造良好的学习氛围,激发学生的学习兴趣,引导学生主动学习,提升学生的学习效率和学习效果。为此教师必须根据不同问题的特点,设计行动学习的程序和具体规则,覆盖整个学习过程。确保学习小组的研讨能够有章可循,并严格控制每一阶段的时间。在教师的指导下,每个小组应通过充分的沟通,使每位同学获得能够最大程度发挥其潜能的任务,并使每个成员感受到自己在小组中的价值。每位同学既能够独立思考,也能够与其他成员友好协作,共同寻找解决问题的方案。教师一般不对具体学习过程进行干预,只在必要时引导解决冲突。

【主要参考文献】

［1］ 孟焰,袁淳,刘俊勇,等. 以行动学习为主线 培养知行合一的高级会计实务人才. 学位与研究生教育. 2013(12):12－16.

[2] 郑庆寰. 基于行动学习法的风险管理案例教学改革探析. 化工高等教育. 2014(2):43-47.
[3] 洪本芸. 基于管理会计教学内容和方法改革探析. 中国管理信息化. 2016(10):30-31.
[4] 王芹. 基于实践能力培养的管理会计教学改革研究. 财会教育. 2015(16):127-129.
[5] 刘瑾. 基于应用型人才培养的管理会计教学改革. 教育教学论坛. 2016(5):142-143.

【基金项目】

基于行动学习的管理会计课程改革,教育部产学合作协同育人项目,项目编号:201702157012。

【作者简介】

金晓玲(1978—),沈阳建筑大学管理学院,副教授。

论专业学位硕士研究方法课程的开设

田甜[1]

(1. 沈阳建筑大学管理学院)

【摘　要】 本文通过对我国普通高等学校在专业学位硕士培养方案开设研究方法课程的研究，论证了研究方法课程设置的必要性和可行性，指明了研究方法课程开设的方法和模式。研究结论认为，研究方法课程有利于提高学生的专业认知能力、学习能力和职业素养，高校开设专业学位硕士研究方法课程可以使用案例法、调查法和实验法，研究方法课程开设可以遵循学校主导、学院主导、导师主导和学生主导模式。

【关键词】 专业学位；研究方法；职业能力

一、引言

我国的专业学位研究生教育始于1990年，专业学位的目标是培养能够适应社会特定职业领域需要、具有较强的专业能力和职业素养、能够创造性地从事实际工作的高层次应用型专门人才。与之相对应的是学术型学位，旨在培养具备一定研究能力的高层次研究型专门人才。通过专业学位和学术学位的培养目标的比较不难看出，专业学位的培养是职业导向的，而学术学位的培养则是研究导向的。因此，在专业学位教育中，研究方法课程似乎成了一个灰色地带，导致众多院校在专业学位硕士培养方案中没有开设研究方法课程。

本文以专业学位硕士研究生培养方案中开设研究方法课程的意义、方法、模式为研究主线，结合教学实践，对专业学位硕士研究方法课程的设置提出意见和建议。理论意义在于，本文为专业学位硕士课程体系建设提供了新思想，新方法。实践意义在于，本文为高校开设专业学位研究方法课程提供了方法和模式的可行性指导。

二、专业学位硕士研究方法课程开设的必要性

专业学位硕士研究生的培养是职业导向的，因此，均以职业名称为背景设立专

业名称,如会计硕士、工程硕士、教育硕士等,目前我国已有40多种专业学位类别,培养院校众多,培养学生数量巨大,多年来已为我国社会主义建设培养了具备良好职业素养的高级人才。但专业学位培养不同于职业技能培训,专业学位硕士的培养尤其不能走入职业技能培训的误区。硕士学位研究生首先应具有的仍然是学习能力和研究能力,而职业能力则是在上述两种能力的基础上发展出的创造能力,因此,专业学位研究生研究方法课程的设置是具有必要性的。

1. 研究方法课程是专业学位研究生提高专业认知的有效途径

知其然,亦应知其所以然。专业学位研究生经过本科阶段的学习和研究生入学考试,已经对本专业的基础知识、基础课程有了较为全面的学习,对专业知识达到了一定程度的掌握,已具备了基本的专业技能,经过简单的职业培训均能较好地适应相应职业工作需要。但学生对专业的整体认识还缺乏系统性,对专业知识和技能的由来还缺乏理性和系统的认识,尤其对本专业在整个高等教育体系中的属性和地位、对所在院校学科发展的价值还充满未知和疑惑。研究方法课程可以使专业学位研究生对本专业有一个更加科学、系统和宏观的认知。如本专业的发展历史,包括职业发展历程和学科发展历程,以及职业发展与学科发展的相互作用,目前的发展要务等。本科专业的报考主要依赖高考分数和就业率指标,但硕士研究生报考更应体现出职业兴趣和职业生涯规划,以及体现职业高级人才的培养目标。因此,开设研究方法课程,为专业学位研究生提高专业认知提供了有效途径。

2. 研究方法课程是专业学位研究生增强学习能力的基本保障

研究生阶段的学习不应是对本科专业学习的重复,也不应只是跨专业学生重新学习专业知识的过程,对专业基础知识的学习应在研究生入学之前完成。研究生阶段的学习应是更高学习能力的培养过程,学习包括对新知识的学习、接纳、实践、融会和升华,因此,专业学位研究生也应对本专业的研究前沿予以充分的了解和掌握。具有职业背景的专业,大多存在着职业发展和学术发展并行的过程,亦即职业发展与学术发展并不矛盾,虽然二者发展不总是平衡的,有时职业发展领先于学术发展,有时则反之,但彼此总能从对方的发展中汲取营养,也能给予对方发展以灵感。学科的前沿总是来自对实践的经验总结和预见,因此,专业学位研究生想更好地将专业知识技能融会贯通,就更加需要对本专业学科研究前沿给予足够重视,研究方法课程是增强学生学习能力的基本保障。

3. 研究方法课程是专业学位研究生提升职业素养的必经之路

职业素养不仅指完成工作的能力,还指发掘职业潜力、创新职业技能的能力。创新离不开对已有职业技能的总结和对未来社会发展的合理预期,只有站在巨人的肩膀上,才可能对职业技能的边界做出合理化拓展,才能加深对职业技能的理解程度,以充分体现研究方法课程体系设计的培养目标衔接性。研究方法课程为专业学位研究生开拓了职业眼界,提升了职业素养,使学生更加理解为什么专业能力的培养不是安排在培训机构或企业入职前,而是放在大学——这样一个学科综合、互相促进的环境中。将职业素养培养嵌入到专业学位教育过程中,是学生未来职业发展的迫切需要。职业素养的内涵是广泛的,本专业的专业知识和技能是基石,开阔的眼界和战略思维方式以及从大学中其他学科所汲取的知识养分是学生建造未来职业发展大厦的钢筋水泥,而不能为社会经济发展提供综合知识的专业是不能长久发展的,因此,任何专业都需要研究成果作为专业发展的有力支撑。

三、专业学位硕士研究方法课程开设的方法

相对于学术硕士,专业学位硕士研究方法课程的开设应更加灵活和多样。立足于本专业的职业背景,采用案例式、调查式、实验式研究方法课程为学生呈现丰富多彩的研究方法实践。

1. 案例式研究方法课程

该课程旨在提高学生的研究参与度,使学生在研究过程中体会职业与研究的相互关系。首先,为学生设置一定的案例教学环境,通过具有故事性、情节性的案例背景设定,使学生仿佛置身案例发生的场景之中。其次,为学生分配职业角色扮演,使学术研究中出现的各要素环节更加生动;启发学生在角色扮演、故事进行过程中体会研究意义、研究创新点,以及研究结论对职业的指导意义。最后,引导学生总结出该研究的职业适用性、实践建议和研究不足。

2. 调查式研究方法课程

该课程的学习目标在于培养学生的探索精神。科学研究应是从实践中启发研究灵感,并结合相关理论而做的探索性、创新性、总结性学习。首先,让学生通过对本专业相关生产、实践等环节的观察,提出自己的研究命题,这一过程实际上是锻炼学生高度提炼职业技能和实践的有效过程。其次,引导学生通过对研究命题的评估,做出研究规划,提出研究的首要问题和次要问题,并对上述问题进行研究工作量的评估。再次,学生进入本专业实习实践基地或感兴趣的生产实践单位,在具体的职业环境中开展自己的研究过程,包括收集多种研究资料、信息,动态修正研究规划,论证研究资料对研究结论的支撑程度。最后,学生根据实地调查结果对研究命题做出总结,总结的重点在于通过调查得出了哪些专业实践中有待解决的突出问题,以及对本职业的未来发展有哪些合理化意见和建议。

3. 实验式研究方法课程

实验式研究不仅可以应用于理工科专业学位培养,也可以广泛应用于人文社科类专业学位培养。首先,准备实验环境和器材,确定实验参与者。专业学位培养中的实验式研究必须紧密结合本专业知识技能,实验器材应取材于本专业职业实践,鼓励学生作为实验参与者体验实验过程。其次,确定实验流程,在严谨的逻辑分析、理论推导、命题假设的前提下,鼓励学生依据自己的专业知识提出实验的预期目标并预测实验结果,并做好备选方案。再次,学生开始正式实验,并详细记录实验过程、数据、变量变化导致的结果变化等,为之后的实验分析做准备,该过程注重引导学生提出自己的实验设计思想和培养学生实验过程控制能力。最后,依据实验数据,由学生完成实验报告,重点在于该实验为本专业的职业技能带来了哪些创新性知识。

四、专业学位硕士研究方法课程开设的模式

专业学位硕士研究方法课程开设的模式按不同分类方式可以分为:

1. 学校主导模式和学院主导模式

研究生教育是高等院校人才培养体系的重要层次,也是学科发展的重要支撑,各高校的研究生培养均由研究生院主导完成。因此,研究方法课程开设的学校主导模式可以具体到由研究生院主导完成,以公共基础课的形式开设,由研究生院组织成立专门师资队伍,融合各学科专业的思想、方法和资源。该种方法的优势在于资源共享,体现大学的综合性和学科专业的交互性,有利于拓展学生视野,为学生未来职业发展提供科学规划;缺点在于工作量大、学科融合周期长、成本高。

研究方法课程开设也可以遵循学院模式,由学院依据本学科特色,结合同一学科门类下各专业间的依存关系,聚合本学科的研究特点、方法和资源,由本学院专业老师完成课程设计和教学。该模式的优势在于专业特色突出、课程设计周期短、成本低、学生接受程度高。

2. 导师主导模式和学生主导模式

专业学位研究生教育实行导师制,多数高校还实施了校企双导师制,这是专业学位培养的特色,也是学生职业能力培养的有力抓手。因此,研究方法课程的设置也可以采取导师主导模式和学生主导模式。

导师主导模式可以校内导师为主,校外导师为辅。校外导师以职业实践为依托,引导学生从职业实践中发现、研究问题;校内导师以研究方法教育为导向,引导学生结合具体的职业实践问题,开展研究。该模式的优点在于导师具有实践和研究经验,可以为学生提供良好的研究问题选取范围,可以不必专设或少设课堂学习环节,以实践形式实现研究方法与职业领域的交融,校外导师的参与也可抑制校内导师科学研究偏重学术化的导向。缺点在于该模式下学生处于从属地位,对于研究方法的认知缺乏积极主动性。该模式较适合全日制专业学位学生。

学生主导模式以学生为主,校内外导师为辅,由学生依据现有研究文献和职业实践经验提出研究选题,并由导师予以辅正。专业学位研究生的职业背景与职业意向有助于确定应用性更强的研究方向和研究内容,提升研究的针对性。该模式的优点在于以学生为主导,充分调动学生积极性,启发学生结合职业实践提出研究命题的能力,为学生后续职业发展起到有力的推进作用。缺点在于学生的选题可能缺乏理论依据与逻辑性,增加了导师工作量。该模式较适合非全日制专业学位学生。

五、研究结论与建议

本文以普通高等学校专业学位建设发展为出发点,探讨了在专业学位课程中开设研究方法课程的必要性、方法和模式。研究结论认为,虽然专业学位的人才培养目标是职业能力提升,但高水平的职业能力培养与相应学科专业的科学研究是相辅相成、互相促进的关系。专业学位的研究方法课程应体现出多样化、个性化、职业导向化的设置特色。

本研究的创新之处在于:一是论证了专业学位教育中研究方法课程的重要性。二是指出了专业学位教育中研究方法课程的设置方法及模式。为专业学位通过提高学生的研究能力,进而提升专业竞争力、培养高素质职业人才提供了可参考依据。

本文建议专业学位硕士培养方案中开设研究方法课程时应注意:其一,突出体现专业学位职业能力培养导向,而非学术研究范式导向,以避免目前专业学位课程设置中仍然普遍存在的重学术轻实践现象。其二,研究方法课程设置中应保持开放性、多元化的特性,以提升学生职业能力为根本导向。

【主要参考文献】

[1] 汪霞. 研究生课程的衔接性设计:原理、经验与策略[J]. 研究生教育研究,2019(3):22-28.

[2] 陶冬霞,吴波. 会计硕士专业学位研究生教育与相应职业的嵌入机制研究[J]. 高等教育研究学报,2012,35(2):116-120.

[3] 曹雷,才德昊. 全过程与系统化:专业学位研究生实践能力提升的有效路径探析[J]. 中国高等教育,2018(1):81-91.

[4] 汪全报,卜春梅. 专业学位研究生教育的产教融合——基于目标导向的特色化策略[J]. 学位与研究生教育,2019(3):24-29.

【作者简介】

田甜(1981—),沈阳建筑大学管理学院讲师,管理学博士。

建筑工业化技术进步背景下的土木工程教育改革实践

刘颖[1]　岳文赫[2]　潘宏婷[3]　宋彪[4]
（1、2、3. 沈阳建筑大学管理学院；4. 沈阳中辰钢结构工程有限公司）

【摘　要】　本文针对我国建筑工业化技术进步对各层次土木工程教育及相关职业技术教育有关建筑工业化的人才培养内容、方式、亟待改革的现实问题，提出建立基于建筑工业化技术要求的土木工程教育改革方案。将建筑工业化新技术融入土木工程课程教学中，建立和完善以BIM人才培养为代表的跨专业的综合性建筑工业化人才培养体系，从建设与开发专业技能培养实训平台入手，探索土木工程教育与建筑产业化生产与研发有效对接的途径。

【关键词】　建筑工业化；土木工程；教学

一、引言

近年来，我国建筑工业化和市场化发展的速度较快，建筑信息化、工业化成为中国建筑业发展的新方向。在各类建筑企业探索新型建筑工业化的过程中，人们发现制约建筑工业化发展的因素除成本因素、社会消费理念因素外，与建筑工业化相关的应用型人才缺乏也是一个重要瓶颈。因此，与之相关的土木工程教育改革势在必行。

首先，各类、各层次建筑类高等教育及相关职业技术教育有关建筑工业化的人才培养内容、实训教学等还没有形成一个健全完备的体系，适应建筑工业化人才培养的教学改革还处于探索阶段。建筑工业化相关新技术、新业态的教学改革滞后于建筑产业化发展水平，相关课程体系还只是在原有的建筑与土木工程教学体系基础上的修修补补。

其次，体现建筑工业化技术进步要求的土木工程教育系列教材的编制还滞后于新的国家设计和施工规范要求。对此需要将建筑工业化新技术融入土木工程课程教学中，并结合慕课、微课等教学手段和方法的改革，为向建筑工业化发展提供创新型、应用性优秀人才打下良好基础。建筑工业化的发展需要规范的教育，在土木工程教育的教学内容中,教学培养方案是依据各个专业培养目标的要求与课程设置体系的内容编成的,是高校教学活动的重要依据,其改革与完善是建筑工业化人才培养的重要基础和主要目标。建筑工业化技术进步对土木工程人才提出的理论知识、职业技能的需求需要相关高校改革教学培养计划和培养方案,增加建筑工业化相关知识和技能训练:如装配式建筑生产工艺技术、BIM 技术应用等等。

二、满足建筑工业化需求的土木工程人才教学培养方案改革

1. 原有土木工程人才教学培养方案

在我国传统的土木工程高等教育体系中,重点大学注重研究型人才培养,培养方案划分较细,专业性很强;普通大学和地方职业院校的培养方案侧重于厚基础、宽口径的土木工程应用型人才培养。但概括起来二者都存在实践教学过于依赖理论教学等问题。实践教学环节相对独立,缺乏完整的体系。实验课设计的教学内容更新较慢,往往只是围绕某一课程而设立。对建筑工业化技术进步带来的新型建筑材料、施工方法与生产方式变革的体现较少,实践教学环节加入的建筑工业化技术进步、生产工艺等内容也存在不足。忽视建筑工业化技术进步带来的施工生产方式和相关技术的变革,土木工程教育改革滞后于建筑产业化发展需要。

2. 建筑业工业化背景下的土木工程教育改革

建筑业工业化发展需要大量 BIM 等土木工程人才作为后备力量,而 BIM 操作需要执行人员同时具备计算机编程与项目管理的双重技术能力。目前许多学校提供的 BIM 人才培养知识体系尚不完整,因此影响 BIM 人才实践技能的提升。构件化的装配式设计流程和施工过程对设计和施工提出新挑战的同时,也给建筑业的技术和管理人员带来了挑战。目前国内从事装配式建筑的高素质人才还较少,现有的装配式建筑产品生产需要大量的资金、人才和技术投入,不需要大量如钢筋工、混凝土工等工种的现场作业人员,取而代之的是需要掌握装配式建筑流程、懂得现场装配和构件吊装的产业化工人及拥有设计、生产、施工和管理等能力的装配式建筑技术人才以及拥有建筑工业化管理思维的项目管理人才。

3. 综合性的建筑工业化人才培养体系

建筑工业化人才培养涉及建筑、土木工程、建筑材料、环境工程、施工管理、工程造价及成本控制等诸多领域与学科,单纯地就某一领域或学科来实施建筑工业化人才培养改革是很难取得良好的成效的。为此需要建立一个基于建筑产品建造全过程的、综合各学科的建筑工业化实用型、复合型人才培养体系。要从建筑工业化人才培养的各方面需要入手,探索土木工程教育的教学内容、课程体系改革与实践创新。

三、建筑工业化人才实践技能培养的实训基地建设

随着建筑工业化新技术、新的生产与管理模式的出现以及建筑业的快速国际化,建筑业正面临新一轮的人力资源短缺。只有根据建筑工业化人才需求状况,制定有效措施培养具备建筑工业化相关知识与熟练掌握工程实践技能的适用性人才,才能促进技术进步新常态下建筑业的发展。对此,需要借鉴国内外工程教育改革与实训教学的成功经验,结合对国内建筑工业化现状及问题的分析,从建设与开发专业技能培养实训平台入手,探索把大学教育与建筑产业化生产与研发有效对接的途径,建筑产业各类企业与大学共建实训基地。

1. 校企联合培养方式

建筑工业化技术进步背景下土木工程教育改革应依据建筑行业基础,以学科发展为支撑,以学科人才培养为关键,以学科成果转化为目标,才能更好地服务建筑产业发展。

校企联合培养方式可吸收建筑工业化相关企业具有丰富实践经验的专业人员,共同承担应用研究型人才的培养工作。学生的学位论文选题来源于工程实际或具有明确的工程技术背景,从事土木工程教育的专业院校,与联合培养的企事业单位签订协议并报学校备案。培养应用型创新人才不仅是高校土木工程教育的职能,也是建筑企业的责任和提升其技术水平和企业竞争力的重要途径。因此,校企合作以建筑工业化新技术推广为目标,通过实际项目进行操作训练,这是为建筑产业的工业化进程培养创新能力强、工程实践能力强的高素质人才的一种行之有效的方法。

2. 推行高校和建筑工业化基地联合培养双导师制

与实践基地联合遴选培养导师。学校每年根据土木工程学科建设规划及学生培养计划确定联合培养单位,联合培养单位应是具有相同的学科领域,且具有较高的学术水平的师资力量,并有一定研发项目的建筑领域研究机构及企事业单位。高校和企事业单位内部符合条件的导师向所在单位提出申请,填写《申请培养指导教师简况表》,经审查合格后报送双方有关部门批准后备案。

3. 创新建筑工业化教学相关平台、设施建设

这些平台和设施包括建筑工业化人才培养在线教育平台;工程技术人才培养虚拟仿真系统;建筑工业化产品成本分析与控制系统;等等。以我校为例:根据建筑产业迅速发展对高层次人才培养的需要,与企业和有关科研院所合作建立联合制度,将双方资源整合,通过建立联合培养基地搭建创新教育一体化平台,制定实施有效的组织管理制度、构建联合培养模式,以提高学生对建筑工业化相关技术的创新研究和实践能力。具体措施包括:

(1)结合学科发展规划,制订建筑工业化实践基地建设计划。

(2)建立健全实践基地管理制度体系。

(3)与相关企业确立联合培养协作关系。

(4)组织青年教师、相关科研团队赴实践基地开展科研活动。

近五年我校先后与中房辽宁分公司建立"中房 Top Talk 研究生创新讲坛",与辽宁强风铝业工程有限公司、沈阳中辰钢结构工程有限公司等企业签订共建建筑工业化人才培养实训基地协议。

四、适应建筑工业化技术进步要求的教材建设

建筑工业化新型技术不断出现,建筑业迅速发展对建设人才的要求愈来愈高,高素质的全面发展的建筑产业化复合人才成为众多用人单位竞相追逐的目标。原有的以专业教育为主的大学教育模式受到严峻的挑战。建筑产业化的发展需要规范的教育,目前国内的各大土木建筑类高等学校的建筑、土木、机械、环境等学科都在围绕建筑工业化技术进步对原有的教学内容、教材体系进行改革与更新。

在各高校的教学过程中,教材包括作为主要材料的教科书以及除教科书以外的其他图书等,是依据各个专业培养目标的要求与课程设置体系的内容编成的,是高校教学活动的重要依据。一方面,土木工程教育需要满足建筑产业化发展实践的需要,利用现代网络教育技术,通过教材建设创新研究,以满足建筑产业化人才培养和员工再培训的需要。另一方面,适应建筑工业化技术进步的教材建设要建立在建筑产业化发展背景下,要基于建筑企业对实用性、复合型人才培养的要求。同时发挥土木工程教育的多学科教学优势,以科学有效的通识教育培养具备多元文化背景和国际化视野的复合型人才,满足建筑工业化发展需要。

【主要参考文献】

[1] 庞瑞,郑德乾,梁书亭. 建筑工业化新进展融入土木工程专业教学的探索与实践[J]. 高等建筑教育,2014(3):32-35.

[2] 姜腾腾.绿色建筑背景下基于 BIM 技术的建筑工业化发展机制研究[J]. 土木建筑工程信息技术,2015(2).

[3] 徐友全,徐磊. 对建筑工业化管理模式的思考[J]. 建筑经济,2014(3):13-15.

[4] 戚爱超,王斐斐. 精益建筑理论应用于建筑工业化初探[J]. 山西建筑,2013(34):21-23.

[5] 翟鹏. 新型建筑工业化项目施工技术实践及问题研究[J]. 山东工业技术,2014(20):126-127.

[6] 李立军,杨秋学.土木工程施工课程教学改革探讨[J].高等建筑教育,2011,20(1):83-85.

【基金项目】

体现建筑工程化技术进步需求的教学内容、课程体系改革研究与实践,辽宁省普通高等教育本科教学改革研究项目,2018 年。

基于通识教育的建筑产业化人才培养模式研究,沈阳建筑大学学科提升项目(第二批),项目编号:xkts2015 - 47。

【作者简介】

刘颖(1963—),沈阳建筑大学管理学院,教授。

岳文赫(1978—),沈阳建筑大学管理学院,副教授。

潘宏婷(1989—),沈阳建筑大学管理学院,助教。

宋彪 (1964—),沈阳中辰钢结构工程有限公司,高级经济师。

普通高校构建“模块化”移动教学模式探究

杜冰[1]　周婷婷[2]
（1、2. 沈阳建筑大学管理学院）

【摘　要】 移动智能终端的普及给传统教学模式带来了诸如“低头族”大幅增加、“动笔头”急剧减少和“搜百度”明显增多的挑战。高校实施“模块化”移动教学模式势在必行，其构建途径包括：(1)立体教材的创建；(2)“模块化”教学内容的整合；(3)现代教学活动的组织。

【关键词】 “模块化”移动教学模式

一、引言

移动智能终端是指能够移动使用的计算机设备，一般意义上的移动智能终端包括具有多种应用功能的智能手机和笔记本、平板电脑等。伴随无线网络通信技术和无线终端技术的日新月异，移动智能终端逐步融入人们的日常生活以及很多行业的生产中，并且对我们的工作和生活产生了巨大影响。智能手机、平板电脑等各种各样的移动终端设备让我们可以方便快捷地获取各种信息和数据，移动智能终端已然成为一个综合信息处理平台。

习近平总书记指出，因应信息技术的发展，推动教育变革和创新，构建网络化、数字化、个性化、终身化的教育体系，建设“人人皆学、处处能学、时时可学”的学习型社会，培养大批创新人才，是人类共同面临的重大课题。目前，普通高等院校的大学生移动智能终端的拥有率非常之高，其学习和生活不可避免会受到移动互联时代的影响。如何发挥移动智能终端的优势，使手机和平板电脑从社交和游戏的工具演变为移动学习的设备，是高等教育教学改革的最前沿的研究课题之一，为普通高校教学模式的改革带来了新的思路和契机。

二、移动智能终端对传统教学模式的挑战

目前我国的应试教育体制的课程教材教法和考试评价体系都来源于苏联凯洛夫的教育学体系，这种体系的形成基础是纸张与印刷术，在信息技术飞速发展的今

天,传统的教学模式受到了诸多挑战,主要表现如下:

1."低头族"大幅增加

抬头是认真听讲的重要表现形式之一,无论是抬头看黑板(或大屏幕),还是抬头看老师讲课,都是课堂教学一种良好的交流模式。对于教师而言,学生抬头是对自己教学过程认可的重要表现,面对日益增多的"低头族",教师的讲课激情会大打折扣,使整个教学过程越发枯燥无趣。在高等教育的教学过程中,学生是否认真学习主要依靠个人的学习意愿和对教师的认可程度,与"发微信""玩游戏""刷微博"形成的巨大诱惑相比,教师的授课内容必然会显得乏味,致使课堂中"低头族"的比例大幅增加。

王腾等人的调查结果表明:绝大多数大学生课堂上会偷偷查看手机或不停地玩手机游戏,其中时间为 0~10 分钟的占 73.15%;10~20 分钟的占 17.9%;20~30 分钟的占 4.86%;30 分钟以上的占 4.09%,可见大学生玩手机的时间占课堂总时间的比例较高。大学生在课堂上使用移动智能终端的目的有娱乐和学习两个,其中娱乐所占的比例大于学习。

2."动笔头"急剧减少

功能日益强大的智能手机和平板电脑,促使越来越多的学生用"拍笔记"的方式来代替原有的用笔"记笔记"的方式。用拍照的方式"拍笔记"有它自身的优点,既方便快捷,又易于保存,看似比用笔"记笔记"的方式更加高效。但"好记性不如烂笔头",用笔"记笔记"不仅能够对教师的讲课内容进行选择性摘抄,而且在记笔记的过程中,能够帮助学生巩固对教学内容的记忆和掌握,极大地提高学习效率,这是"拍笔记"所不能取代的,这种另类记笔记的方式会对传统教学模式的效果产生一定的冲击。

荷兰科研人员 Audrey 和 Ruud 的研究表明,用纸、笔做笔记更能刺激大脑运动和记忆,且用纸、笔记录的时候,平均记忆时长会比用电脑长三周。但是,在智能手机日益普及的今天,用手机对讲课内容进行拍照或直接拷贝教师的授课 PPT,已成为一些大学生喜欢的记录方式。

3."搜百度"明显增多

"师者,所以传道授业解惑也。"教师的基本职责是为学生释疑解惑,解答学生的各种疑问。老师提问、学生回答的过程,既能满足学生对各种疑问的思考,又是教师理论和教学水平自我提高的台阶。教师对这一教学交流的过程都比较期待,它是教学效果的一种直接反馈。随着网络的全面覆盖,手机、平板电脑成为获取知识信息的工具。百度等搜索引擎为学生的各种疑问提供了较为充分、详细的答案,移动智能终端在某种程度上充当了学生的第二教师,及时、准确地帮助学生完成解惑这一学习过程。但“搜百度”这种直接搜答案的做法解决不了那些过程性和创新性的问题,会对学生的思维演绎能力、分析问题的能力和深层次思考问题的能力产生影响,引发学生的惰性思维危机。

三、高校实施“模块化”教学模式的必要性

模块理论最早具体应用在工业生产中,是指将具有同类功能的工具组合成模块,使其整体功能大于部分之和。国外模块化教学最具代表的流派是“MES”(Modules of Employable Skills,模块式技能培训)和“CBE”(Competency Based Education,能力本位教育)。“MES”是由国际劳工组织提出的,根据具体职业岗位任务确定教学模块,并按照实际工作完成程序来组织教学活动。“CBE”流派在美国和加拿大较为流行,该教学模式以学生的知行能力为依据,以培养学生从事某种职业应在具备的认知、活动能力为主线进行教学活动。

20 世纪 90 年代初,模块化教学法进入中国,并广泛应用于高职高专或专业技术学校。“模块化教学法”以教学内容模块化为基础,把学科内容知识转化为一个个单一的小知识,根据知识点的内在逻辑合成知识模块,然后通过各个模块的组合来调整教学,使其适应不同层次的学生能力培养,实现培养学生实践能力的教学目标。各模块之间相互独立,每个模块都可以成为一个独立的教学单元。与传统教学体系以知识的输入为导向不同,模块化教学更加注重学习的实践性和应用性。它将以课程为主,以系统性理论知识传授为主要教学内容的教学活动,转变为产学融合的专业能力和职业素质培养为主的教学模式。这种以知识输出为导向的教学体系,通过将理论教学与生产实践有机融合的各个教学模块合理搭配和组合,针对不同的培养目的开展教学活动,使学习者能够成为社会实际需要的应用复合型人才。

根据对全国教育事业发展情况的统计,2018 年高等教育毛入学率达到 48.1%,高等教育已然从大众化阶段进入普及化阶段。全国共有普通高校 2 663 所(含独立学院 265 所),比上年增加 32 所。其中,本科院校 1 245 所,比 2017 年增加 2 所;高职(专科)院校 1 418 所,比 2017 年增加 30 所。各种形式的高等教育在学总规模为 3 833 万人。全国普通本专科共招生 790.99 万人,比 2017 年增长 3.87%,普通本科招生 422.16 万人,比 2017 年增长 2.78%;普通专科招生 368.83 万人,比 2017 年增长 5.16%。

这就要求普通高等学校需要根据不同的发展阶段进行层次化教学改革,职业化教育成为许多地方性和专业性大学的发展趋势。与此同时,技术创新推动的“中国制造”向“中国创造”的改变,取决于中国产业工人的基本素质和技能水平,这就要求有针对性地在一些大学中开展“模块化教学法”,从而提高全民素质,有效提高学生的动手能力和解决实际问题的能力。

四、高校开展“移动教学”模式的紧迫性

全国高等学校教育技术协作委员会对移动学习的定义是：“移动学习是指依托目前比较成熟的无线移动网络、国际互连网，以及多媒体技术，学生和教师通过利用目前较为普遍使用的无线设备（如手机、PDA、笔记本电脑等）来更为方便灵活地实现交互式教学活动，以及教育、科技方面的信息交流。”

目前，高校学生拥有移动智能终端设备的数量惊人，2019 年 2 月 28 日，中国互联网络信息中心（CNNIC）在北京发布第 43 次《中国互联网络发展状况统计报告》。报告显示，截至 2018 年 12 月，我国网民规模达 8.29 亿，全年新增网民 5653 万，互联网普及率为 59.6%，较 2017 年提升 3.8 个百分点。其中互联网络接入设备排名第一的是手机，我国手机网民规模达 8.17 亿，网民通过手机接入互联网的比例高达 98.6%，全年新增手机网民 6433 万。通过笔记本和平板电脑接入互联网的占比分别为 35.9% 和 29.8%。我国网民以中青年群体为主，20～29 岁年龄段的网民占比最高，达 26.8%，其中学生群体最多，占比达 25.4%。移动智能设备的普及为“移动教学”提供了物质条件。

针对高校学生使用移动智能终端的现状，笔者对高校在校学生进行了问卷调查，以沈阳建筑大学为例，此次调查共发放问卷 500 份，收回有效问卷 457 份，调查对象包含该校三个年级的同学。问卷调查的主要问题包括：(1)是否在课堂上使用移动智能终端设备；(2)移动智能终端设备的主要用途；(3)移动智能终端的平均使用时长；(4)移动智能终端对教学产生的影响。对以上数据进行统计和分析的结论如下：(1)在课堂上使用移动智能终端设备的学生比例高达 82.5%；(2)移动智能终端设备的主要用途是娱乐和聊天；(3)移动智能终端的平均使用时长超过 5 小时/天；(4)移动智能终端对教学产生负面影响，已经严重地影响了学生的课堂学习效率。

美国学者埃德加·戴尔的“学习金字塔”理论认为不同学习方式的学习效率明显不同，学习效率由低到高的顺序依次为：阅读——聆听——看图——看影像、展览、演示或现场观摩——参与讨论、发言——做报告、讲课、体验或动手做。初次学习经过两个星期后，阅读仅能掌握相关学习内容的 10%，聆听能掌握相关学习内容的 20%，看图能掌握相关学习内容的 30%，看影像、展览、演示或现场观摩能掌握相关学习内容的 50%，参与讨论、发言能掌握相关学习内容的 70%，做报告、讲课、体验或动手做能掌握相关学习内容的 90%。由此可见，个人被动学习的传统学习模式效率明显低于主动学习的参与式学习模式。

“移动教学”模式下学生可以自行搜索教学资源平台中的相关教学、学术资源，并且可以根据自己的时间设计个性化的学习方案,也可以与兴趣相近的同学组成学习小组,极大地提高了学生的学习效率。教师可以根据学生的学习状况分析学生感兴趣的知识点,从而进行个性化的信息推送,提高学生学习的兴趣和能力。此外,携带方便的移动终端设备大大提高了课堂的趣味性,可以利用小程序、小游戏等改变传统教学模式"老师教、学生学"的枯燥的教学过程。"移动教学"模式在高校的普及推广已经势在必行。

五、构建"模块化"移动教学模式的途径

1. 立体教材的创建

教材改革是实现"模块化"移动教学模式的前提。教师可以创建"多媒体—APP—互联网"海量资源相结合的立体教材,通过自带的移动智能终端体验"互联网+"的学习方式,形成"互联网+ 教材"的典型范例。移动智能终端首先是立体教材的"阅读器",学生可以通过扫描二维码阅读教材,观看微课视频,聆听教师讲授的相关课程。教师可以创建相关 APP 帮助学生制订学习计划,使其完成相关章节的练习题和作业。学生还可以进入相关的学习社区,在学习社区里进行相关的交流和分享,以加深对相关理论知识的印象,激发了自主学习动机。

2. "模块化"教学内容的整合

"模块化"教学内容的整合是实现"模块化"移动教学模式的关键。根据课程的不同属性将理论与实践教学的各个模块进行重新搭配和组合,各教学模块不是孤立存在的部分,而是层层递进、相互支撑的有机整体。在不同的教学阶段,学生可以通过移动智能终端选择不同形式的组合模块,以有效完成该阶段的教学目标。这样学生可以充分利用碎片化的时间来学习"模块化"教学内容,打破拘泥于学科知识体系的传统教学模式,采用碎片式的学习方式,把所有的碎片根据问题解决的需要整合在一起,形成个性化的知识结构,"模块化"教学内容的整合对解决实际问题非常有利,从而引发知识的创新。

3. 现代教学活动的组织

教师通过移动智能终端来组织教学是实现"模块化"移动教学模式的保障。教师要掌握现代教学技能,提高自身应用信息技术组织课堂教学的能力,利用移动智能终端来组织教学,具体包括对教学内容的搜索和筛选,利用移动智能终端来查资料、看微课、做练习、参与课堂交流与互动,改变"满堂灌"的传统教学模式,利用移动互联环境实施基于大数据的循证教学,从而达到丰富课堂教学活动,激发学生主动学习的目的。"模块化"移动教学模式能够打破正式学习和非正式学习的边界,打破课堂内和课堂外的边界,打破学习的时间、空间、内容、渠道等的边界,学习成为一种主动性、参与性、协作性、互动性、去中心、同伴互教、迭代交互式的新常态模式。

【主要参考文献】

[1] 王腾,盛义保. 智能手机对大学生学习的影响及对策分析[J]. 湖北经济学院学报(人文社会科学版),2015,12(11):148-149.

[2] 祺瑶. 教育部:高等教育毛入学率达 48.1% 即将进入普及化阶段[N]. 北京晚报,2019-02-26.

[3] 梁新元. 移动教育[J]. 计算机工程与应用,2003(32):33-35.

【基金项目】

移动智能终端在高校教学过程中的应用模式研究,辽宁省教育厅科学规划课题,2017 年,项目编号:JG17DB432。

【作者简介】

杜冰(1976—),沈阳建筑大学管理学院,讲师,西方经济学博士(后),研究方向:经济学、房地产经济学。

周婷婷(1996—),沈阳建筑大学管理学院研究生,主要研究方向:经济学、房地产经济学。

以能力培养为导向的建设法学教学改革与创新

吴楠[1]　吴访非[2]
（1. 沈阳建筑大学外语学院；2. 沈阳建筑大学管理学院）

【摘　要】 论述以学生为中心、以培养能力为导向的建设法学专业教学模式改革研究与实践的目的与意义。提出了建设法学专业教学改革的具体内容，提出了理论教学与案例教学结合、讲授式教学与启发式教学并举、第一课堂教学与第二课堂教学并重的教学改革方法；完善了建设法方向的法学专业课程教学改革的具体措施。

【关键词】 建设法；案例教学；启发式

一、建设法学专业教学改革的目的

随着我国社会主义市场经济的蓬勃发展和加入 WTO，尤其是依法治国国策的提出和社会主义民主、法制建设的不断深入，社会各行各业均需要大量的法律人才，对高层次应用型法律人才的需求尤为迫切。但是，目前我国培养的高层次法律人才难以满足日益增长的社会需求，人才供需矛盾日益突显。为了培养更多的法律人才，特别是适应辽宁省社会发展和经济腾飞的需要，我对《以学生为中心、以培养能力为导向的建设法学专业教学模式改革研究与实践》进行了深入的研究，提出了提高法学学生实际能力的改革方案、专业特设、具体措施和应用前景，以达到学生能力培养的目标。重点研究建筑类院校如何进行法学专业的建设，主要探讨如何发挥沈阳建筑大学的学科优势，将建筑工程专业相关知识科学地渗透到法学专业建设和课程体系中，从而改变我国建筑行业法律人才不懂建筑工程专业知识的不足。以学生为中心、以培养能力为导向的建设法学专业教学模式的意义，具体包括：第一，以学生为中心、以培养能力为导向的建设法学专业教学模式改革研究与实践可以依托我校建筑土木学科的优势，充分利用这方面资源，开设土木工程概论、土木工程材料及施工、施工组织与项目管理、工程估价与招投标等课程，以体现法学专业的实际应用性，拓宽学生的实践能力。第二，为了更好地加强实践教学，法学专业与沈阳市、区两级人民法院，律师事务所等十二家单位签订合作协议的同时，又和多家建筑施工单位签订了实习基地，这些实习单位为学生能力的培养提供了很好的平台。第三，采用以学生为中心、以培养能力为导向的建设法学专业教学模式学生的就业前景好。全国几十家建筑施工单位的法律顾问处为我们法学专业提供了就业平台。这些单位每年都能接收为数可观的我们专业的学生就业，因为既懂法学知识，又懂建筑领域知识的法学专业学生是备受上述用人单位欢迎的。

二、建设法学专业教学改革的意义

1. 有利于法学专业向特色化、行业化发展

学校十分重视专业建设，特别是新专业的建设，紧密结合社会需求和学校实际，不断加强专业内涵建设和特色建设，紧紧围绕为地方经济建设和国家建设培养高级应用型人才的育人定位，发挥建筑土木学科优势新办社会急需专业，使以学生为中心、以培养能力为导向的建设法学专业成为具有特色的新专业。为此，法学专业自试办以来，即定位为建设法方向，注重为建设行业有针对性地培养法学高级应用型人才。与此同时，还注意加强学研结合，强调办学的开放性与实践性，以突出专业特色。

2. 有利于学生应用能力的培养

良好的培养模式是发展有特色的高等教育、提高办学水平、造就适应社会和经济发展需要的应用型人才的关键。因此，要在沈阳建筑大学办好建设法学这样一个极具特色的法学专业，人才培养模式是首先应该解决的问题。以学生为中心、以培养能力为导向的建设法学专业教学模式改革研究与实践就是要培养既具有法学专业知识，又能解决建筑行业的各种法律问题的人才，探索建设法学人才培养模式，注重法学专业学生的应用能力的培养。

三、建设法学专业教学改革的内容

1. 进一步优化课程结构，突出特色课程

第一，在专业限选课方面，增加建筑法学类和土木建筑类两大模块，突出建设法特色。

第二，在课程设置方面，增加城乡规划法、土地管理法、建筑工程合同管理、建筑工程监利理、工程造价管理等特色课程，以满足建设法方向的法学人才培养的需要。

2. 进一步整合课程，以培养学生的创新能力

第一，进一步整合建设法学课程。

分阶段地逐步将建设法学课程分解为建设法总论、招投标法、城乡规划法、工程建设监理等课程，加强学生对建设领域法律知识的深入认识。

第二,进一步整合房地产法学课程。

分阶段地逐步将房地产法学课程分解为房地产法总论、土地管理法、物业管理法、城市房屋拆迁等课程,加强学生对房地产领域法律知识的熟悉和掌握。

3. 完善形式多样的实践教学体系

建设法方向的法学专业的实习实训环节根据法学专业人才培养方案、社会对人才的需求及专业特色,在科学严谨的论证后制定,形成了完备的实践教学体系。建设法方向的法学专业实习实训等实践具体包括:法学专业认识实习、法学专业课程实习、法学专业素质综合训练、毕业设计(论文)和毕业实习等内容。建设法方向的法学专业编制的实习实训等实践环节的大纲强调理论教学与实践教学的有机统一,注重学生的实际能力、创新能力的训练与培养,增设法庭旁听、模拟法庭训练、法律咨询以及热点问题讨论等实习实训活动,较好地形成了极具建设法学特色的实践教学体系。实习实训内容的安排完全体现了理论教学与实践教学的结合,并且实习实训环节贯穿于教学始终,这一系列做法的目的就是将法学理论应用到具体的实际案例中,既培养了学生的实际动手能力,调动了学生学习法学理论的主动性与积极性,又促进了法学学生素质、知识、能力的全面综合发展,提高了教育教学质量,培养了法学专业学生运用法学理论解决法律实际问题的能力,从目前已完成的实习实训环节来看,效果良好。

四、建设法学专业教学改革的具体措施

1. 启发式教学法的有效运用

为了活跃课堂教学氛围,调动法学学生学习的自主性和积极性,使学生真正成为学校的主人,教师在课堂教学过程中,秉承学生是主体、教师是主导的教学理念,把学生的"学"放在第一位,在讲授课程时,坚持"学习"与"思考"相结合、"动手"与"动脑"相结合的指导思想,注重学生应用能力与创新能力的培养。因此,教师必须帮助学生摒弃学习过程中的死记硬背的学习方法,根据法学专业的自身特点,充分运用启发式教学法,在讲授每一个知识点前,先介绍一个与之相对应的案例,启发学生分析,培养学生独立思考问题、独立解决问题的能力,提高其创新意识和能力,调动学生的学习热情和学习的主动性。

2. 案例分析法贯穿教学始终

由于法学理论及法律条文比较抽象,教师在讲解法条时常常会引用一些案例,以案说法。在教师的引领下,学生对案件进行分析、甄别、探讨,自己去寻求案例的答案。学生通过大量经典案例的训练,真正做到将所学的理论知识充分运用到实际案例中,不仅增强了课堂教学的生动性和有趣性,同时学生运用法律解决实际问题的能力也获得了极大的提高。

3. 讲授式教学与讨论式教学并举

为了避免法学同学在学习中死记硬背法条的单调乏味，教师在法学课程教学过程中，应根据法学课程教学任务的特点，从学生的实际出发，在课堂教学中，注重更新“讲授”与“学习”的关系，把“学习”放到首要地位。以启发学生的思维为核心，在课堂教学的各个环节中坚持“学思结合、手脑并重”的原则。例如，教师在每章节讲授前，先介绍相关的案例，使学生带着问题去思考。讲课中始终坚持讨论式教学法，提出问题然后讲解，这样既调动了学生的学习主动性，激发了学生的学习热情，提高了学生独立思考的能力，又提高了学生的创新意识和能力，发扬了课堂教学的民主气氛。

4. 第一课堂教学与第二课堂教学并重

对于教师的教学而言，“讲授式”方法是教学的主要方法，教师对理论知识的传授主要是通过讲课来完成的，因此教师讲好课是其根本，但是教师传授知识并不是课堂教学的唯一手段，还必须辅之以其他方法。因此，第二课堂的教学模式就突显了其重要性。采用模拟法庭演练、参与法院法庭旁听、亲自去社区提供法律咨询等方法，例如法学学生参与具体法律案件诉讼程序的安排与设计，通过生动的法官、检察官、书记员以及当事人的角色模拟，既掌握了法律案件诉讼全过程，又培养了运用法律知识解决实际问题的能力。

5. 口试改革的独创

口试相对于笔试而言，首先由任课教师提出事先准备好的问题，依顺序由学生从事先备好的试题中抽出试题，稍加准备后再由学生回答所选问题（试题主要以案例分析题为主）；然后教师依据学生回答的情况进行拓展性的提问，与学生交流、探讨、沟通之后，由教师评定成绩并给出正确答案，对相关热点和难点问题予以点评，最后由考核小组评定成绩。

这种考核方法，学生不仅要准确回答试题的内容，而且还要做到触类旁通，与试题有关的内容也要明确地予以解答。不仅提高了学生运用法学理论分析和解决实际案例的能力，摒弃了传统法学考试单一和死记硬背的模式，培养了学生的思考辩论能力和语言表达能力。

法学专业通过教学改革试验，不断拓展课内实践教学的功能，充分发挥实践教学在法学人才培养中应有的作用。在改革的过程中，学生的法律思维，尤其是逻辑思维得到了训练，让案件事实与法律适用的沟通成为可能。法学专业课堂教学改革目前已初见成效，但是法学院教学改革不会就此止步。今后，法学专业会进一步推广改革成果，深化教学改革，为全面提升人才培养质量不懈努力。

《以学生为中心、以培养能力为导向的建设法学专业教学模式改革研究与实践》一文,在提高学生综合素质等方面,将科研成果引入教学,体现了学科前沿知识和科技成果,同时,注意体现专业特色,注重建设法规方面的研究与探讨,以及与后续课程的衔接,培养学生的个性,提高学生知识的综合运用能力、实践能力和创新能力。特别是创造条件使学生较早地参与科学研究和创新活动,在教师的指导下,开展科学研究和创新活动。

该文对研究法学本科教学、提高学生能力具有十分重要的作用,一定程度上解决了法学专业学生能力培养的问题。并在此基础上,认真总结经验,查找不足,进一步加强以学生为中心、以培养能力为导向的建设法学专业教学模式改革研究与实践,不断提高教学工作水平,以确保新办专业的教育教学质量。

【主要参考文献】

[1] 吴访非. 案例教学在房地产法学教学中的运用[C]//. 中国建设教育协会论文集. 北京:兵器工业出版社, 2011:91-94,148-150.

[2] 吴访非. 房地产法课程考试改革与创新[J]. 沈阳干部学刊, 2011(8):20-21.

[3] 吴访非. 建设法课程考试改革初探[C]. 特色与发展教学改革与研究论文集. 沈阳:东北大学出版社,2012:311-313.

【基金项目】

建设法方向的法学专业人才培养模式研究,辽宁省教育科学"十三五"规划立项课题,2015年,课题编号:JG15DB333。

【作者简介】

吴楠(1987—),沈阳建筑大学外语学院,讲师。

吴访非(1964—),沈阳建筑大学管理学院,教授。

基于“互联网+5G”工程管理教学模式改革初探

王婉郦[1]　韩巍[2]
（1.沈阳建筑大学管理学院；2.沈阳建筑大学后勤集团）

【摘　要】 第四次工业革命开启以及5G技术的应用，将带来教育教学模式的颠覆式革命，传统的教学模式无法直观形象地将工程管理课程中的抽象复杂理论与知识点传授给学生，影响学生学习的积极性与主动性，且以理论讲授为主的教学模式无法增强学生的创造性与应用性。针对工程管理传统教学中存在的问题，应用“互联网+5G”技术模拟真实场景，配以实时远程教学，调动学生“视、听、触”全面感官，将智慧教学与传统教学相融合，提高教学质量与效率，提升大学生综合能力与素养。

【关键词】 互联网+5G；工程管理；教学模式改革

一、引言

伴随世界范围内第四次工业革命开启，依托前三次工业革命技术，构建更高水平、更高层次、更宽领域的机械化、电气化、自动化与智能化高度融合，为了实现生产动能及生产方式的颠覆式革命，培养创新型人才成为核心问题。基于中国制造2025，推进信息化与工业化深度融合，健全多层次人才培育体系成为重要的战略支撑和保障，中国大力培养STEM[STEM是科学(Science)、技术(Technology)、工程(Engineering)、数学(Mathematics)四门学科英文首字母的缩写]四类领域高层次人才，其中就包括工程(Engineering)类高层次人才。在此背景下，作为培育高层次人才的高等学校，亟待解决如何培养工程类特别是工程管理类人才的问题。

伴随云计算(Cloud Computing)、大数据(Big Data)、物联网(IoT)以及人工智能(AI)技术的发展应用，未来5G网络将从商用向民用普及，人类将迎来“互联网+5G”超智能社会的新时代，其必将带来工作、生活、学习等方式的颠覆式改变，万物与人之间互联的实现也将对教育产生深远影响，“互联网+5G”技术的应用将为传统教学模式注入新生命。那么，如何将“互联网+5G”技术应用于改革传统教学模式,培育适应新时代需求的创新型工程管理人才呢?本文拟对工程管理教学模式改革进行初步探讨,构想未来传统教学+智慧教学模式的现实应用。

二、工程管理课程和教学的特点及问题

1. 课程特点

工程管理专业培养具备管理学、经济学和土木工程技术的基本知识的高级管理人才,因此,工程管理培养的人才均为跨学科、复合型的T型人才,这就要求培养的人才既能应用工程技术知识,又要深谙工程项目管理技巧。工程管理专业主要课程涉及管理类、经济类、会计类、工程类以及力学等相关课程,课程具有综合性和应用性强以及抽象复杂的特点。例如:工程项目管理、工程经济学课程具有综合性和应用性强的特点,应用统计学、运筹学、结构力学课程具有抽象复杂的特点。

2. 教学特点

理论教学比重大。工程管理专业课程学分高和学时设置较长,多数课程学时均为32学时和48学时,使得理论教学内容比重大,实践教学比重小。教学方式以讲授为主,教学环节辅助应用多媒体、翻转课堂、雨课堂等新型教学方式,考核形式以考试居多。

3. 教学模式存在的问题

根据对全国教育事业发展情况的统计,2018年高等教育毛入学率达到48.1%,中国高等教育经历了精英教育—大众化教育—普及化教育三个阶段,本科教育正在经历研究型向应用型人才培育转变。因此,传统教学基于理论教学、以讲授为主、考试居多的模式越发不适应新时代对创新应用型人才培育的需求。

工程管理专业课程具有综合性和应用性强以及抽象复杂的特点,运用传统教学模式进行教授不易于学生对相关抽象理论和复杂知识点的理解与应用,导致学生不愿意听课以及出现不理解课程内容的问题。有必要在教学模式中应用"互联网+5G"技术,全面调动学生"视、听、触"的感官,直观形象地教授相关理论与知识。

4. 学生听课方式存在的问题

"低头族"大幅增加。调查结果显示,绝大多数大学生课堂上会偷偷查看手机或不停地玩手机游戏,其中时间为0~10分钟的占73.15%;10~20分钟的占17.9%;20~30分钟的占4.86%;30分钟以上的占4.09%,可见大学生玩手机的时间占课堂总时间的比例较高。"记笔记"急剧减少。智能手机和平板电脑的普及,促使越来越多的学生通过拍照和录音的方式来代替原有的用笔"记笔记"的方式,不利于学生对课堂内容的理解和记忆。"搜答案"明显增多,不论是课堂上回答问题,还是课后完成作业,通过搜索引擎来解决问题的学生明显增多,自己主动思考解决问题的学生急剧减少,不利于培养学生提出问题、分析问题、解决问题的能力。

三、互联网+5G技术与教学应用

1. 互联网+5G技术

近年来,ICT(信息和通信技术)进一步发展,互联网使用人数、频率和时长不断增加。随着物联网(IoT)的普及,各种人、事物和组织都与网络连接,由此生成、收集和存储大量数字数据(即大数据)。随着物联网的发展,所有事物都连接在一起,底层通信网络的重要性将大大增加。将交换大量信息,包括图像和动画,如果要连接社会中的所有设备,则其数量将是巨大的。此外,越来越多的情况需要通过网络平稳地操作设备而没有时间滞后,如远程医疗。随着物联网时代的到来,需要满足这些需求的通信系统5G应运而生。

移动通信系统从基于语音模拟通信的1G开始,经历了分组通信兼容的2G——通用系统的3G——实际使用中的4G,到如今5G出现,即第五代移动通信系统。世界各国正在努力实现到2020年使5G在移动通信领域覆盖。根据全球移动运营商GSMA的预测,2020年后,全球5G网络的数量估计将在大约5年内达到11亿,对全球人口的覆盖率将达到约30%。5G技术与AI结合,将虚拟网络与真实世界相互融合,将提高业务处理效率、提高预测准确性、提供最佳建议,并有效控制机器,从而在现实世界中实现其自身价值。

5G作为即将到来的物联网时代——“互联网+5G”超智能社会的重要基础,其特点除了超高传输速度之外,还具有超大容量、超多终端互联、超低延迟、超高信赖度等特点。

(1)超高速・大容量。预计到2020年,安全、医疗、教育以及娱乐和广告对高清图像和视频内容的需求预计会进一步增长,这就好比到2020年交通量将比2010年的交通量增加1000倍,5G系统具有超高速、大容量的特点,可实现10Gbps或更高的高速传输,能够满足未来用户的实际需求,其中5G技术能够将大量与教育相关的高清图像和视频提供给有相应学习需求的用户。

(2)超多终端互联。5G系统具有超多终端互联的特点,这意味着与传统情况相比,可以显著增加从一个基站同时连接终端的数量。例如,家庭中,现在可以用智能手机通过5G将大约100个设备和传感器同时连接到网络。日本的国家信息通信技术研究所(NICT)于2018年3月宣布,已确认在测试中,5G系统可以同时连接约20000个终端,这就意味着可以同时实现多人的远程实时教学,实现教育规模化发展,降低教育成本。

(3)超低延迟・高信赖。“超低延迟”意味着可以最小化通信网络中的延迟,即时间延迟,实现实时互动。例如,自动驾驶要保证高安全性,需要实时通信,超低延迟发挥了极大作用。此外,超低延迟的特点使得5G技术可以实现诸如机器人的远程控制和远程医疗,能够及时、直观、真实、准确地传输实时画面,提高机器人的远程控制和远程医疗的准确度,提供更高信赖的安全生活。同时,5G 超低延迟的特点也为远程教学中教师与学生的实时互动提供了便利条件,增强了远程教学的真实感。

2. 互联网 +5G 技术在教学中的应用

工程管理课程具有综合性和应用性强以及抽象复杂的特点,而传统教学模式不仅难以满足学生的需求,不能调动学生学习的积极性,且无法将抽象复杂的理论与知识点以直观形象的方式讲授给学生。研究表明人们对于图片的记忆远比对文字的记忆更加深刻,因为大脑在记忆图片时,同时调动了左右脑的非语言区和语言区,而记忆文字只是调用了文字区。调用的脑细胞越多,记得越久。因此,传统教学模式以讲授为主,难以让学生产生长久记忆。正如"世界记忆大师"东尼·博赞在其著作《思维导图》中所说:"人脑并非像电脑一样进行线性或序列思维,它的思维是多面的、发散性的……全方位使用大脑技能……运用视觉、色彩、图像……""互联网 +5G"技术在教学中的应用能够解决诸如上述问题。

提高学生对理论知识的记忆力与理解能力。"互联网 +5G"超智能社会的新时代到来,互联网 +5G 技术应用于教学之中,将智慧教学与传统教学相结合,使得抽象复杂的理论以画面的形式直观而形象地展现给学生,配合教师现场讲解,调动学生的"视、听、触"全面感官体验,增强学生的理解与记忆能力。正如丹尼尔·卡尼曼在其著作《思考,快与慢》中所说:"你不只是用大脑思考,还用身体思考。"

提升学生运用所学理论解决实际问题的能力。互联网 +5G 技术与 VR/AR 设备结合在教学中的应用,能够模拟诸如土木建筑设计、施工、验收与运营的现场情况并植入课堂教学中,使得学生能够身临其境理解诸如统计学、结构力学、工程项目管理理论如何在实际工作中的应用,将抽象复杂的数学公式、力学计算等生动形象地展现给学生。

增强学生的学习意识,调动学生学习的主动性。互联网 +5G 技术与 VR/AR 设备结合在教学中的应用,能够模拟诸如真实的结构设计错误、工程项目造价计算错误所造成的房屋倒塌、项目破产的失败情境,让学生感同身受,进而理解学习理论与基础知识的重要意义,以挫折失败教育引导学生掌握扎实的理论知识。

满足学生的个性化需求,提供灵活的课程学习时间。互联网 +5G 技术与 VR/AR 设备结合在教学中的应用,能够实现远程实时教学,方便学生按照自身需求选择课程内容、授课教师、课程学习时间,从而满足学生的个性化需求,实现智慧教学中的学生 - 教师互选互动模式。

四、结语

人类社会经历了狩猎社会(社会1.0)、农业社会(社会2.0)、工业社会(社会3.0)、信息社会(社会4.0)的演进过程,如今人类社会即将进入连通虚拟网络空间和真实物理空间的以人为本的超智能社会(社会5.0)。同时,经济发展也经历了第一次工业革命的机械化、第二次工业革命的电气化、第三次工业革命的自动化的演进阶段,如今步入了第四次工业革命的智能化阶段。伴随云计算(Cloud Computing)、大数据(Big Data)、物联网(IoT)以及人工智能(AI)技术的发展应用,未来5G网络从商用向民用普及,教育教学模式也将迎来颠覆式革命。传统的教学模式无法直观形象地将工程管理课程中的抽象复杂理论与知识点传授给学生,影响学生学习的积极性与主动性,以理论讲授为主的教学模式无法增强学生的创造性与应用性。基于以上问题,应用"互联网+5G"技术模拟真实场景,配合实时远程教学,可以调动学生"视、听、触"全面感官,将智慧教学与传统教学相融合,提高教学质量与效率,提升新时代大学生的综合能力与素养。

【主要参考文献】

[1] 陈友骏."第四次工业革命"与日本经济结构性改革——新理念的产生、引入与效果评估[J]. 日本学刊,2018(2):87-108.

[2] 东尼·博赞,巴利·博赞. 思维导图[M]. 北京:化学工业出版社,2015.

[3] 丹尼尔·卡尼曼. 思考,快与慢[M]. 北京:中信出版社,2012.

【作者简介】

王婉郦(1983—),沈阳建筑大学管理学院,讲师,博士(后),研究方向:世界经济与日本经济。

韩巍(1982—),沈阳建筑大学后勤集团,管理中级,研究方向:企业管理。

高等院校现代教育技术的应用探究

席秋红[1]　马婧婷[2]
（1、2. 沈阳建筑大学管理学院）

【摘　要】 应用现代教育技术能够有效激发学生的学习兴趣，提升高等院校教学活动效率，但是目前高等院校在应用现代教育技术的过程中存在很多问题亟待解决。本文在阐述高等院校现代教育技术应用概况的基础上，分析目前国内高等院校应用现代教育技术存在的各种问题，并重点提出现代教育技术的应用建议。

【关键词】 现代教育；高等院校；学习兴趣；教育改革

一、引言

随着科学技术的不断发展，现代教育技术在高等院校的教学活动中的地位越来越重要。现代教育技术与传统教育方式相比，能够把相对抽象枯燥的理论知识转化为生动有趣的图像、声音，有效激发学生的学习热情。同时增加了高等院校课堂上教师与学生互动的频率，促进了师生在教学活动中的相互合作，营造了良好的学习氛围，以一种容易让学生接受的方式使他们更主动地探索知识。

二、现代教育技术应用概况

1. 现代教育技术的内涵

从字面意义来看，“现代教育技术”更加突出了“现代”这二字，表明现代教育技术更重视现代科学在教学活动中的应用。现代教育技术的内涵具体有以下三点。

(1)现代教育技术是高等院校教学活动中大量运用现代科学技术的教学方式。例如使用“互联网+”“大数据”“虚拟现实技术”等当下热点科技内容。

(2)现代教育技术需要结合具体的现代科技手段，重新对传统教材进行合理编写，对教学活动进行改善。对高等院校学生在教学活动中的管理方法和对学生的激励手段也要结合现代教育技术进行调整。

(3)现代教育技术的目的是通过融入现代科学技术使传统的高等院校教学活

动更加生动,提升学生对知识的渴求,让学生在教学活动中对知识更容易理解和掌握。

2.现代教育技术在高等院校教学活动中的应用目的

在高等院校传统教学活动中融入现代教育技术,能够促使传统教学模式进行改进,这样的教学活动会更生动、更形象,学生能够得到更充实的创造与实践过程。现代教育技术能够活跃高等院校课堂上的气氛,使教师与学生间的互动增多,教师教授知识的手段更生动,学生接受知识的意愿更强烈,师生双方在现代教育技术的融合中能取得更好的教学活动结果。计算机科学技术是现代教育技术的根本核心内容,它将人的思维模式与计算机融合,衍生出很多现代教育技术手段。例如虚拟现实技术,它能够通过VR头盔、智能语音技术、力反馈装置、3D立体声装置等设备,构造一个虚拟的3D场景,将高等院校传统教育方法无法直观表达的知识点生动形象地展示在学生眼前。

三、现代教育技术在高等院校教学活动中的现状

现代教育技术的不断发展,为高等院校教学活动带来了很多改进,主要有以下三点。

(1)提升了学生学习的主观能动性。传统教学方式已经无法满足知识爆炸时代学生对学习模式的要求,而现代教育技术能够运用现代科技手段,将知识点通过图片、影像、声音等方式展示给学生,这样就激发了学生的学习热情和对知识的好奇心,学生也更愿意主动去学习。现代教育技术通过使用大数据,将大量的知识进行压缩整理,同时对大量样本下学生对知识的兴趣点进行数据挖掘分析,能够找到最适合高等院校学生的教学活动方式,开发学生的创新能力,激发学生的学习热情,帮助学生对抽象的知识点全面掌握,从而提升教学活动效率。

(2)提升了教师的职业素养。传统教学活动中教师一般只使用教材、黑板、粉笔等工具进行知识传授,这样的教学方式与社会经济和科学技术的发展越来越脱节。同时因为受到教育技术的制约,很多高等院校教师无法施展自己的教学才华,只能重复着照本宣科的陈旧教学方式,高等院校教师的职业素养亟待提升,教学活动也需要进行改革。随着现代教育技术的发展,海量的知识可以在互联网中进行储存,并且不受时间和空间的制约,教师可以跳出传统的教学活动方式,利用现代教育技术一展才华,同时可以在互联网中学习其他优秀教师的教育方法,不断提升自己的教学能力。

(3)促进了高等院校的教学改革。高等院校传统教学活动的重点在于培养理论知识扎实和科研能力突出的“学者型”人才,为了培养具有创新思维和解决实际问题能力的“应用型”人才,高等院校就需要引进现代教育技术进行教学改革。现代教育技术的应用,打破了传统教学理念的束缚,推进了高等院校教学活动的改革,使高等院校培养的人才能够有效满足社会需求。

尽管现代教育技术对高等院校教学活动的改进提供了很大帮助,但在具体应用过程中也存在一定的不足,主要有以下两点。

(1)过度重视方法技巧,忽视教育本质。当现代教育技术适度应用时,学生能够对现代教育技术展现的知识有充足的时间进行思考,有精力在课堂上进行反馈,教师也可根据学生的表现对教学活动中使用的现代教育技术方法进行调整。当现代教育技术过度使用时,学生的注意力过多放在多媒体影像资料中,久而久之会出现惰性思维,没有精力将自身的教学活动体验及时反馈给教师;教师也会把大量的精力投入在教育技术的使用方法上,过度追求“高大上”的授课技巧,忽略了教育的本质。现代教育技术的过度应用使学生的关注重点放在新颖的教学方式上、多媒体技术的精美图像上,忽视了知识点本身。最终过度使用的现代教育技术会成为教学活动中的主体,将教师和学生作为客体从教学活动中割裂出去。

(2)过度重视创新思维,忽视基础知识。合理运用现代教育技术作为高等院校教育活动的一种重要工具,其本质目的是辅助师生双方在教学活动中完成知识的传递,同时激发学生的学习兴趣和创新思维,能够为社会培养高素质应用型人才。如果过度重视对学生的创新思维的培养,过度使用现代教育技术,教师与学生在教学活动中的精力就会被大量占用,过度沉浸在现代科学技术提供的梦幻场景中,忽视了基础知识的掌握,导致喧宾夺主、本末倒置的情况发生。如果基础知识掌握不牢固,激发创新思维、拓展应用能力也就无从谈起。

四、现代教育技术在高等院校的应用建议

1. 转变对现代教育技术的应用模式

目前,国内部分高等院校认为在校园内配备现代教育技术的硬件就等同于开展了现代化教育,很多现代教育技术设备并没有在高等院校教学活动中得到充分应用,部分设备被当作摆设,部分教师不会使用或者不愿意使用现代教育技术设备,在实际的教学活动中仍然重复着黑板、粉笔、教材的路线。配备现代教育技术的硬件设备只能证明高等院校具有现代化教育的资质,并不能证明有使用现代教育技术的能力。高等院校应在教学活动中不断转变现代教育技术的应用模式,将现代教育技术的“硬件”与教学活动中的“软件”(教师和学生)相结合,综合考虑教学活动中各个角色的特点,这样才能使现代教育技术在教学活动中得到充分利用。

2. 树立现代教育技术服务学生的理念

现代教育技术为高等院校教师提供了多样的教学模式，但在使用过程中未从学生需求的角度进行教学设计，只是通过现代教育技术向学生灌输大量的知识，造成了“堆积式教学”的现象，学生在教学活动中大量精力被现代教育技术的过度使用牵扯，这就是现代教育技术在高等院校教学活动中应用的一个误区。现代教育技术主要目的是激发学生的学习热情和对知识的好奇心，促进学生主动获取知识，而不是让学生被动地接受知识。现代教育技术的使用应当以学生为中心，需树立以“学”为重，以“教”为辅的理念，充分考虑学生对知识的需求来对课程进行设计，这样现代教育技术才能够成为服务学生主动学习的重要手段。

3. 重视现代教育技术和传统教育方式的融合

现代教育技术能够将知识通过更加合理的方式让学生接受，在现代化教育中有着举足轻重的地位，但在教学活动中应用现代教育技术的同时不应当忽视传统教育方式。传统教育方式中教师的一言一行、动作表情，甚至在黑板上写的每一笔都融入了老师的自身情感，能够带动学生投入到知识的海洋中去，而这些主观的情感是现代教育技术这种客观技术所无法替代的。所以高等院校在教学活动中应当重视现代教育技术和传统教育理念的融合，寻找现代与传统的平衡点。

【主要参考文献】

[1] 李华，张立勇，石夏榕，等. 现代教育技术专业硕士知能课程体系构建研究[J]. 电化教育研究，2018(4):80－85.

[2] 蒋成. 网络及教育技术现代化背景下教师队伍建设的要求及对策[J]. 中国成人教育，2018(2):76－79.

[3] 宋宝玉，李旦，王娜君，等. 慕课与课堂教学融合的行动研究——以高校“现代教育技术”公共课为例[J]. 现代教育技术，2017(9):93－99.

[4] 徐福荫，黄慕雄，吴鹏泽，等. 创建教育硕士现代教育技术专业“六位一体”培养人才模式的研究与实践[J]. 电化教育研究，2017(1):115－121.

[5] 马文娟. 现代教育技术课程混合式教学设计研究[J]. 实验技术与管理，2018(1):35－37.

【作者简介】

席秋红(1978—)，沈阳建筑大学管理学院，助理研究员，硕士。

马婧婷(1988—)，沈阳建筑大学管理学院，助理研究员，硕士。

智能化与信息化教育技术在教学改革中的应用探究

马婧婷[1]

(1. 沈阳建筑大学管理学院)

【摘　要】 智能化与信息化教育技术能够有效激发学生的学习兴趣，提升建设类高等院校教学活动效率，是教学改革的重要环节，但是目前建设类高等院校在应用智能化与信息化教育技术的过程中存在很多问题亟待解决。本文在阐述智能化与信息化教育技术应用概况的基础上，分析目前国内建设类高等院校应用智能化与信息化教育技术存在的各种问题，并重点提出改进建议。

【关键词】 信息化；教育技术；教学改革

一、引言

随着科学技术的不断发展，智能化与信息化教育技术在建设类高等院校的教学改革和教学活动中的地位越来越重要。智能化与信息化教育技术与传统教育方式相比，能够把相对抽象枯燥的理论知识转化为生动有趣的图像、声音，有效激发学生的学习热情。同时增加了高等院校课堂上教师与学生互动的频率，促进了师生在教学活动中的相互合作，营造了良好的学习氛围。

二、智能化与信息化教育技术概述

1. 智能化与信息化教育技术的内涵

智能化与信息化教育技术的内涵主要有以下三点。

(1)智能化与信息化教育技术是教学活动中大量运用现代科学技术的教学方式，例如使用“互联网 +”“大数据”“虚拟现实技术”等当下热点科技内容。

(2)智能化与信息化教育技术需要结合具体的现代科技手段，重新对传统教材进行合理编写，对教学活动进行改善。对建设类高等院校学生在教学活动中的管理方法和对学生的激励手段也要结合智能化与信息化教育技术进行调整。

(3)智能化与信息化教育技术的目的是通过融入现代科学技术使传统的教学活动更加生动，提升建设类高等院校学生对知识的渴求，让学生更容易理解和掌握知识。

2. 智能化与信息化教育技术在建设类高等院校教学改革中的应用目的

在建设类高等院校传统教学活动中融入智能化与信息化教育技术，能够改进建设类高等院校的传统教学模式，使教学活动更生动有趣，学生能够参与到更充实的创造与实践过程中去。智能化与信息化教育技术能够提升建设类高等院校课堂活跃度，增加教师与学生间的互动，提升学生主动接受知识的意愿，师生双方在智能化与信息化教育技术的融合中取得更好教学活动效果。

三、智能化与信息化教育技术在建设类高等院校教学改革中的应用现状

智能化与信息化教育技术的不断发展，为建设类高等院校教学活动带来了很多改进，主要有以下三点。

1. 提升了学生学习的主观能动性

传统教学方式已经无法满足知识爆炸时代学生对学习模式的要求，而智能化与信息化教育技术能够运用现代科技手段，将知识点通过图片、影像、声音等方式展示给学生，这样就激发了学生的学习热情和对知识的好奇心，学生也更愿意主动去学习。智能化与信息化教育技术通过使用大数据技术，将大量的知识进行压缩整理，同时对大量样本下学生对知识的兴趣点进行数据挖掘分析，能够找到最适合建设类高等院校学生的教学活动方式，开发学生的创新能力、激发学生的学习热情，帮助学生对抽象的知识点全面掌握，从而提升教学活动效率。

2. 提升了教师的职业素养

传统教学活动中教师一般只使用教材、黑板、粉笔等工具进行知识传授，这样的教学方式与社会经济和科学技术的发展越来越脱节。同时因为受到教育技术的制约，很多建设类高等院校教师无法充分发挥自己的教学水平。随着智能化与信息化教育技术的发展，海量的知识可以在互联网中进行储存，并且不受时间和空间的制约，教师可以跳出传统的教学活动方式，利用智能化与信息化教育技术，提升教学活动的效率，也可以在互联网中学习其他教师的教育方法，不断提升自己的教学能力。

3. 促进了建设类高等院校教学改革

建设类高等院校传统教学活动的重点在于培养理论知识扎实和科研能力的“学者型”人才，为了培养具有创新思维和解决实际问题能力的“应用型”人才，建设类高等院校就需要引进智能化与信息化教育技术进行教学改革。智能化与信息化教育技术的应用，打破了传统教学理念的束缚，推进了建设类高等院校教学活动的改革，使建设类高等院校培养的人才能够有效满足社会需求。

尽管智能化与信息化教育技术对建设类高等院校教学活动的改进提供了很大帮助,但在具体应用过程中也存在一定的不足,主要有以下两点。

1. 形式主义,忽视教学活动本质

当智能化与信息化教育技术适度应用时,学生能够对智能化与信息化教育技术展现的知识有充足的时间进行思考,有精力在课堂上进行反馈,教师也可根据学生的表现对教学活动中使用的智能化与信息化教育技术方法进行调整。当智能化与信息化教育技术过度使用时,学生的注意力过多放在多媒体影像资料中,久而久之会出现惰性思维,没有精力将自身的教学活动体验及时反馈给教师;教师也会把大量的精力投入在教育技术的使用方法上,过度追求"高大上"的授课技巧,忽略了教育的本质。智能化与信息化教育技术的过度应用使学生的关注重点放在新颖的教学方式上、多媒体技术的精美图像上,忽视了知识点本身。最终过度使用的智能化与信息化教育技术会成为教学活动中的主体,将教师和学生作为客体从教学活动中割裂出去。

2. 过度追求技巧,忽视基础知识

合理运用智能化与信息化教育技术作为建设类高等院校教育活动的一种重要工具,其本质目的是辅助师生双方在教学活动中完成知识的传递,同时激发学生的学习兴趣和创新思维,能够为社会培养高素质应用型人才。如果过度使用智能化与信息化教育技术,教师与学生在教学活动中的精力可能会被大量占用,从而忽视了对基础知识的掌握。

四、智能化与信息化教育技术在建设类高等院校的应用建议

1. 转变智能化与信息化教育技术的应用模式

目前,国内部分建设类高等院校认为在校园内配备智能化与信息化教育技术的硬件就等同于开展了现代化教育,很多智能化与信息化教育技术设备并没有在建设类高等院校教学活动中得到充分应用,部分设备被搁置,部分教师不会使用或者不愿意使用智能化与信息化教育技术设备。

配备智能化与信息化教育技术的硬件设备只能证明高等院校具有智能化与信息化教育的硬件条件,并不能证明有使用智能化与信息化教育技术软件的实力。建设类高等院校应在教学活动中不断转变现代教育技术的应用模式,将智能化与信息化教育技术的"硬件"与教学活动中的"软件"(教师和学生)相结合,综合考虑教学活动中各个角色的特点,这样才能使智能化与信息化教育技术在教学活动中得到充分利用。

2. 树立智能化与信息化教育技术服务学生的理念

智能化与信息化教育技术为建设类高等院校教师提供了多样的教学模式，但在使用过程中未从学生需求的角度进行教学设计，只是通过智能化与信息化教育技术向学生灌输大量的知识，造成了"堆积式教学"的现象，学生在教学活动中的大量精力被智能化与信息化教育技术的过度使用牵扯，这就是智能化与信息化教育技术在建设类高等院校教学活动中应用的一个误区。智能化与信息化教育技术主要目的是激发学生的学习热情和对知识的好奇心，促进学生主动获取知识，而不是让学生被动地接受知识。智能化与信息化教育技术的使用应当以学生为中心，需树立以"学"为重、以"教"为辅的理念，充分考虑学生对知识的需求来对课程进行设计，这样智能化与信息化教育技术才能够成为服务学生主动学习的重要手段。

3. 重视智能化与信息化教育技术和传统教育方式的融合

智能化与信息化教育技术能够将知识通过更加合理的方式让学生容易接受，在现代化教育中有着举足轻重的地位，但在教学活动中应用智能化与信息化教育技术的同时不应当忽视传统教育方式。传统教育方式中教师的一言一行、动作表情，甚至在黑板上写的每一笔都融入了老师的自身情感，能够带动学生投入到知识的海洋中去，而这些主观的情感是智能化与信息化教育技术这种客观技术所无法替代的。所以建设类高等院校在教学活动中应当重视智能化与信息化教育技术和传统教育理念的融合，寻找现代与传统的平衡点。

【主要参考文献】

[1] 李华，张立勇，石夏榕，等. 现代教育技术专业硕士知能课程体系构建研究[J]. 电化教育研究，2018(4)：80－85.

[2] 蒋成. 网络及教育技术现代化背景下教师队伍建设的要求及对策[J]. 中国成人教育，2018(2)：76－79.

[3] 宋宝玉，李旦，王娜君，等. 慕课与课堂教学融合的行动研究——以高校"现代教育技术"公共课为例[J]. 智能化与信息化教育技术，2017(9)：93－99.

[4] 徐福荫，黄慕雄，吴鹏泽，等. 创建教育硕士现代教育技术专业"六位一体"培养人才模式的研究与实践[J]. 电化教育研究，2017(1)：115－121.

【作者简介】

马婧婷(1988—)，沈阳建筑大学管理学院，助理研究员，硕士。

新时代高校教学质量大数据评价体系探究

田晓曦[1]　刘振鹏[2]　彭宝权[3]

（1、2、3. 沈阳建筑大学教学质量管理与评价办公室）

【摘　要】 教育部发表了关于实施卓越教师培养计划2.0的意见。对于大学的教育质量评价，明确了“深化信息技术助推教育教学改革。推动人工智能、智慧学习环境等新技术与教师教育课程全方位融合，充分利用虚拟现实、增强现实和混合现实等，建设开发一批交互性、情境化的教师教育课程资源”。利用大数据、云计算等技术对课程的教学实施情况进行监测是迫切的任务。在大数据的背景下，“以学生为中心”和“以大数据为要素”构建大学教育质量评价体系。只有对大数据进行开发收集和充分运用，才能实现基于大数据的评价体系的变革。

【关键词】 大数据；卓越教师培养计划2.0；质量评价

一、引言

由于存在“没有科学的评价依据，评价水平比较单一，无法顺利地改善评价”等局限性，以往的大学的教育质量评价缺乏数据支持的“有效性”的判断，本文探讨从大量的数据中挖掘和挑选有关教育质量的相关信息，根据卓越教师培养计划2.0下的大学教育质量的数据评价系统构筑基本构想，探讨大数据收集的基本想法，针对大数据的运用路径进行探索。

二、总体思路

当前新时代高校教学质量大数据评价体系主要以学生为中心，以大数据作为依托，利用“大数据”作为客观依据，进行分析和研判，围绕提高学生能力，为学生设定适应的人才培养目标，提供相匹配的师资队伍和教学资源，调整最优培养过程，为以学生最终产出作为导向的教育过程提供技术支持和智力输出。

1. 以学生为中心

无论以何种方式作为技术基础，新时代高校教学质量大数据评价体系都应该始终以学生作为中心。新时代高校面临的是与教育相关的海量数据，而在海量数据中有目的、高效率地采集是新时代高校教学质量大数据评价的重点之一。唯有以学生为中心，作为数据选取、钻取、分析的方向，才能让数据分析不再迷茫和盲目。同时，学生是学校中一个话语权不是很大的群体，更应该在对大数据的采集中，高度重视学生。学生的成长成才是学校的立校之本。

以学生为中心是目前全球高等学校教育的一个趋势和理念。传统的以教师为中心的教育模式已经无法满足当今高度信息化和个体化的人工智能时代的发展。教授的知识只能是学生获取知识的一部分，越来越多的学生需要在高校的学习过程中学会如何独立进行自主学习和提高创新能力。填鸭式和满堂灌的教育理念已经无法适应新时代的教育趋势，更无法适应新时代社会对人才的需求，唯有以学生为中心，才能让学生在高校的教育过程中得到自身价值的实现和自身能力的提升。

2. 以大数据为要素

以往的教学质量评价大多数是以人工打分为主，即使有数据的累积，由于不同部门、不同年份也往往是被互相割裂开，没有形成数据和数据之间的沟通和链接，数据没有发挥它真正的价值，大数据技术的产生为高校复杂、动态、庞杂的数据体系提供了链接的可能。通过对高校各个教学环节之间的相互链接的数据选取和分析，可以揭示表层数据下的真正原因，可以发现两个看似不相关的数据之间的内在联系，从教学质量管理的多个环节，追本溯源，从本源上找到问题的原因，为教育决策提供技术支持。

三、大数据采集的基本思路

大数据采集是将分散的数据按照教育规律连接成系统的数据库。高校可以利用大数据对学生进行全方位、立体化的数据钻取和分析，利用动态数据跟踪进行实时改进，实时反馈教育成果。在对学生进行数据钻取和分析的过程中，对高校的教育教学质量进行客观画像，量化反映学校的教学质量。

利用大数据对来自招生就业处、人力资源部、教务处、学生处、质量管理与评价办公室以及各个二级学院的数据进行汇总，了解学生入校水平、任课教师风格和学生的匹配度、课程匹配度、专业匹配度、同学关系融洽度等全方位的数据。针对不同学生，提供专业的培养方案、教学过程。通过对学生学习过程数据的监控和分析，为学生提供优化学习、提高学习效率、提高学生能力的解决方案。建立以学生为中心的教学数据动态跟踪，优化针对不同学生群体的教育教学方式方法，通过数据的反馈，实现教育方式的最优化。通过对毕业结果数据的输出反馈，进行概率统计和预期,优化招生就业方向。

对大数据的采集和钻取可以从以下三个方面进行探究:

1. 纵向长时间跟踪

新时代高校教学质量大数据评价体系将着眼于时间上的长距离跟踪,跟踪学生从入校到毕业之后工作,也就是学生成才的整个过程。由于教育过程是一个长期而又复杂的过程,不能单从短期的结果评价教育活动的好坏,也不能把学生毕业之后考上了研究生、找到了高工资的工作就定义为教育的成功,更不能仅仅从学生的期末成绩定义教师的教课水平或者是学生的学习水平。大数据的纵向长时间跟踪针对的是整个教育过程中学生都经历了什么、得到了怎样的教育,在毕业后的几年甚至十几年,对他的影响如何。只有将他学习生涯中的全部过程:入学情况,以及受教育情况,以及毕业后的经历等因素综合在一起才是对他的全面评价,才能分析出他的学习收获。因此,任何在学习过程中,与学生最终学习产出有关系的数据都要作为大数据一部分进行分析。由于之前没有大数据的技术支持,条件限制了高校对学生各种相关信息的钻取和分析,仅凭人工无法完成对海量数据的客观存储和加工,而大数据的出现让这一愿景变成了现实。

2. 横向多角度

新时代高校教学质量大数据评价体系在数据的横向分析上可以分为三个层次,第一个层次是国家层次;第二个层次是学校层次;第三个层次是学生层次。国家层次关注社会的趋势和国家发展的方向、行业的走向。学校层次关注同类院校、省内其他高校以及本校对学生教育的影响。学生层次关注不同学生在不同的背景下不同的性格特质、不同的学习效果等诸多方面对学生最终学习成果的影响。

3. 大数据实时更新

新时代高校教学质量大数据评价体系有效运用大数据的实时性,对数据进行更新,各个部门在同一个数据平台下,将过去看似不可能的事情变为现实。以往的教学质量评价往往采取期末评教、教师自评互评、毕业生调查问卷等方式进行评价,最终结果只能反映某一时间段的教学质量评价,不能反映出学生在高校整个教育过程中获得的教育和收获,也无法判断出究竟哪个教学环节发挥了更重要的作用、哪个环节可以进一步优化。这种滞后性的评价,会影响诸如教材的更新程度、培养方式的多元化等等,即使得到了结果,对现在的学生发挥的作用也不是特别大,而大数据所具有的实时性可以解决以上这些问题,所有数据都将记录在学生成长的轨迹中,形成伴随学生学习生涯的记录,对学生日后的发展进行预测和优化。

四、大数据运用的途径

新时代高校教学质量大数据评价体系的运用将充分发挥大数据的优势，在数据整合、交叉对比、个性化培养、分工负责、持续改进等方面发挥特有的优势。

1.多维数据整合

大数据不仅仅是包含的信息量大，也蕴含了巨大的价值，价值的发挥在于对不同数据源的充分整合利用。例如，将学生的出勤情况、答题情况、作业完成度、教师评学情况、督导专家听课情况进行整合，当以上的多数数据都凸显某一名同学的相关数值较低时，系统就可以自动识别出来，数据自动传递给教师和学生本人，从而进行相关的学业预警和学习干预，保证了学生的学习质量，做到了有的放矢，授课教师提高了工作效率。再比如，将学生的数据和学生的专业教育、就业指导、班级的学风建设指标进行整合，就可以得出该校这个专业造成学生对专业认同度低的主要原因，该方法同样可以用在对留级、降级、退学、休学同学的分析上，同样可以得出相关原因。还有，数据的整合还可以提高不同教师的授课水平，将学生的学习成绩和学生的笔记完成度、学生参与课堂讨论的频繁度、学生对课程的喜欢程度、学生对课程安排的接受度等信息进行整合，就可以得到适合该教师的教学方法和讲授的课程。新时代高校教学质量大数据评价体系的建立让教学质量管理不再成为批评和检查，更让教师获得了自己的职业幸福感和能力的提升。

2.个体与群体的交叉比对

针对不同层次的数据进行交叉对比。针对同一个影响学生教学效果的因素，进行学校和国家层次的对比，以及与同类院校的对比。在所有可能影响学生学习效果的因素都完成对比后，比较不同因素在个体和群体中的差异程度，比如影响的频率、强度，最终确定影响本校学生学习效果的因素。然后，针对这一因素进行信息钻取，继续进行个体和群体的交叉对比，进行因素的精细化分。最终，寻求到影响本校学生学习效果的因素和相关的策略。大数据的技术使得模糊的教学问题变得具体化和清晰化。

3.打造学生个性化培养

伴随着在大数据的数据库中即时地调取和存储数据可以实现学生的个性化培养。教师通过大数据的前期预测和分析，和学生共同确定课程目标。针对课程目标的实现要求，进行量化评价。通过大数据对学生进行过程考核可以采用以下方式：课堂提问、作业、测试、调研报告、分组讨论结果、论文、演讲、学生自我评测、期末测试等等，将所有数据进行累计作为学生的最终结果，并在这一过程中随时发现这名学生在哪个环节需要提升、在哪些方面比较擅长，做到随时检测，随时定位。学生可以自觉反馈，并依据大数据的客观反映得知自己的学习状态和努力方向。通过大数据了解学生在认知水平、能力掌握、学习态度和学习行为方面的数据。人脸识别技术，可以在课堂上随时对学生是否掌握了该门课程进行微表情分析，同步反馈给授课教师，授课教师可以针对不同同学的学习进度调整教学方案。

五、大数据评价体系的保障要素

1.分工负责大数据分析

教学质量管理大数据作为高校的重要数据流，在高校决策和管理过程中起到智囊的作用，需要高校对全校所有数据流进行收集、钻取、分析、反馈。庞大的数据流需要高校各个部门各司其职，形成数据的持续循环。全校所有数据流的归类由校长办公室牵头，对数据内容进行规范化，分类统筹；数据技术层面的运营维护由网络中心牵头；数据收集由招生就业处和学生处牵头，各职能部门和各二级学院配合；数据分析由质量管理与评价办公室牵头，教学运行方面数据的反馈由教务处和学生处进行；教学培养目标的数据反馈由发展规划处牵头；教师队伍的数据反馈由人力资源处牵头。

2.大数据的标准化和规范化

不标准、不规范的数据无法在大数据质量管理系统中运行，需要对数据源头进行核实校验，保证数据来源一致、标准一致。对于不一致的数据进行优先级匹配，留存较高级数据并进行预警。数据存储采用多级存储，减少压力。建立数据标准制度和体系，由专人负责。对于历史遗留数据进行标准化和归一化处理，保持历史数据的连贯性。

3.数据的真实性

当大数据作为学校教学质量评价的依据之后，数据的真实性自然就会引起人们的重视，为了规避责任就有可能出现数据造假的情况，为了获得更好的评价就有可能编造数据。这种情况下，就需要对数据的真实性进行校验。对于错误的数据即使再准确的分析也无法发挥它的作用，甚至会把人们引入误区。因此，就需要不但对数据进行多方核验，更重要的是要记录过程数据，过程数据量越大，造假的成本就越高。数据维度越多，数据越透明，数据的公平性就越高。

【主要参考文献】

[1] 钱铭，汪霞.美国公立大学通识教育课程嵌入式评价[J].现代教育管理，2013(11)：109－114.

[2] 姜强,赵蔚,王朋娇,等.基于大数据的个性化自适应在线学习分析模型及实现[J].中国电化教育,2015(1):85-92.
[3] 胡乐乐.论国际视野中的“大数据与教育”[J].比较教育研究,2015(7):70-77.
[4] 吴岩.新理念、新标准、新文化、高质量做好审核评估[R].北京:教育部评估中心审核评估培训研讨会,2016.

【作者简介】

田晓曦(1987—),沈阳建筑大学教学质量管理与评价办公室教育质量科科长,助理研究员。

刘振鹏(1981—),沈阳建筑大学教学质量管理与评价办公室教育质量科副处长,讲师。

彭宝权(1973—),沈阳建筑大学教学质量管理与评价办公室教育质量科科长,助理研究员。

建设工程课程 SPOC 教学设计
——基于虚拟仿真技术

赵愈[1]　李惠玲[2]
(1、2. 沈阳建筑大学管理学院)

【摘　要】 建设工程课程是学习实践技术的课程,传统的实体课堂和网络课堂教学,无法适应建设工程发展的新颖性、快速增长、连贯性、模糊性与不确定性的特征。该文认为虚实结合的SPOC 教学模式能够为建设工程课程提供有效的学习平台。文中阐述了 SPOC 的发展过程,及其与虚拟仿真技术和建设工程课程的关系;提出了基于仿真技术的建设工程课程 SPOC 教学设计方法,教师在实体课堂进行"翻转课堂"教学,学生在 SPOC 平台上完成"虚拟课堂"学习,并在虚拟情景中完成模拟实验,虚实结合的 SPOC 教学有助于建设工程课程的深度学习。

【关键词】 建设工程课程;SPOC;仿真;翻转课堂;教学设计

一、引言

1. 从 MOOC 到 SPOC

2012 年"大规模开放在线课程"(Massive Open Online Courses, MOOC 或"慕课")由美国伯克利大学福克斯教授提出,MOOC 是基于课程与教育论及网络和移动智能技术发展起来的新兴在线课程形式。MOOC 带来了全新的教与学的理念,开启了"互联网 +"的新教育模式。随着 MOOC 在国内外的不断实践,其弊端也显现出来,主要表现为注册率高、完成率低,许多 MOOC 没有脱离传统的在线教育的教学理念。因此国外名校哈佛大学、加州大学伯克利分校等提出了 SPOC 教学模式。

"小规模限制性在线课程"(Small Private Online Course, SPOC),通常被称为"私播课"或"翻转课堂"。SPOC 采用与 MOOC 相同的技术平台,但是不同的教学手段,教学对象是实际注册的在校学生,教学任务是教授学生在校学习的相应课程。SPOC 具有 MOOC 不具备的明显优势,不仅学生人数少,还可以线上、线下混合教学,学生自由安排学习。通过线上学习、线下讨论的方式,教师可以跟踪学生的学习行为，管理学生的学习过程，有利于提高学生自主学习的能力，保证学习效果。教师的作用是整合课程资源，提供学习内容，教师不再只是视频讲座的主讲人，而是整个课程的管理者。实体课堂上，教师可以“翻转课堂”，提出问题，组织学生分组研讨，为学生提供专门的指导，共同解决遇到的典型问题。SPOC 是一种新的教学模式，能够激发教学热情，提高课堂活力。

2. SPOC 与虚拟仿真

现阶段计算机性能已经大幅度地提升，虚拟现实技术和现实增强技术得到了迅猛发展，在航空航天、人工智能、医疗、卫生、教育等领域广泛应用，仿真技术在教学和科研工作中逐渐发挥巨大的作用。SPOC 使教师更多地关注在校学生，强调学生要进行深入的学习体验，SPOC 可以为学生定制课程，课程的准入条件和学生规模都有一定的限制，更适用于小型的在线课堂。大规模的 MOOC 模式缺少浸润式学习体验，而对 SPOC 课程内容进行虚拟仿真，能够提供专业性更强的高质量课程资源，增进学生对课程的完整体验，尽可能地使稀缺资源发挥最大的效力。SPOC 的课程资源有多种表现形式，包括文本、表格、图片，以及漫画、动画、音频、视频等形式，资源内容也从课内延伸到课外，涵盖整个知识体系。仿真模拟产生了一种新兴的 SPOC 课程资源，虚拟仿真以声音、动画漫游相结合的形式，清晰地展示出课程内容，还可以知识点为单位制作短小的视频资料，方便学生进行碎片化学习。基于虚拟技术的交互仿真模拟教学体验还能够从经济层面上节约教学成本，减少了学习过程中的外出组织协调，节约了人力资源和物资资源。学生在虚拟情景中体会真实的实践场景，更深入地理解专业知识，使 SPOC 课程更容易开展。利用虚拟仿真技术实现 SPOC 课程的开展，一方面课程资源能够转化为面向校内学生的 SPOC 课程；另一方面现有的仿真技术能够准确地模拟教学中的实践环节，适应建设工程课程较强的专业性。

二、教学设计

1. SPOC 平台

工程技术的学习过程是将理论知识与实际应用相互结合的过程，虚实结合的建设工程课程 SPOC 教学设计可以触发有效学习的动因。利用虚拟技术建设 SPOC 平台，需要设置教师端和学生端。教师端的主要功能是完成训练、下达考核任务，评价和查阅考核结果。在教师端需要划分适合学生在线学习和教师课堂讲授的内容；教师还要设计课堂讨论的组织形式，如何对学生进行评价；提出的讨论主题要围绕建设工程技术的核心内容，促进学生提升学习新知识的能力。学生端分为控制端和虚拟端，主要功能是自主或根据教师的命令下达的训练任务，通过控制端虚拟控制台发送指令到虚拟仿真软件进行实时控制，以完成所有任务的操作。在学生端需要安排好课堂讲授与在线学习的衔接，合理利用在线论坛进行交流，布置在线自测练习和作业。

SPOC 学习平台可根据学习者个体的情绪状态进行适应性干预、自动推送合适的学习活动或资源以满足不同个体的学习需求，从而提高学习者的积极情绪体验，使其学习兴趣及主观能动性得到充分发挥。构建基于仿真系统的建设工程课程 SPOC 教学平台，需要完整的教学设计，为制订学生个性化培养计划提供依据，还要结合建设工程技术的发展方向，修订专业培养方案，完善理论课程和实践课程的内容整合，使课程体系和教学内容与毕业要求统一。

2. 教学环节

建设工程课程的 SPOC 教学模式更宜于“翻转课堂”，学生可以自主探索新知识与新技术，培养学生的思考能力，激发学生的创造性。建设工程课程的“翻转课堂”不能只是简单地将传统课堂上的授课内容放到网络课堂中，需要精心地组织教学内容，对以往的知识体系重新进行梳理，突出建设工程技术的科学性与时代性。建设工程课程的 SPOC 翻转课堂模式在设计之初要综合考虑学生的课业负担，由于建设工程技术具有模糊性和不确定性的特征，建设工程课程的发展并不是很充分，在教学过程中，教师应及时了解学习者的情绪变化，并采取相应的交互式教学策略引导学习者进行深入的协作学习和探究式学习。

虚实结合的建设工程课程 SPOC 教学模式实施流程见图 1。整个教学流程分为“课前导学”“翻转教学”和“课后交流”三个环节。“课前导学”和“课后交流”在 SPOC 平台上的虚拟课堂中进行，“翻转教学”在实体课堂中完成。“课前导学”是在基于仿真技术的 SPOC 平台上进行的在线学习，包括自由观看教学视频，教师强调重点，学生进行仿真模拟实验。“翻转教学”有别于传统教学模式的实体课堂，教师在“翻转教学”环节不再是唯一的“主角”，学生利用“虚拟课堂”所学到的新知识进行分组讨论，教师更多的是引导课堂讨论的方向和答疑解惑。教师能够通过学生的课堂表现，判断学生对建设工程课程内容的掌握情况，因人而异地进行个性化指导，所以学生是“翻转教学”的中心。在虚实结合的 SPOC 平台上，学生不仅可以在“课后交流”环节在线完成自测练习和作业，还可以在虚拟环境下进行建设工程技术的模拟实操，进一步巩固加深对课程内容的理解，教师在 SPOC 平台的教师端，结合学生在“翻转教学”环节的表现进行综合评定。

“课前导学”“翻转教学”和“课后交流”三个环节虚实结合，“翻转教学”环节是流程中的“实”的部分，学生在实体课堂上进行小组讨论或演讲，培养学生自我表现能力，通过“翻转教学”迫使学生独立思考，并能够清晰地表达问题。教师也可以根据学生自身情况，提供个性化服务，因材施教。“课前导学”和“课后交流”是流程中的“虚”的部分，学生要想在“翻转教学”环节有良好的发挥，就要在 SPOC 平台的学生端进行充分的课前学习，课后进行在线自测和论坛交流，巩固学习成果。

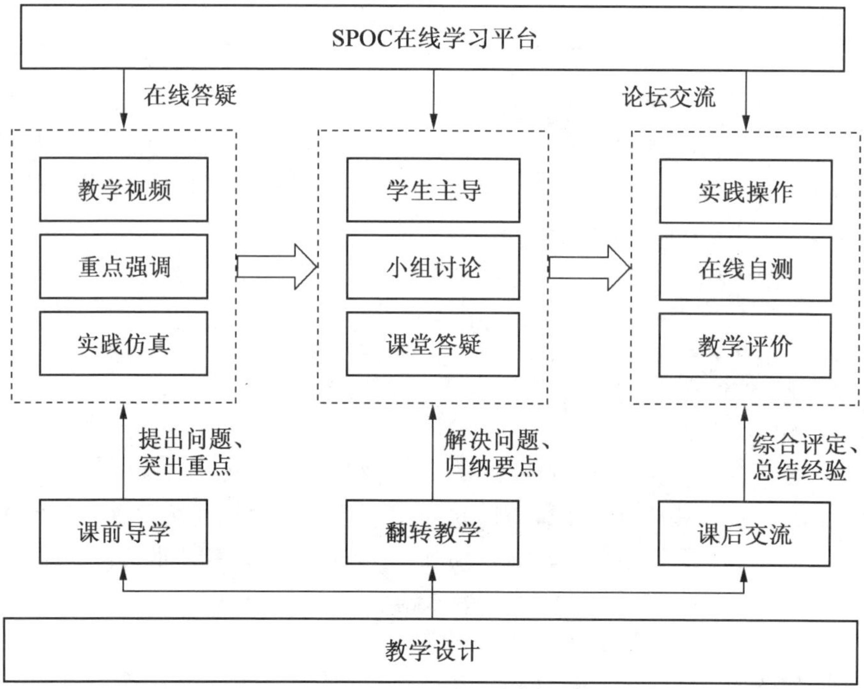

图 1　虚实结合的建设工程课程 SPOC 教学模式实施流程

3. 实施要点

虚实结合的建设工程课程 SPOC 教学模式实施流程按照“课前导学”“翻转教学”和“课后交流”三个环节依次进行，各环节教学设计的目标分别是提出问题、突出重点，解决问题、归纳要点，综合评定、总结经验。具体的实施要点如下：

(1)合理制订教学方案。建设工程课程的教学设计是学生能力素质培养和指导学生就业的基础，教师要在了解教学设计的基础上，运用课程的设计策略来进行课程设计，优先搭建课程主体框架，教师团队结合平台情况并根据课程安排、课程要求及授课时间，在实践中不断调整设计方案，持续推进课程建设。虚实结合的 SPOC 教学模式，在设计之初就将教学内容和社会需求相联系，将建设工程理论知识和技能学习同实践相结合，使学生的综合素质与专业技能能够适应知识体系演变与社会发展。

(2)实施可视化教学，构建虚拟仿真情境。为保证教学质量满足社会对建设工程技术人才的需要,实施可视化的 SPOC 教学,制作可视化电子教材,利用仿真技术的可视化教学体系增强实践教学的灵活多样性,有助于学生进一步深度学习。建设工程课程的学习脱离不了真实情境。对学生来说,除了专业实习之外,很少有机会接触真实的操作现场,这使学生很少有运用建设工程技术的机会,降低了学习能动性。深入学习阶段,实施可视化教学,突出任务情境对深度学习具有重要意义。因此,构建虚拟仿真的建设工程课程发生情境是有效深度学习的前提。

(3)结合实际进行理论知识和技能的系统整合。基于仿真技术的 SPOC 教学平台,可以以实体比例构造虚拟模型,利用计算机辅助模拟的方式,将建设工程技术的实际操作与理论知识进行系统的整合,形成完整的建设工程课程体系。通过感性认识与理性认识结合,缩短学生的认知时间,激发学习兴趣,还可以使学生了解到前沿技术的发展趋势,提升学生的思考和创新能力。

(4)加强课内教学和课外实践教学的整合。建设工程课程采用虚拟仿真技术,降低了实验成本,学习过程中可以反复实践,建设工程技术的学习过程要加大综合性、设计性实操比例,在实习、课程设计、毕业论文环节对学生进行综合训练,把学生培养成为综合型人才。

三、教学评价

建设工程课程的教学目的是掌握课程知识,灵活运用建设工程技术,培养学生学习建设工程技术的能力。教学效果的评价需要客观反映学生的综合素质,评价体系涉及学习者的表达能力、合作能力、学习能力等多个角度。教师可以利用 SPOC 平台,将学生的作业或作品放到网络课堂上分享,全体同学在线讨论,相互观摩学习。教师对作品线上点评,促进学生反思学习过程,正确评价学习结果,这样可以激发学生深度思考问题,培养反向思维能力。教师在 SPOC 平台教师端制作考试试卷、在线测试、在线阅卷,还可以检查学生仿真实验的成果,对每个学生的学习效果及时进行测评。通过 SPOC 平台教师还可以了解学生的学习过程,记录学生的在线时长,查阅学生的发言内容,从而熟悉每个学生的学习特点,了解其个性需求,发现学生有异常学习情况及时干预提醒,并根据学生的反馈和学习效果,及时改进课堂教学方式,调整教学进度。

四、结语

随着科技不断进步,各种建设工程技术层出不穷,迅猛发展,针对建设工程技术的新兴课程的有效学习成为现阶段教育的难点,实体课堂及传统网络课堂的教学机制,无法适应建设工程课程内容的新颖性。与传统课堂教学相比,虚实结合的 SPOC 教学更容易激发学生自主交互学习的热情,更适合于建设工程课程的教学。

在建设工程课程教学中,教师应该充分利用 SPOC 的教学功能,创新教学模式,推动教学改革。虚实结合的建设工程课程教学设计,第一个环节应建立课程资源,结合装配式建筑仿真系统上传教学资源,配合授课计划定期发布学习任务,进行“课前导学”,要求学生课前在线上观看视频、模拟相关技术实验;第二个环节引导学生在实体课堂内完成“翻转教学”,组织小组讨论、答疑解惑;第三个环节是“课后交流”,要求学生线上完成自我测试和作业,并在虚拟情景中完成模拟实验,教师对学习效果进行评价。成熟的建设工程课程 SPOC 平台还需要根据学生的学习情况动态地调整培养计划,不断完善课程体系。

【主要参考文献】

[1] 康叶钦. 在线教育的“后 MOOC 时代”SPOC 解析[J]. 清华大学教育研究,2014(1):85-93.

[2] 赵宏,郑勤华,陈丽. 中国 MOOCs 建设与发展研究:现状与反思[J]. 中国远程教育,2017(11):55-62.

[3] 吕静静. 开放大学混合式教学新内涵探究——基于 SPOC 的启示[J]. 远程教育杂志,2015(3):72-81.

[4] Malik Hussain. Online leaning: MOOC challenges and success factors [EB/OL]. http://www.onlineeconomy.org/online-learning-moocchallenges and-success-factors, 2013.

[5] 刘智,杨重阳,彭晛,等. SPOC 论坛互动中学习者情绪特征及其与学习效果的关系研究[J]. 中国电化教育, 2018(4):102-110.

【作者简介】

赵愈(1978—),沈阳建筑大学管理学院,讲师。

李惠玲(1961—),沈阳建筑大学管理学院,教授。

“模块化教学法”在高校教学中的应用研究

杜冰[1]　姜迎[2]
(1. 沈阳建筑大学管理学院;2. 沈阳建筑大学人力资源处)

【摘　要】“模块化教学法”的开展能有效提高学生的动手能力和解决实际问题的能力,是培养应用型人才的有效方法。“模块化教学法”普遍存在教学目标不一致、所选教材不合适、教师素质不过关、学习热情不高涨等问题。“模块化教学法”的构建首先需要明确的教学目标,其次要在“教”与“学”之间平衡关系,以达到激发学生的学习兴趣的目的。

【关键词】模块化教学法;教学;应用

一、引言

高等教育作为培养人才的主要途径,其培养模式直接影响到人才的素质与能力。随着经济的高速发展,对人才的实践应用能力提出了更高的要求,改变高校原有的培养模式已经成为迫在眉睫的任务。“模块化教学法”起源于欧美,德国在这方面的成果比较显著,德国劳动力市场中的绝大多数社会工作者、社会教育工作者、工程师、企业经济学家和计算机信息技术人员的培养来自“模块化教学法”。我国高等教育在从“精英教育”向“大众教育”的转变过程中,培养模式从“研究型”向“应用型”的转变是关键,构建模块化教学体系是必然选择。

二、高校实施“模块化教学法”的必要性

工业生产是应用模块理论的领先领域,其主要方式是将类似功能的工具整合为同一模块,实现其整体功能大于部分之和的目的。模块化理念在教学中的应用经过一段时间的沉淀后被广泛付诸实践,其具体实施依赖于不同模块的搭配与组合,使课程设置更加合理、系统和一体。早期在职业教育中应用“模块化教学法”时,出发的角度是职业岗位的规律、需求以及其工作规范,侧重点在于如何提高学生的职业岗位工作能力和基础通用能力,其目的是为学生的职业生涯设计做好准备。

从发达国家的高等教育的发展轨迹来看,其高等教育是从"精英教育"向"大众教育"转变,从追求科学卓越转变为高等教育机会均等,人才培养的社会责任不断增强。高等教育需求的多元化敦促高等教育在培养目标和组织模式方面与时俱进,实时变化。伴随着《波洛尼亚宣言》的颁布,德国的模块化教学成为欧洲高等教育一体化体系的标杆,这一教学理念的实施在德国汉诺威应用科学大学中体现得淋漓尽致。德国汉诺威应用科学大学从教学环节、课程设置、教学内容、教学组织到教学评价实施全过程的"模块化教学",从而实现了培养"应用型"人才的目标。我国高等教育可以以德国汉诺威应用科学大学为范例实现"模块化教学法"的体系构建。

模块化教学在国外的代表流派主要有两个:一是模块式技能培训(Modules of Employable Skills,以下简称"MES"),它的提出者是国际劳工组织,教学模块的确定依据是具体职业岗位任务,教学模块的实施以实际工作的完成顺序为标准。二是能力本位教育(Competency Based Education,以下简称"CBE"),它在美国和加拿大更为流行,其具体实施依据是学生的知行能力,教学活动的目的是培养学生从事某种职业应当具备的认知、活动能力。

20 世纪 90 年代初,模块化教学方法被引入中国,并广泛应用于高职高专或专业技术学校。"模块化教学法"的首要任务是将教学内容进行模块化处理,将某一学科的系统知识分解为若干个模块,按照模块的内在逻辑进行排列组合,对不同能力和水平的学生进行分层次教学,实现因材施教、提高能力的教学目的。"模块化教学"根据不同学生的情况灵活教学,学生根据自己的兴趣和爱好选择适合自己的模块组合,增强学习的针对性,刺激了学生的学习兴趣,改变了传统教学固定的教学顺序和模式,使学生更容易将理论知识和实践应用结合起来,实现教学体系从知识输入向知识输出的转变。

根据对全国教育事业发展情况的统计,2018 年高等教育毛入学率达到 48.1%,高等教育已然从大众化阶段进入普及化阶段。2018 年我国包括独立学院在内的普通高校一共有 2663 所,其中本科院校有 1245 所,高职(专科)院校有 1418 所,各种形式的高等教育在学总规模达到 3 833 万人。2018 年我国普通本专科招生 790.99 万人,比 2017 年增长了 3.87%,其中本科招生 422.16 万人,比 2017 年增长了 2.78%,普通专科招生 368.83 万人,比 2017 年增长了 5.16%。

在这种形势下,普通高等学校需要根据自身的发展阶段进行分层次教学,地方性和专业性大学完全可以将职业化教育作为未来的发展方向。此外,中国技术工人的素质和水平直接决定了"中国制造"向"中国创造"的转型历程。"模块化教学法"在普通高等教育中的普遍开展不仅能够提高学生的动手能力,还能帮助学生有效解决实际工作中出现的问题。

三、“模块化教学法”在高校中实施的现状

目前,“模块化教学法”主要应用于高职高专或一些专业技术学校,普通高校运用“模块化教学法”的比例不大,而且大多集中于诸如物理、电工学等基础课课程中,普及度不高。由于我国高校教育体制存在的各种限制,“模块化教学法”在普通高校实施的过程中问题颇多。

1. 教学目标不一致

“模块化教学法”倾向于专业化和职业化培养,普通高校的教学目标大多定位于高级人才和综合素质的培养,教学计划中的大部分时间被公共必修课程占用,过于宽泛的教学内容不适用于“模块化教学法”,教学目标的不一致导致无法有效安排“模块化教学法”的进行。

2. 所选教材不合适

“模块化教学法”顺利实施的必要前提是所选教材的针对性,目前我国普通高校大多使用两类教材:一种是国家或省级的规划教材,另一种是教师所在院校的自编教材,这两类教材或者在内容的难易程度上不一致,或者在质量上参差不齐,这些都不太适用于开展“模块化教学法”。普通高校的现状是基本理论知识体系和相关专业实践知识体系有效融合的教材还比较匮乏。

3. 教师素质不过关

一般来说,“模块化教学法”的教学工作的承担者还是院校的相关院系,教师也还是原来的教师,这些教师虽然教学经验十分丰富,但教学方式并没有根据新的教学目标进行改变。普通高校的教师在科研和教学方面的任务都比较重,很难投入大量的时间和精力进行“模块化教学法”的学习和钻研。相对而言,校外人员普遍具有丰富的模块化教学经验,但是在现有体制下这部分人员却很难进入校园进行教学活动。

4. 学习热情不高涨

由于各种主观和客观原因,很多学生仍然处于“以考试为目标,以文凭为目的”的状态,缺乏“提出问题、分析问题和解决问题”的积极性。“模块化教学法”的单一形式也会对学生的学习兴趣产生一定的负面作用。

四、“模块化教学法”的构建

德国应用科学大学的人才培养模式和教学体系非常成功,值得我们借鉴和吸收,但一味地移植和照搬只能令我们的模块化教学体系停留在概念化和模式化的阶段,从而使我们的教学改革走进同一化和标签化的误区。根据我国普通高校分类、分层次人才培养的需要,“模块化教学法”应作为一种新的教学模式广泛适用于应用型培养模式的大学。高校应根据自己院校所处的类别和层次量身定位，从教学目标的定位、教材选用和师资队伍建设等方面进行“模块化教学法”实施的新探索。

1.“模块化教学法”目标的确立

“模块化教学法”的教学目标是培养兼具专业知识和实践能力的应用型人才，传统的教学目标是培养知识型人才，因此“模块化教学法”的教学目标更注重知识、能力和素质的协调发展。构建模块化教学体系的核心目标是专业能力的培养，这与经济社会的现实需要相辅相成，是不由教育者和学习者的主观意志决定的。了解本专业在实际中的供需现状是构建模块化教学体系的前提，这样才能使学生学有所用，供需均衡，为社会提供真正意义上的人才。

具体而言，每一专业“模块化教学法”体系的构建者必须对本专业的教学体系非常熟悉，清楚掌握本专业人才的供需现状，这样才能在专业发展与教学计划发生偏离时及时进行修正，对原有课程进行整合，在此基础上构建“模块化教学法”体系。

各高校应根据自己院校不同专业的办学定位和特色制定教学目标，加强对“模块化教学法”的重视程度。学校可以对学院的资源进行整合，实行“模块化教学法”的专业班级实施统一管理和教学，以实现教学效果的优化和升级。

2.“教”与“学”关系的平衡

模块化教学体系的教学理念是培养应用型人才，应用型人才的显著特征就是具备能力输出的能力，传统的教学模式无法有效培养学生的这种能力。在模块化教学体系中，教师对实践环节的重视程度必须提高起来，教师不再是教学主导者，而是学生的引领者。在整个学习过程中，科学增加社会实践和自学比例，使学生能够在课堂讲授、课下自学和专业实践的综合作用下实现知识、能力和素质综合水平的提高。在安排模块的顺序与组合时，教师必须衡量知识、能力和素质三方面模块的权重关系，这样既能使学生掌握基本的理论知识，又能提高自身的实践能力。

注重师资培训是模块化教学体系构建的关键。各普通高校应注重培训和引进适应“模块化教学法”要求的师资力量，可以通过多种方式拓宽教师视野，比如外出学习、实习或培训等，为“模块化教学法”改革的水平得到大幅度提升提供必要的师资保障。此外，可以聘请外部专家，或者与科研院所合作，通过建立联合培养机制的方式解决“模块化教学法”专业教师缺乏的问题。

改革相关教材的编写立项。在政策上支持“模块化教学法”相关教材的编写立项，鼓励教师多多参与，调动教师的积极性。在使用教材的过程中，及时收集和整理各种问题和意见，以便教材在重新修订和更新的过程中进行提高和完善，以便加强“模块化教学法”教材的针对性。

3. 学生学习兴趣的激发

教师应因地制宜地设计一些与“模块化教学法”相适应的环节,教师在教学任务的选取、教学内容的构思、教学讨论的开展等诸多方面激发学生的学习兴趣,在教学任务的设计中将基本知识技能和情感态度和价值观进行有效的融合。

此外,评价方式的改变势在必行。传统的教学体系对学生的评价主要通过考试、作业和提问等方式,根据分数的高低、答案的对错来判断学生的优劣。这种评价方式能够在一定程度上反映学生的成绩优劣,但其弊端在于只看重结果,而忽视了过程。孔子曾说过“知之者不如好知者,好知者不如乐知者”。这种评价方式对于激发学生的学习兴趣是不利的。模块化教学体系必须改变这种传统的评价体系,从不同的方面以灵活多样的形式评价学生,激发学生学习的热情。

【主要参考文献】

[1] 宿静瑶,汪木兰,曹雪虹,等. 德中应用型高校机械类本科专业模块化教学体系的比较研究[J]. 中国现代教育装备,2013(19).

[2] 徐理勤,赵东福,顾建民. 从德国汉诺威应用科学大学模块化教学改革看学生能力的培养[J]. 高教探索,2008(3).

[3] 祺瑶. 教育部:高等教育毛入学率达 48.1% 即将进入普及化阶段[N]. 北京晚报,2019-02-26.

[4] 颜黎光. 论我国高等教育国际化与创新人才培养[J]. 中国成人教育,2013(13).

[5] 孔子. 论语[M]. 北京:中华书局. 1998.

【基金项目】

移动智能终端在高校教学过程中的应用模式研究,辽宁省教育厅科学规划课题,2017 年,课题编号:JG17DB432。

【作者简介】

杜冰(1976—),沈阳建筑大学管理学院,讲师,西方经济学博士(后),研究方向:经济学、房地产经济学。

姜迎(1981—),沈阳建筑大学人力资源处助理研究员,硕士研究生,研究方向:人力资源管理。

建设类高等院校实践教学建设探索

马婧婷[1] 左宇希[2]
(1.沈阳建筑大学管理学院;2.沈阳建筑大学教务处)

【摘 要】 建设类高等院校实践教学建设是为经济发展转型期的中国建设行业提供高素质创新型人才的重要一环,然而目前建设类高等院校在实践教学建设过程中存在很多问题亟待解决。本文在阐述建设类高等院校实践教学建设目的的基础上,着重分析当前建设类高等院校在实践教学建设中存在的各类问题,并重点提出加强实践教学建设的建议。

【关键词】 实践教学;问题;建议

一、引言

对建设类高等院校学生应当以适应就业为目标进行教学活动的开展,并根据就业岗位对人才的实际需求进行重点培养。与国际知名建设类高校相比较,我国建设类高等院校实践教学建设水平存在一定不足,难以满足建设类企业对人才的需求。因此建设类高等院校应当加快解决实践教学建设和学生在实际岗位上的工作能力培养的问题的步伐。

二、建设类高等院校开展实践教学建设的目的

1.为社会培养具有创新思维和创新技能的建设类人才

建设类高等院校应当使学生掌握较强的创新知识和技能。而实践教学是培养学生创新能力和实际工作能力的重要环节,学生在实践教学环节中能够接触到理论教学环节中无法见识到的内容,并且能够真正做到学以致用和独立自主思考问题,只有实践教学建设的水平有所提升,我国建设类高等院校毕业生的创新能力和

实际工作能力才能得到提升。

2. 有效促进建设类高等院校教学改革

建设类高等院校教学改革的目的是适应社会对人才的实际需求，而加强实践教学建设能够有效促进建设类高等院校开展教学改革。传统的建设类高等院校教育着重于理论教学和研究，重在培养学生的理论知识，这就造成高校毕业生在毕业后与社会存在一定程度的脱节，无法立刻适应实际工作中遇到的各种问题。加强实践教学建设，能够打破传统教学理念的束缚，推进建设类高等院校教学活动不断适应社会需求，提升教师队伍的活力和学生参与到实践活动的积极性，最终使高校教学改革的目的与社会需求相匹配。

三、建设类高等院校实践教学建设存在的问题

1. 对实践教学建设的重要性认知不足

近年来，尽管我国对建设类高等院校的实践教学建设提出了很多建议，同时企业也对人才的能力提出了很多需求，国家形成了相关文件传达至各建设类高等院校，但在实际的落实过程中遇到了很多问题。例如，部分建设类高等院校没有从意识形态上对实践教学进行重视，在制定实践教学的相关政策时也没有认真结合自身的特色与学生的实际就业情况，这样的实践教学开展对使人才培养适应就业岗位需求的最终目标缺少足够的作用，相应也没有对实践教学建设投入足够的资金对所需的软、硬件条件进行改善。部分建设类高等院校虽然对实践教学投入了足够的资金进行实践教学硬件条件的改善，但是这些建设类高等院校对教育的研究重点仍停留在理论教学的层面上，对实践教学的研究不充分，这就导致实践教学无法满足社会对人才实际应用能力和创新能力的需求。

2. 实践教学环节内容陈旧

目前我国建设类高等院校对实践教学的设计主要有实习、实验、课程设计等内容。实习这一实践教学的开展往往受限于实习地点的软硬件条件，并且建设类高等院校对于实习目的和任务认识不足，通常不能取得良好的人才培养效果。建设类高等院校对于实验课程的开展往往集中于一些传统且经典的实验项目上，虽然一定程度上培养了学生的动手能力，但是与现代科学技术的一些创新理念有所脱节，实验内容多为验证性，缺少能够培养学生创新思维的设计性和综合性实验教学。学生在实验开展的过程中比较被动，通常按照任课教师的口头指导或者实验指导书上的内容流程化、模式化地完成固定内容，缺少对实验的独立思考和创新性设计，这就造成实验教学无法达到实践教学建设的最终目的。课程设计这一环节通常由指导教师指定题目，课程设计内容较为陈旧，同时学生在这一环节过多地参考了老师和学长的研究内容，缺少独立自主的创新实践过程。

3. 实践教学团队的能力不足

实践教学团队的能力不足主要体现在实验这一环节上。高校实验课程教学的团队存在人员稳定性不足、层次结构不合理等问题。高校实验室的教工通常被归为教学辅助人员序列，与其他开展理论课程教学和研究的高校教师的待遇存在明显差距，使得教师长期从事实验教学相关工作的积极性不高。另外由于实验教学人员不足，部分高校通常使用博士生，甚至研究生对本科生开展实验教学的指导工作，这些人员的实践教学和理论教学能力均存在一定的不足。同时，由于课业的压力，更缺少时间和精力开展效果显著的实验教学活动，也使得实验教学团队的学历和年龄结构不合理。

四、加强建设类高等院校实践教学建设的建议

1. 实践教学的理念建设

建设类高等院校实践教学可划分为三种类型，分别是通用型、专业型和创新型。各建设类高等院校应当明确三种类型实践教学的目的和作用，树立以通用型和专业型实践教学为基础、创新型实践教学为最终目标的理念。在实践教学中，树立以学生为主体、以指导教师为辅助的理念，因为开展实践教学的最终目的是培养学生的创新能力，并适应社会各企业对建设类高等院校人才的需求。学生在教师的指导下，主动将理论教学中获取的知识和技能进行整合，结合本专业当前热点问题进行创新性的实践活动。

2. 实践教学的团队建设

建设类高等院校开展实践教学的关键是具备一个高素质的实践教学团队。团队中的各指导教师应当具备扎实的业务能力和创新技能，能够及时纠正学生在实践教学活动中出现的错误，同时有精力和能力去完成实践教学活动相关问题的研究，提高实践教学活动效率。建设类高等院校可以同其他院校和企业进行实践教学活动的合作，从外部引进师资力量提升实践教学团队的水平，同时推进实践教学团队的人事改革，建立合理的激励机制，使团队内的各教职工能够在实践教学活动中获得自我价值的认可和未来晋升的渠道，这样才能够确保团队活力。

3. 实践教学的开放实验室建设

学生在实践教学活动中经常会获得瞬间的灵感，为了将灵感转化为实际，建设类高等院校应当建立实践教学的开放实验室，使学生能够将创新的理念进行有效实践。开放实验室的使用对象应当为所有学生，学生应当能够自主确定使用开放实验室的时间。实验室应为学生提供实践创新理念的先进软、硬件条件，确保实践项目内容足够丰富。在不违反各项规定的前提下，学生在开放实验室中应当享有一定的管理权。

4. 实践教学的项目建设

一是建设类高等院校应当以社会经济发展的热点问题为导向对实践教学项目进行设计,这样才能保证学生在实践教学活动中获得与未来就业相匹配的知识与技能。这就需要高校的实践教学团队深入到社会各企业的生产现场去探索实践教学的热点问题,这样才能设计出符合企业对建设类高等院校人才需求的实践教学项目。二是遵照参与实践教学活动的学生自身的兴趣爱好,让学生拟定实践教学项目的内容,并在指导教师的指导下独立完成,这样可以提升学生的创新兴趣和思维的培养效率。三是开展创新实践教学竞赛,通过设立专项竞赛奖学金来激励学生参与到实践教学活动中去。四是与社会企业积极合作,由社会企业根据生产活动中的热点问题来拟定实践教学项目,学生深入企业去完成实践教学项目。

5. 实践教学的成效评价机制建设

机制建设:一是实践教学立项评价。实践教学项目的内容决定了整个实践教学团队在实践教学活动中的教学方针和学生在实践教学活动中的研究方向。该项目内容是否紧跟当今社会的生产需求热点,是否符合学生参与实践教学活动的兴趣点,都是进行实践教学成效评价时的重点考虑因素。二是创新实践教学过程的评价。该评价可以从实践教学方法使用和教学资料来重点开展。对实践教学方法使用评价重点在于实践教学团队在过程中使用的教学方式、教学技术是否能够帮助学生获得创新知识和机能的锻炼与提升。对教学资料的评价重点在于实践教学活动中是否形成准确完备的数据结果和文字报告,这些教学资料能否准确反映学生在实践教学活动中获得的效果。三是对实践教学结果评价。学生是实践教学活动的直接受益者,学生参与实践教学的客观成果和主观感受是实践教学结果评价的重点内容,可以将调查问卷作为评价的参考依据。

【主要参考文献】

[1] 崔振波. 校内实践教学基地建设浅析[J]. 教育现代化,2018(53):132-133.

[2] 王平. 本科生实践教学平台建设的几点措施[J]. 教育教学论坛,2018(51):170-171.

[3] 严京海. 实践教学资源优化配置与使用效益评价研究[J]. 实验室研究与探索,2018(11):264-268.

[4] 陈学卿,高凡. 应用型本科院校实践教学基地建设模式探讨[J]. 教育观察,2018(1):59-61.

【作者简介】

马婧婷(1988—),沈阳建筑大学管理学院,助理研究员。

左宇希(1985—),沈阳建筑大学教务处,助理研究员。

基于“人才创新”的
土地资源管理专业教学实践模式探索

赵玉岩[1]
（1. 沈阳建筑大学管理学院）

【摘　要】 国家创新的根基是人才创新，人才创新需要培养机构提供良好的创新模式和环境。本文通过对我国土地资源管理专业教学实践模式的分析，以学生创新能力培养为出发点，提出了优化建议。认为，增加认知性教学可以提升学生的自我创新意识；课程体系的合理性改革可以夯实学生的创新基础；教学、实践协同发展可以更好地提升学生创新能力，以便更好地为社会服务。
【关键词】 人才创新；土地资源管理；教学实践模式

一、引言

随着“一带一路”建设的推进和我国经济社会的高速发展，对创新性人才的需求越来越明显，而创新人才的培养是我国人才培养的重要导向。党的十八大以来，以习近平同志为核心的党中央高度重视人才工作。2016 年，党中央印发《关于深化人才发展体制机制改革的意见》，在创新性人才培养和调动人才积极性、主动性、创造性上做出了重要指示，特别是培养高科技人才的高等院校及机构要高度重视。

土地是人类进行生产、生活等社会活动的重要载体，土地资源管理对于提升人与自然和谐、优化经济发展方式和促进国家资源的可持续发展有重要作用。概念上，土地资源管理是指在一定的社会条件下，国家综合运用行政、经济、法律、技术等手段，为提高土地利用经济、社会、环境等综合效益，维护土地所有制的重要地位，调整与监督土地关系及利用方式，而进行的计划、组织、调控等综合性社会活动。课程设计上，土地资源管理是一门理论与实践结合紧密，应用性强，专业跨度较大的学科，培养具备现代管理学、经济学及土地资源学的基本理论和基础知识，具有测量、制图、计算机处理等基本技能，可以在国土规划、城市建设、农业发展等相关领域从事土地调查、土地空间规划、土地管理工作的高级专业人才。随着土地制度改革和社会发展的深入、多学科交叉的影响，以及土地资源管理信息化、工程化、规范化迅速推进，为满足社会市场的更高要求，土地资源管理人才的培养需要更具应用和研究的创新意识。现有的土地资源管理专业的教学实践模式内容、方法却不能全面地满足人才创新与个性发展需求，使得专业人才培养出现了长期的发展瓶颈，影响人才的执业和创新发展。

通过对土地资源管理专业发展的深入分析与探讨，总结若干影响专业教学实践和学生执业创业的重要因素，并提出可以改善和提升土地资源管理专业教学实践模式和人才培养能力的对策建议，以期为国家、社会的土地资源和城市发展等相关领域输送更优秀、更具实践能力的高级人才队伍。

二、土地资源管理专业教学实践模式的思考

经济高速发展，作为重要载体的土地资源短缺问题亟待解决，国家教育部门也给予各高校及科研单位较大的财政投入，土地资源管理专业的发展目标也更具针对性，更强调实践能力的培养。事实上，在土地资源管理专业的培养目标方面，国内外高校并无本质的差别，都提倡对专业基础知识的牢固掌握和实践能力的应用。不过，教师主动教育和学生被动参与的问题依然未能解决，学生的自主学习意识依然较弱，对自己的未来执业没有清晰的全局意识，这些主要源于学校的教学实践固有模式的缺陷和人才创新培养模式的缺乏。存在的具体问题主要包括自主意识培养理念问题、理论知识课程体系问题和实践教学的创新能力培养问题。

1. 自主意识培养理念较弱

尽管我们在基础理论知识和实践能力的传授上给予了学生充分的帮助，但多数学生在自我专业发展和执业意识的培养上依然较弱。我国土地资源管理专业的培养更体现高校本身的特点和方向，在国外，很多高校土地资源管理专业的人才培养模式更强调个性发展和创新意识，例如课程实习方面，更提倡学生的独立设计与完成，而国内在学生自我专业意识理念培养方面的实施性较差，缺乏开放式的、国际化视野的培养意识，更缺乏这方面的培训交流。而国外相关高校的跨国、跨区域实习、交流与合作已经呈现常态化和高频化模式，境外实习、定期互访和研讨交流等使学生们较早地对本专业有了充分的认识，对未来自身的定位和就业创业有了明晰的方向。国外高校“学生自主意识培养”的人才培养模式是我国大多数高校土地资源管理专业的努力提升方向。

2. 理论知识课程体系不合理

目前，我国土地资源管理专业的课程设置和培养存在从基础理论课程学习到专业课程学习的过渡缺乏递进性。本科一年级主要学习跟本专业知识相关性不高的大学基础课程，专业基础课程比重较小，无法给专业知识的学习提供通识性教育基础。而二年级便开始增加较大学习量的专业课程，让无自主学习前提下的学生很难适应和理解相关专业知识，很多学习都是任务驱动，缺乏启发教学，因此学生容易产生厌烦意识和困惑心理，对自己的未来执业方向难以产生清晰导向。土地资源管理学科的课程跨度较大，应用性强，课程的递进与比重的设置不合理问题是影响学生专业学习兴趣、学习效率和未来就业创业等发展规划的重要因素。另外，传统教学方式较为陈旧，外延性较差，无法给学生打开创新的思路；教学编排内容重复和授课体系不完善，自然科学和社会科学比例失调，这些都是学校教学产出低下的问题所在。

3. 实践教学创新能力培养的缺乏

在土地资源管理专业的人才培养上，国内外高校的最大差异为实践技能培养。土地资源管理专业应用性很强，实践教学的意义重大。国外相关高校的专业实践技能培养目标通常以问题为导向，更多关注学生的兴趣，并以此为切入点，强调学生的个人创新思维的启发，发挥学生个人的主观能动性，提升学生的专业实践技能；同时，国外高校更注重学生的专业实习与就业所需的实践技能的紧密结合，会根据社会经济发展需求而调整专业实践教学计划。国内高校该专业的实践能力培养更多以任务为导向，以完成课程实习报告为切入，强调团队协作，实践技能培养以教师的指导讲解为主，模式固化，在实践教学中欠缺对学生自主创新能力的培养，无法全面满足社会的实际需求。

三、土地资源管理专业教学实践模式优化的建议

针对土地资源管理专业教学实践中存在的问题，通过深入分析和探讨，本文认为本专业的学生培养模式需要进行以下几个方面的优化。

1. 增加认知性教学，提升学生自我创新意识

土地资源管理专业的学生首先需要对本专业有一个总体性的认知，即认知性实践教学。主要内涵是在教学初期，通过实地调查参观、专家讲座、师生座谈等方式使学生对土地资源管理专业的综合状况有一个概括性的了解，对自己有一个专业定位，对学校及专业教师能给予自己帮助有系统的认识，对社会需求及执业难度有充分的意识。在此过程中，要以博闻、趣味性强为主要特点，强调认知性实践的重要性，使之系统化、规范化。首先，在入学初期，全面的专业概况教育对新生的专业认知有重要的帮助，可以增强学生对专业的兴趣、热爱和自豪感。其次，在不同阶段的教学活动间隙，选取一定的课时，组织该专业学生到土地、城市规划等相关单位进行实地参观、调查及讲座学习，使学生对该专业工作实践和专业发展趋势有初步的思维认识，使他们在各个阶段的学习保持目标意识，激发创新的热情。另外，定期开展行业内知名专家、企业家、学者和学生的互动活动，为学生进行专业问题解答，有助于学生的自我创新意识的培养。

2. 加强课程体系的合理性，夯实学生的创新基础

合理的课程体系可以加强学生对相关理论知识的理解，实现理论、实践相结合，掌握专业的基础技术和工作方法，为学生独立创新打下坚实的基础。为了更好地培养本专业的创新人才，课程体系改革的重点应当是厘清课程间的关系，合理分配基础课程与专业课程的配比，让学生的专业理论学习之路更加顺畅。根据土地资源管理的不同研究应用方向，对课程体系进行研究分类，梳理同一分类课程间的时序拓扑关系。在此基础上，根据不同的分类方向、不同的环境需求，形成不同的实践教学模块，例如，地图学、测量学、RS 和 GIS 等课程的实践教学部分可以化整为零，形成“土地空间信息”模块。这样，处在同一教学模块内的课程，时间上弱化学期的概念，强调顺序性和连续性；教学内容和生产实际相结合，强化不同课程的衔接；在教学方法方式上，改变以往传授为主的教学模式，增加项目教学和启发式教学方法，调动学生的创新思考能力。加深学生对理论知识、实践技能的掌握程度，夯实学生应用创新和研究创新的理论基础。

3. 教学、实践协同发展，提升学生的创新能力

土地资源管理专业的执业要求对学生的实践能力要求非常高，比如土地估计师、规划师等，故在日常的教学中应多增加实践课时，尽量做到教学、实践协同发展，理论与现实相结合，将执业要求渗透到日常实践教学中，摆脱课本导向、课堂导向和理论导向的陈旧教学方式。比如，同一模块的实践教学完成后，组织学生进行集中式教学实践，以土地资源管理的相关课题为导向，发挥学生的自主创新能力，启发学生综合运用课程理论及实践中所学知识，理论联系实践，提升学生分析问题和解决问题的能力。另外，作为土地资源管理专业的学生，应该多关注土地行业的政策变化，积极发现问题，找寻实践中的创新点。例如，我国土地调查是非常好的教学实践案例，以“土地空间信息处理”模块为例，在完成相关课程学习后，安排为期三到四周的课程实践，对土地调查流程进行全程模拟，实施从地籍调查、地类调查、地籍测量到土地信息空间数据建库的全过程。通过全程全真模拟的方式，对学生专业理论和专业技能学习效果进行有效的检验。不仅启发学生主动思考，寻求解决问题的途径，更提升了学生综合应用所学知识和实践技能的能力，有助于自主创新和发散思维的培养。

社会实践是学生进入社会的重要窗口，当学生掌握了一定的专业技能后步入社会，可以更好地为社会服务。通过社会实践，学生可以更多地了解社会和行业的需求，对于未来，有的放矢，可以更有针对性地完善知识体系，提高实践能力。例如，土地资源管理专业许多课程都涉及社会经济、土地状况的调查，但缺乏实践环节。鼓励学生根据自己的兴趣和实践条件设定调查区域和目标，编制调查问卷，并

利用假期时间进行实地调查并完成调查报告。这样加强了学生所学理论与社会生活之间的联系,拓展了创新思路。

四、研究结论

本研究以“人才创新”为导向,对我国高校土地资源管理专业的教学实践模式进行了深入分析与探讨,发现了问题,并提出了几点可行性建议。

1. 增加学生的认知性教学,提升学生的通识性教育,让学生在专业学习之前对本专业概况有一定的了解,这对学生自我创新意识的提升有重要导向作用。

2. 对原有课程体系进行优化,合理配置课程间的比重及时序结构,以最优的方式促进学生循序渐进地掌握本专业的理论实践知识,夯实创新基础。

3. 作为应用性较强的土地资源管理专业,教学、实践应协同发展,增加实践比重,将实践能力的提升渗透到学生的日常理论学习中,夯实实践技能,提升学生的创新能力。

【主要参考文献】

[1] 朱道林,张立新,杜挺. 论土地管理学的学科内涵与研究范式[J]. 中国土地科学,2017,31(9):7-14.

[2] 朱孟珏,庄大昌,张慧霞. 高校土地资源管理专业课程体系构建及优化建设[J]. 西部素质教育,2018,4(2):156-157.

[3] 张建军,付梅臣,胡业翠,等. 土地资源管理专业人才培养模式的国际对比与思考[J]. 教育理论与实践,2019,39(15):9-11.

【作者简介】

赵玉岩(1983—),沈阳建筑大学管理学院,讲师,博士。

会计专业硕士人才实践能力培养研究

王延臣[1]　王惠[2]　郭洋[3]
（1. 沈阳建筑大学研究生院；2. 沈阳建筑大学管理学院；
3. 沈阳建筑大学研究生院）

【摘　要】　会计专业硕士侧重于培养应用型、高能力、高素质的会计人才，要求会计人才对会计实务操作具备较高的熟练程度，这对高校会计专业硕士人才的培养提出了新的要求。基于此，本文通过对我国当前会计专业硕士教育实践教学的现状及问题进行分析，结合学生专业能力需求，探索会计专业硕士人才实践能力培养模式的创新，为高素质、高实践能力的会计专业硕士人才培养提供有益的借鉴和参考。

【关键词】　会计专业硕士；实践教学；培养模式创新

一、引言

随着经济全球一体化进程的加速和大数据、人工智能、移动互联网、云计算等科技的快速发展和创新，企业的运作模式及管理模式已悄然发生了改变，这对以应用为目标的会计专业硕士的实践能力培养提出了更高的要求。

现阶段我国除了高层次会计人才占比较低，会计专业硕士教育的理论知识也已落后于企业实践，会计人才纵向素养的深度远远不够，对高层次会计人才实践能力的培养已不能很好地满足企业对于人才的需要。

二、会计专业硕士学位在实践教学中的突出问题

1. 实践教学课程设计不够充分

会计专业硕士的培养目标本就更注重会计人才的实用性，因此在教学课程的设计中，必须要重视对学生实践能力的培养。不过，大多数高校都不能满足这一要求。

一方面，会计专业硕士的课程体系中所包括的必修课程和选修课程与学术型研究生课程相似，它们在会计专业研究生课程体系中基本是仿照学术型的，不能反映会计专业硕士的培养特点。尽管在课上对案件的讨论环节有所增加，但大多数

都是纸上谈兵。在现有课程中,实践性课程所占比例极小,许多学校也不具备模拟实践培训的条件水平,甚至无法让学生在财务系统中实际操作,无法对财务系统的实际运作进行实践训练,这就导致在校硕士生实践能力存在严重缺陷,对会计专业硕士学位的培养目标和教育质量也会产生一定影响。

另一方面,目前一些具备模拟实务训练条件的学校主要在实验室进行实务课程,虽然这些学校会根据特定的课程要求进行模拟实务训练(例如 excel 运用的相关操作、vbse 的模拟训练等),但模拟环境教条,模式不够灵活变通,教学内容与实际工作的需要脱节。这导致学生无法很好地适应企业复杂多变的财务环境,缺乏创新和适应性。尤其是在当前"大智移云"的背景下,学生如果无法真正地融入企业的实践中去,就无法实现大环境下财务工作与高校实践教学的良好衔接。这也是会计专业硕士学位实践教学当前面临的最重要的挑战。

2."双导师"制度落实困难

目前,我国高校会计专业的培养普遍采用"双导师"制度,聘请社会专家和高校教师共同承担对学生的指导工作。在这种模式下,有利于学生在进行课内理论知识学习的基础上,提高实践能力、专业技能,同时有益于学生更明确地规划职业生涯,加强学生与社会的沟通与互动。

不过"双导师"制在具体实施的过程中仍存在一些问题。首先,许多学校聘请的校外导师较少,外聘老师与学生的数量远远不能达到最完美的比例,这对学生获得高质量的指导十分不利。尽管有些同学可以按时按量地完成专业实践要求,然而有的学生在企业要么只能进行文员的工作,要么处于无人监管的状态,无所事事,虚度时间,并没有真正地去进行实践。由于实习基地与学校的实际距离等问题,学校教师难以进行有效的监督,实习效果也大大降低。其次,在"双导师"制度中缺乏对校外导师的考核机制,学校难以对他们做到有效的约束,使得校外导师制度可能得不到真正的落实;另外,其活跃度低,对学生获得实践机会将产生直接影响,也不利于学生从实践中提炼问题和提出解决办法,从而促进理论指导实践。最后,由于校外指导教师的专业能力水平的高低、社会责任感的强弱以及对会计专业硕士人才培养认知水平的差异,学生的专业实践也会产生不同的效果。这些问题使得会计专业"双导师"培养模式的优势无法真正地发挥出来。

3.缺乏激励企业积极参与专业实践的有效机制

根据实践大纲的要求,实践内容主要包括顶岗操作、会计实训、研究实践等,但这些要求难以实现。这主要是由于高校的非营利性,学校通常没有足够的资金去建设实践基地供学生实习,因此,实习基地基本上由企业或者事务所提供,但学校通过现有的培养方式,很难给企业带来实际利益。相反,企业需要投入更多的人力和资源来满足学校的相关规定。由于实践时间短，学生难以将理论知识应用于实际工作，在许多学生还没有达到顶岗要求时就已经离开企业，并未为企业带来真正的利益。而在培养过程中所耗费的费用却需要由企业承担，致使企业缺乏参与学校培养方案的积极性，培养效果偏离培养目标。

学校没有足够资金为学生建设实践的场所，企业又缺乏利益的驱动为会计专业硕士的实习提供帮助，这些原因导致了会计专业硕士实践经验远远不足，学生只能了解企业生产经营环境，接触不到财务核心工作，实践技能得不到真正的锻炼，高学历低能力，更容易导致他们难以融入社会中。

三、会计专业硕士人才实践能力培养途径

1. 优化实践教学的课程设计

会计专业硕士强调理论知识应当用于实践，学校可以通过创新讲座、案例教学、模拟实训等多种实践教学方法，提高实践质量，培养学生分析、解决实践问题的能力。

讲座作为学习形式的一种，目前正在受到各大高校的广泛推行，对此我们可以对讲座形式进行创新。比如主讲老师讲授前沿的知识和案例，让学生进行分组讨论，并给予分析反馈。学校采用创新的讲座形式可以积极改善学生只听讲座而不参与的问题，使学生能够更多地参与到讲座中来，真正理解所学所讲。模拟实训则可以从课程入手，针对平时的授课，如管理会计，根据真实的公司数据，为该公司设计绩效评价系统、全面预算管理系统等进行模拟实训，以达到课程与实践内容相结合的目的。

此外，与大数据有关的创新课程也应该及时开设。在“大智移云”的影响下，高素质的会计人才必须能灵活运用大数据、云计算等新技术进行财务分析和决策。具体而言，他们必须掌握数据爬取能力、文本挖掘能力、数据分析以及可视化能力。但是，目前大多数会计专业硕士课程都并未涉及信息技术课程，致使所培养的会计人才无法很好地满足社会需求。因此，在会计专业硕士学位培养模式中，应增加信息技术课程的比例，与时俱进，让学生学习相关软件，培养学生的数据采集能力和数据分析能力。

2. 完善“双导师”制度体系

“双导师”制度是会计专业硕士办学最具特色的一项制度。“双导师”制度的完善，对会计专业硕士实践教学具有积极促进作用。首先，对于实践教学，目前校外导师多是由学校委任，所以校外教师与学生之间没有有效的沟通机制。因此，学校或企业应构建一个学生与校外导师共同存在的社区机制，建立信息交流平台。通过该平台，加强师生间的长期沟通。“双导师”可以对学生的实践表现和进步程度进行交流探讨，并为学生的下一阶段实践计划进行具有针对性的制订。其次，学校聘请的校外导师应真正参与制订学校的培养计划。如参与案例准备、与校内导师共同承担教学任务等。实践导师一般具有丰富的经验，校内导师则有深厚的理论知识，校内外导师相互配合就可以使课程的开发更具深度、前沿性、实用性和综合性，有利于培养学生综合运用多学科知识解决问题的能力。关于这一点我们可以向中央财经大学学习。该校的校外导师不仅会参与到学校的课程开发、实践讲座、团队辅导等工作中，还为整个学习项目的实施提供教学资源。最后，学校应当明确划分校内外导师的职责。高校可以建立“双导师”评价体系，要对优秀的教师给予必要的奖励，充分调动导师的热情和积极性，避免导师空有名头却不参与教学的现象，充分发挥校内外导师的优势，提高会计专业硕士人才的应用能力和创新能力。

3. 建立校企联合有效机制

会计专业硕士实践教学的开展需要稳定的实践教学基地做支撑，但若是对联合的需求只是学校单方面的，没有对实践基地配备有效的激励机制，企业丧失参与的积极性，将不利于校企双方的长远发展。要建立良好的运行机制，要求高校注重与实践基地的有效合作，重视高校人才输出，将企业的员工培训与实践教学相结合。有学生取得良好实践效果，成绩优异的应首先向实践企业推荐。这种实训基地不仅仅是要为高校会计专业学生提供培训服务，高校教师也应为企业职工提供定期培训服务，从而使这种双向沟通成为实现高校和企业利益平衡的方式。

此外，各大高校还可以借鉴中央财经大学提出的“项目学习”先进培养模式，该模式主要是针对专门的课题去做在岗实训和调研，由学校的“双导师”带领多名研究生来进行。这种实践学习不仅能使学生真正参与到实习单位，而且能为企业解决实际问题，调动企业和高校联合的积极性。

【主要参考文献】

[1] 宋荣兴，张雪雁.“大智移云”背景下会计如何应对发展困境[J]. 财会研究，2018(12):27-31.

[2] 卢黎歌，隋牧蓉. 经济全球化的升级与应对：基于人类命运共同体视角[J]. 北京工业大学学报(社会科学版)，2019(2):1-8.

[3] 武志勇，徐灵芝，齐秀辉. 财务共享趋势下会计专硕实践能力提升路径[J]. 现代企业，2018(5):72-73.

[4] 李莎. 与职业标准相衔接的 MPAcc 人才培养模式研究[D]. 山东工商学院，2017.

【作者简介】

王延臣(1981—)，沈阳建筑大学研究生院副院长，副研究员。

王惠(1993—)，沈阳建筑大学管理学院，在读研究生。

郭洋(1978—)，沈阳建筑大学研究生院。

应用型本科工商管理专业“双创”人才培养模式研究

汪中秀[1]

（1. 沈阳城市建设学院）

【摘　要】 在供给侧改革背景和国家大众创业、万众创新的“双创”时代下，高校需开展创新创业教育，为国家培养创新创业人才。因此，本文在分析工商管理专业创新创业人才培养现状的基础上，构建“创新四维模式”的人才培养模式，推进工商管理专业创新创业人才的培养，为社会培养能够自我创业或者协助他人创业的应用型高级专门人才。

【关键词】 应用型本科；工商管理专业；创新创业；人才培养模式

一、引言

在供给侧改革背景和实现大众创业、万众创新的战略目标要求下，国内很多高校工商管理专业注重创新创业型人才的培养，加大创新创业教育，培养学生的创新创业意识，增强学生的企业家精神。工商管理专业与社会经济管理息息相关，各高校根据国家政策和学校工商管理专业人才培养实际情况，采取多种模式来加大应用型、复合型的创新创业型人才的教育和培养，这也成为很多应用型高校工商管理专业研究的重点。

二、工商管理专业创新创业人才培养现状

应用型高校工商管理专业创新创业型人才培养过程中受到很多制约因素的影响，比如学生的创新创业意识薄弱、缺乏企业家精神、课程教学内容和方式单一、教学体系中缺乏创新创业方面的教育、教学过程中缺少实践性、缺乏创新创业型师资队伍力量等问题，制约着创新创业型人才的培养。

1. 人才培养目标不能满足“双创”时代的要求

为了适应我国企业发展和企业用人的需求，工商管理专业的人才培养目标是通过教学，使学生掌握管理学、经济学等方面的基本理论知识，具有良好的工商管

理知识结构,具有分析和解决企业管理过程中存在的问题,为企事业单位培养高素质的优秀管理人才。然而,工商管理专业人才培养目标不能满足创新创业时代的新要求,在人才培养目标和培养方向上,应注重培养学生的创新精神和创业意识,注重培养学生的创新创业能力。

2. 培养创新创业人才的师资力量薄弱

现在很多高校的教师都是从校门到校门,从学校毕业后,直接从事教育教学工作,缺乏社会工作经验和企业管理经验,教师自己都没有加入创业的大军,没有创业的经历,如何能够更好地指导学生进行创新创业。有些学校青年教师较多,虽然富于开拓创新精神,但教学质量、教学水平、教学经验和实践经验均不足,并且平时教学工作和专业建设方面的工作量加大,不利于教师创新创业等方面的学术能力的提高。对从事创新创业教育的教师的激励机制不够,使得教师不愿意花费较多的时间和精力去研究创新创业人才培养的相关理论和实践,有些高校对从事创新创业教育的教师的培养力度不足,教师虽然能够运用扎实的理论知识教学来引导学生创新创业,但更需要丰富的实践工作经验。培养创新创业型人才的师资力量薄弱,师资队伍短缺,是制约工商管理专业创新创业型人才培养的主要因素之一,也是工商管理专业创新创业人才培养过程中存在的一个重点问题。

3. 学生创新创业实践能力不足

虽然很多应用型高校工商管理专业逐渐地加大创新创业教育,改革创新创业课程体系,增加了一些创新创业方面的理论课程,使学生掌握有关创新创业的理论知识,但是,学生的创新创业实践能力不足,不能将所学的创新创业理论与实践相结合,缺乏创新创业实践教育。有些高校还没有建立创新创业实践基地,没有创业模拟实训室,没有进行校企合作培养创新创业人才,不利于创新创业实践教育,不利于提高学生创新创业实践能力。

三、工商管理专业创新创业人才培养的创新四维模式

创新四维模式对工商管理专业创新创业人才进行培养,主要通过对学生的创新创业观念、创新创业理论与实践教学、创新创业实践能力、创新创业素质四个方面进行培养(详见图1),提高工商管理专业学生创新创业的整体能力,培养出能够自我创业或者协助他人创业的应用型高级专门人才。

1. 树立创新创业观念

工商管理专业大多数学生创业意识和创新精神比较薄弱,缺乏创新创业观念,进入大学后,对自己未来发展方向和就业去向一片迷茫,没有形成创新创业观念。

因此，需要通过校内理论教学、创新创业讲座、与理科专业学生加强合作，逐渐培养工商管理专业学生的创业意识，增强其创新精神，培养其创新创业观念。

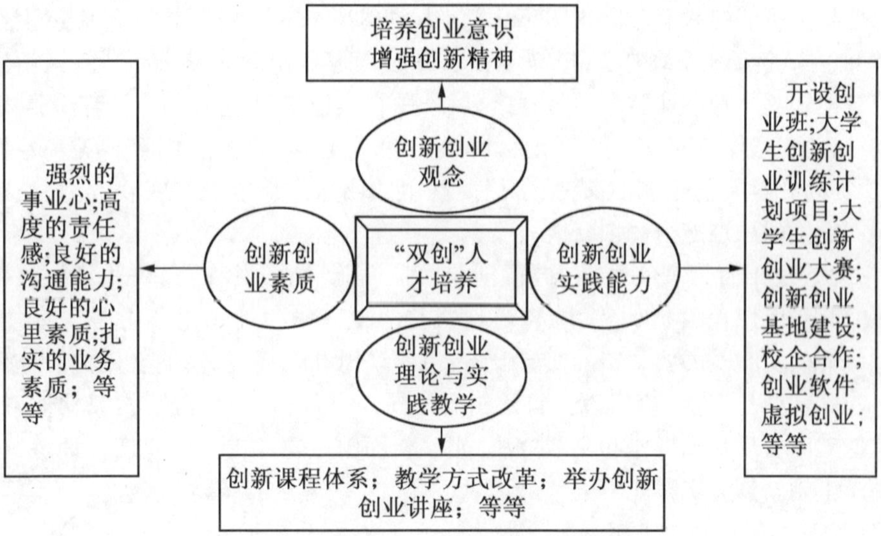

图1 "双创"人才培养的创新四维模式

2. 注重校内理论与实践教学

工商管理专业创新创业人才的培养应以校内理论与实践教学为基础，学生必须经过系统的校内理论学习，掌握基本理论知识，接受课内相关课程的实训实践训练，为创新创业打下坚实的理论基础。通过创新课程体系、教学方式改革、建立工商管理实训室、举办创新创业讲座等方式培养学生的创新创业意识和终身自主学习能力，使学生能够利用所学的专业知识分析和解决工商类企业管理过程中遇到的问题。

（1）创新课程体系。加强工商管理专业学生创新创业教育，最基本的就是课程体系的改革，创新课程体系，开设有关创新创业方面的课程，如创新创业教育、创业管理等相关课程，让学生学习有关创新创业方面的理论知识；同时，对工商管理专业培养方案进行改革，使课程体系、教学内容和实践环节综合配套改革，优化课程体系结构，以英语、高数等通识课为基础，增加专业课和专业核心课的学时，加大集中实践教学的力度，对一些专业核心课增加实践实训环节，课程理论教学和实训实践教学相结合，形成知识点实践—课程实践—专业综合实践的多层次立体化实践教学过程。

(2)教学方式改革。教师的教学方式和方法要多元化，针对工商管理专业的课程性质、教学内容以及学生上课的情况，采用差异化的教学方式。教师在教学过程中根据学生听课的状态，通过提问和课堂互动等方式，活跃课堂气氛，让学生作为课堂的主人参与到课堂中来，提高学生上课的兴趣和积极性，打破老师讲、学生听的传统模式。教师在课堂教学过程中，可采用案例教学、角色扮演、情景教学、线上线下结合教学、模拟表演、团队作业、模拟训练、翻转课堂、信息化教学等多种教学方式，提高教学质量和水平，有助于提高学生的团队合作能力和实践能力，也有助于培养学生的思维能力和创新能力。

(3)建立工商管理实训室，进行创业模拟训练。通过校内实践环节如上机实验、课程设计、课程模拟训练、综合模拟实验等提高学生的动手能力与实践技能。管理课程的实验不需要太多的实验设备，主要模拟办公环境，借助现代化的办公手段。建立工商管理基础实训室，购置相应的硬件设备和创业、营销相关软件，使学生掌握工商管理基本操作和实践方法，能够利用创业软件进行创业模拟训练，进而提高学生创新创业实践能力。

(4)举办创新创业讲座。无论是学校还是院系，应定期多举办有关创新创业教育方面的专题讲座，聘请有实战经验的企业高管（兼职教授）、企业家、创业成功人士来校讲座，激发学生创新创业的热情，提升学生创新创业的意识；师生共同进行科研活动或创新实践活动，让学生多参与其中，多听多看，培养学生创新创业能力。

3. 提升创新创业整体素质

提升工商管理专业学生的专业素质，通过理论课程教学与实践相结合的方式培养学生良好的沟通能力、较强的学习能力、社交公关能力、组织协调与团队协作能力、创新创业能力、网页制作能力、营销管理能力、市场调研能力、推销谈判能力等，这些能力的提高将有助于提升学生创新创业的整体素质。

同时，加强对教师的培训，提高工商管理专业教师的专业素质，尤其是青年教师，教学经验不足，教学方式单一，通过老教师带新教师的方式，帮助青年教师快速成长。此外，可积极探索校企合作的模式，定期让教师到企业中去学习与进修，邀请知名专家、企业家、公司高级管理人员做客座教授，进一步提高师资教学水平与实践能力，同时有助于培养双师型教师。也可邀请企业精英和管理人员到学校来对学生进行宣讲，讲授行业发展现状和企业发展的最新动态和方向，学校和企业共同培养创新创业人才。

4. 注重创新创业实践能力训练

在对工商管理专业学生进行校内理论教学和课内实践教学的基础上，使学生在课上掌握的有关创新创业理论知识和实践相结合,提高工商管理专业学生的创新创业实践能力。可通过开设创业实验班、开展大学生创新创业训练计划项目,大学生创新创业大赛、创新创业基地建设、校企合作、创业软件虚拟创业等培养创新创业应用型人才。

(1)开设创业实验班和创业软件虚拟创业。工商管理专业开设创业实验班来选拔培养具有创新创业意识和能力的人才,从学生入学开始,各工商管理专业老师在上课期间,注意了解和掌握每位学生的学习情况、创新创业意识、整体素质等,从中挑选优秀的学生组成创业实验班,挑选过程中尊重学生的意愿。创业实验班的学生,从大一开始培养,以培养学生的创新创业能力为目标,对创业实验班学生进行创新创业的理论型和实践性的教学,培养学生的创业意识和创新精神,利用学校提供的所有资源来培养学生的实践能力,坚持理论与实践相结合的原则,让创业实验班的学生利用创业软件进行创业模拟,在指导老师的指导和帮助下,开办虚拟企业,以创业团队的形式组建虚拟企业职能部门,虚拟地去运营管理企业,使学生进行角色的扮演,亲身经历企业从注册开始到实际企业运营管理,发现企业管理过程中出现的问题,利用所学的理论知识和综合能力去分析问题,进而解决问题,提高学生的创新创业思维和实践能力。

(2)积极参加大学生创新创业训练计划项目和创新创业大赛。为进一步促进工商管理专业创新创业人才培养模式改革,引导学生积极开展社会调研和创新创业实践活动,鼓励学生多参加校级、省级和国家级的大学生创新创业训练计划项目,由学生组成创业团队参与创业训练项目,在指导教师的指导下,团队中每位学生在项目实施过程中扮演一个或者多个具体的角色,通过编制商业计划书、开展可行性研究、模拟企业运行、参加企业实践、撰写创业报告等工作,也可根据创新创业训练项目的成果,开展创业实践活动,提高自主学习能力、创新能力和创业实践能力。

此外,工商管理专业教师应多鼓励和多指导学生积极参加学校、省和国家举办的各个创新创业大赛,如"挑战杯"创业计划大赛、"互联网+"大学生创新创业大赛,将互联网、大数据、人工智能等新一代信息技术与经济社会各领域紧密结合,发挥互联网在社会服务中的作用,创新网络化服务模式。积极参加各项创新创业大赛,以培养工商管理专业学生的创业意识,激发学生的创造力,培养造就"大众创业、万众创新"的生力军,以创新引领创业、创业带动就业,推动工商管理专业毕业生更高质量创业就业,为国家和社会培养优秀的创新创业人才。

(3)创新创业基地建设和校企合作模式。建设创新创业基地等实践平台,采用校企合作的模式,培养学生的创新创业能力,真正做到"走出去,请进来",学校和企业共同对学生进行培养,共同实施培养过程,学校和企业可进行订单式培养,企业参与到学校工商管理专业人才培养计划制订中来,提供培养建议和意见,共同制定培养目标,有效利用学校和企业提供的所有资源,做到校企资源共享,建立校外创新创业实践基地,为应用型高校教师和学生提供实习平台,让其到企业中进行学习,了解企业实际运营管理,使学生能够将在学校学习的理论知识与实践相结合,提高学生的综合能力,进而有助于创新创业人才的培养。

四、结论

本文根据应用型高校工商管理专业创新创业人才培养的现状,分析影响创新创业人才培养的制约因素,坚持理论与实践相结合的原则,构建由学生的创新创业观念、创新创业理论与实践教学、创新创业实践能力、创新创业素质四个方面组成的工商管理专业创新创业人才培养的创新四维模式,提高工商管理专业学生的创新创业能力,帮助学生进行自我创业,提升学生的就业竞争力,缓解就业压力,为国家和地方经济发展培养优秀管理人才。

【主要参考文献】

[1] 陈真."大学生创新创业项目"指导中存在的问题及对策[J].新西部,2018(33).

[2] 向春阶,马宗艳.创新创业环境下独立学院人才培养模式改革的研究与实践[J].新教育时代,2018(34).

[3] 张莉.工商管理重点专业群创新创业型人才培养模式的研究[J].科教文汇(下旬刊),2014(2).

[4] 周凌云.农业高职院校创新创业人才培养模式研究——以江苏农林职业技术学院为例[D].南京:南京农业大学,2016.

[5] 刘影.理工科院校创新创业人才培养模式研究[D].哈尔滨:哈尔滨工业大学,2015.

[6] 郭燕,耿贵珍,郗蒙浩.基于创新创业能力培养的工商管理学科竞赛体系研究[J].教育教学论坛,2016(9).

【作者简介】

汪中秀(1987—),沈阳城市建设学院,讲师。

基于协同创新理念的辽宁高校创新创业人才培养模式实践研究

代岩岩[1]　徐溪[2]

（1、2. 沈阳建筑大学大学生创新创业及发展中心）

【摘　要】 人才是创新的核心要素，创新驱动实质上是人才驱动，我国迫切需要深化人才培养模式的改革，加快培养富有创新创业精神的人才队伍，在整个教育系统中，全面、深入开展创新创业人才培养改革已成为共识。近年辽宁省各高校在创新创业人才培养改革方面虽取得了一些成效，但仍存在诸多问题。文章通过分析辽宁省高校的双创人才培养及区域性产业经济现状，探讨在高校中开展创新创业人才培养模式的全链条实践探索，探寻适合我省发展的高校双创人才培养模式。

【关键词】 创新创业；高校人才培养模式；协同创新；校企合作

一、引言

建设创新型国家是党中央、国务院做出的关乎社会主义现代化建设全局的重大战略决策。能否拥有一定数量的各类创新创业人才是创新型国家建设成功与否的决定性因素。人才是创新的核心要素，创新驱动实质上是人才驱动，我国迫切需要深化人才培养模式的改革，加快培养富有创新创业精神的人才队伍，在整个教育系统中，全面、深入开展创新创业人才培养改革已成为共识。很多学者分别从不同视角对创新创业人才培养问题进行了一些相关研究，研究成果主要集中在提出创新创业人才培养模式的理论依据及必要性、现状、着力点三方面。

国外发达国家非常重视高校创新创业教育的开展，逐步形成了创新创业的课程模式、创新创业的项目模式以及高校科技孵化园模式和导师制模式等卓有成效的创新创业人才培养模式。国内学者也提出了很多创新创业人才培养的理念，包括个性化的培养方式，构建多角度的创新创业人才培养模式，构建个性化的创新创业教育体系，优化创新创业教学评价体系，完善个性化创新创业人才培养保障措施等。有的学者提出，协同推进创新创业教育改革，需要高校强化协同观念，构建政府、高校、企业间的协同体制机制，发挥多元主体的协同效用。更有研究指出，一个城市想在未来的经济浪潮中赢得主动权和发展先机，关键是培养大批能够适应经济发展的各行业创新创业人才和高素质劳动者，而高校肩负着培育服务于经济发展的创新创业人才的责任，需积极开展创新创业教育，构建高校特有的创新创业理论教学模式、创新创业实践教学模式及校企协同教学模式等，构建多元化的创新创业人才培养模式。形成高校创新创业人才培养模式是提高人才培养质量的核心，对于缓解毕业生就业压力、服务经济发展以及加快建设创新型国家的进程有着重要而且正向的作用。

但是以往的大部分研究分块零散，结合实际问题深入、系统地研究有待加强，需要在系统梳理、逻辑分析、理论精髓提炼等方面下功夫，需要对其进行更为全面、系统、深入、细致的理论和实践研究。因此，在汲取、借鉴现有研究成果基础上，从地方产业结构出发，探索真正为高校创新创业人才培养助力的资源融合模式。在这样的资源融合模式下，如何进行创新创业教育的改革，是亟待解决的问题。

二、高校在创新创业人才培养方面的突出问题

近年来，辽宁省各高校在创新创业人才培养方面采取了一些改革措施，也取得了一定的成效，但辽宁省高校创新创业人才培养的总体水平与辽宁振兴发展的需要还不完全适应。目前在辽宁省高校创新创业人才培养的过程中还存在如下几个方面的突出问题：

1. 辽宁省高校创新创业教育协同联动的机制不健全

目前高校与政府、社会企业等部门缺乏有效的对接与融合，存在工作归属不清与职责不明等问题，导致大学生创新创业保障机制不足。

2. 辽宁省高校大学生创新创业平台建设不足

由于缺少创业平台，无法为学生提供有效的模拟实践空间，无法为大学生的实践提供有效支持，很大程度上降低了创新创业教育的可操作性。

3. 辽宁省高校创新创业教育师资力量不足

理论体系建设不成熟、师资力量不完备、实践经验不足、师资水平参差不齐等问题制约了人才培养，因此亟须通过提升创新创业师资的水平来提升高校创新创业人才培养的水平。

4. 辽宁省各高校并没有完全将创新创业纳入人才培养方案

对创新创业的指导只是作为辅助内容，没有深入到教学体系中，所需的师资、教材、经费、场地等基本条件存在不足，学生的创业实践机会与平台依然匮乏。

三、基于区域性产业现状的创新创业人才培养模式实践的研究角度

为了更好地深入研究，辽宁省教育科学“十三五”规划立此项目，通过分析辽宁

省高校的双创人才培养模式及区域性产业经济现状，依托地方产业特色，在高校中实际开展创新创业人才培养模式的全链条实践探索，从产业的分析，到产学合作的推动、政府资源融入、专业师资创新创业能力培养、创新创业教育实施过程、双创精英培养及校园孵化器运营、企业资源融入等角度，探寻适合我省发展的高校双创人才培养模式。重点将高校的通识性创新创业教育及精英式创新创业教育延伸至创客团队的组建、孵化器创业团队的指导与培育，具体可研究角度包括以下方面：

1. 立足我国基本国情与省市两级产业结构

深入探讨省内高校创新创业人才培养的总体情况，从协同创新这一研究视角对高校的创新创业教育进行研究分析，对协同创新以及高校创新创业教育的内涵进行分析，总结出目前我省高校创新创业人才培养中存在的问题，并做出反思。

2. 探索构建一体化协同发展的人才培养体系

高度重视校内外协同平台的建设，努力构建高校创新创业人才培养的长效机制。基于协同创新的相关理论，提出由驱动机制、执行机制、保障机制共同构成的"三维联动"式创新创业教育机制。其中，驱动机制是关键，执行机制是核心，保障机制是重点，三方面目标相同、联动协作，共同作用于高校创新创业教育人才培养目标的达成。

3. 借鉴校内外创新创业教育发展经验

搭建协同培养下创新创业教育校内、校外相结合的协同创新平台，深化高校与企业、行业、科研机构之间的密切联系，打通创新创业的理论与实践结合的环节，构建校内、校外的协同体制机制。

4. 探索在高校内部可行的资源融合的体制机制

从高校校内资源融合、双创教育体系构建、孵化育成体系构建、协同创新模式探索几个方面出发，并以实际孵化平台的搭建及项目成果作为实证研究目标，探索一套符合辽宁省产业特色的，基于协同创新的高校创新创业人才培养全链条模式。在调研、实践的基础上建立模型并实践，最终形成"高校创新创业教育及孵化育成全链条人才培养模型"，并对其进行实践探索，获得成效评估。对于全链条人才培养模式的模型初步分析如图 1 所示。

5. 构建适合于辽宁省高校创新创业人才培养的成果评估体系

探索学校、学生、企业、社会以及政府等多方参与的公正、客观的评价机制，总结模型实践的成效。

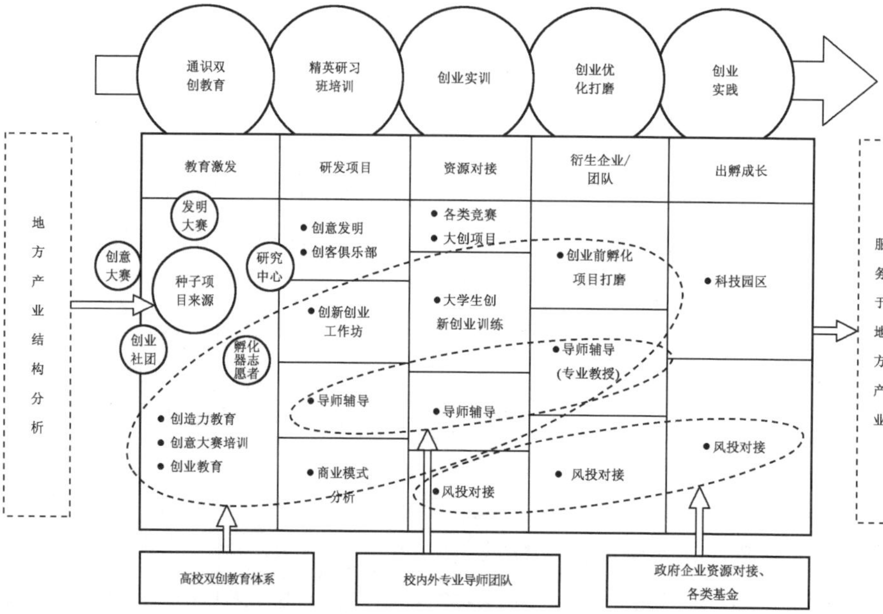

图1　全链条人才培养模型初步分析

四、实践案例分析

本研究已经在沈阳建筑大学创新创业人才培养模式探索中进行实践,学校率先成立创新创业教育工作领导小组、创新创业工作小组、创新创业教育教学指导委员会,为创新创业教育教学改革和发展提供咨询、指导和服务。随后设立大学生创新创业及发展中心,作为学校开展大学生创新创业教育活动的组织管理机构,是集创新创业教育、创业项目孵化、创新创业竞赛打磨、创新创业导师培训于一体的综合实践平台(见图2)。目前,大学生创新创业及发展中心已经初步建立起大学生双创孵化生态体系,并在校企合作协同育人的多种机制及培养效果方面逐步展开了实践探索,具体实践案例如下:

1. 校、企、政合作构建校外孵化基地

学校与校外企业及所在区政府合作建立“沈阳建筑大学寓建创孵工场”,该孵化基地将为学校师生提供面积为1 787平方米,融合国际领先的创新社区理念的初创企业孵化空间。该孵化基地建设模式探索了双创孵化校、企、政合作模式,实现了学校人才培养、企业拓展创新领域、政府以创新创业促经济发展三方共赢的合作模式。该合作实践旨在积极构建校内校外孵化基地联动机制,推动学生项目由孵化走向加速阶段,进而探索学生项目从创新到创业的全生命周期孵化扶持体系和具有建筑特色的全产业链孵化体系的构建。

2. 合作校企进行学生教学培养

开发"创新设计思维体验"等全校创新创业任选课课程,充分融入企业真实案例,促进创新创业课程的全面改革升级。同时,与上海创狐、东软睿道、慧科教育、中科创大、Arduino 等多家企业机构进行合作洽谈,在创新实验室建设、创客培养、创新创业教育在线课程与微课慕课建设、学生项目孵化支持等多方面达成意向合作。

3. 合作校企实现师生科技成果转化

积极与沈阳国际软件园等企业机构洽谈合作,为我校师生科技成果转化、创新创业企业及团队孵化提供全方位平台,以双方资源优势,共同打造科技创新创业全产业链孵化机制,助力我校师生创新创业项目向商业化、产业化加速转变。

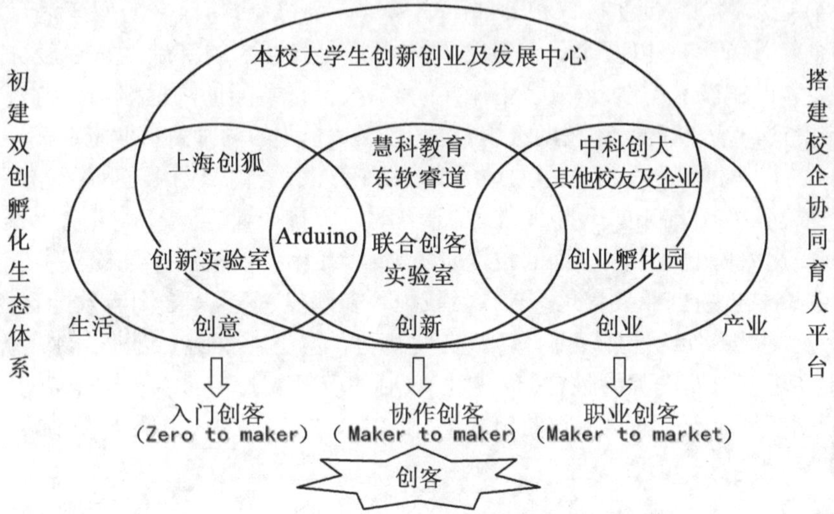

图 2 校企合作创新、创业平台

4. 合作校企搭建学生实习平台

充分挖掘校友资源,与沈阳吕尚科技有限公司等科技创新型校友企业洽谈合作,陆续输送学生创客和对科技创新创业感兴趣的学生到校友企业进行实习实践,促进学生一线实践与理论学习的紧密结合。

五、实践反思

经过孵化平台搭建、学生创新能力培养、师生科技成果转化对接、学生创新创业小生态建设等方面的校企合作探索,我们认为建立校企合作下的创新创业人才培养机制可以从以下几个方面展开:

（1）基于协同创新的高校创新创业教育机制是以协同创新为理论根基，以培养具有创新精神、创新意识和创新创业思维及能力的高素质人才为目标导向，以服务于高校双创教育实践为宗旨的高校创新创业教育实践的发展方式和执行模式，应侧重多方协同合作。

（2）协同创新与高校创新创业教育的关系主要表现在体制机制的协同、组织部门的协同、教育主体的协同、教育内容的协同、教育方法的协同、教育评估标准的协同、保障机制协同以及校企联动协同等方面。当下，高校应该积极调整学科专业结构，形成交叉培养创新创业人才的新机制，应丰富充实课程体系，科学合理开发创新创业教育课程群，还应全方位推行创新创业实践教育，令专业教育与创新创业教育能够实现有效的结合。

（3）辽宁省创新创业教育相关部门应通过体制机制设计，在着眼于满足政府、高校、企业、科研院所以及个人等各类群体相关利益诉求的基础上，充分发挥多层面、多要素的积极主动性，形成多主体共同努力、合作共赢的局面。例如，整合政府的固定资产与基金资源、高校的教学及学生资源、企业的导师及产业资源。

（4）创新创业人才培养协同驱动力的来源有外部与内部两个范畴：外部驱动力源自政府、各级政策制度、环境需求，内部驱动力源自产业、高校、科研院所、金融机构、中介、用人单位等多个方面的技术研发需求、人际关系和利益诉求等。

（5）高校创新创业教育是一项涉及校内外多部门、多要素之间有效配合的复杂工程，它要求相关负责主体配合默契、良性互动。构建高效创新创业人才培养模式的关键在于校内外资源的融合与对接。政府的政策支持与社会企业的需求，将影响高校创新创业人才的培养方向，政、企、校多方配合与支持，更能为人才的作用发挥提供平台。

（6）完善组织机构和政策制度。学校应该从真正的需求出发，不定时地构建与之匹配的组织机构以及政策制度，结合社会、政府等多方面的力量，为在校学生、毕业生营造一个良好的创新创业氛围。学校应该整合更多的产业资源来推动协同创新，让学生在这些平台、渠道、资源中进行不同阶段的创新创业教育实践。同时，由政府进行主导，为高校创新创业教育提供更多支持，让更多的社会资源能够在政府的主导推动下，参与到高校创新创业教育中。

【主要参考文献】

［1］ 王磊. 多维协同：美国一流高校创新创业教育的经验［J］. 教育探索，2017（3）.

［2］ 郭丽芳，王飞，胡沁春，等. 高校创新创业教育协同体系的构建与实施［J］. 应用型高等教育研究，2017，2（1）.

[3] 杨雅恬. 协同创新视角下的高校创新创业教育[J]. 人力资源管理,2017(3).
[4] 徐建,李莉. 地方高校创新创业教育协同创新政策保障机制研究[J]. 当代教育实践与教学研究,2017(1).
[5] 曾骊,张中秋,刘燕楠. 高校创新创业教育服务"双创"战略需要协同发展[J]. 教育研究,2017,38(1).
[6] 刘玉威,闫健,武海滨. 基于协同创新的高校创新创业教育机制及其构建[J]. 创新与创业教育,2016,7(3).
[7] 李月云,杨文艺. 强化协同:新建本科高校创新创业教育改革的路径选择[J]. 国家教育行政学院学报,2016(2).
[8] 石蕊. 沈阳市大学生创新创业行为影响因素及对策分析[J]. 课程教育研究,2017(33).

【基金项目】

辽宁省教育科学"十三五"规划2018年度立项课题,高等教育重点课题,2018年,课题编号:JG18DA007。

【作者简介】

代岩岩(1979—),沈阳建筑大学大学生创新创业及发展中心主任,讲师。

徐溪(1987—),沈阳建筑大学大学生创新创业及发展中心工作人员,研究实习员。

会计学专业校企协同育人创新模式研究

周鲜华[1]　王璐瑶[2]　刘叶青[3]
（1、2. 沈阳建筑大学管理学院；3. 沈阳建筑大学建筑与规划学院）

【摘　要】 我国的校企协同育人模式从20世纪60年代开始引入，经过多年的发展和改进，已成为高校培养人才的首要之选。目前我国会计学专业的校企协同育人模式面临着企业参与积极性不高、校企协同育人机制不完善等难题。本文基于校企协同育人视角，对校企协同育人的模式、现状等进行分析研究。进而提出了会计学专业人才培养的校企协同育人的创新模式，希望能够促进校企协同育人高效开展，构建校企共生生态系统。

【关键词】 会计学；校企协同；创新模式

一、引言

教育部、国家发展改革委、财政部2015年出台的《关于引导部分地方普通本科高校向应用型转变的指导意见》等文件，都已经明确地提出，当前本科院校要想培育合格的专业型人才，就需要走校企协同育人的道路。校企协同育人，深耕于高校所在地区的地域发展优势和产业结构，注重培养应用型人才，立足于社会和就业，强调产出导向，并且注重各大高校当前的就业情况。当前，会计学专业的毕业生在就业上遇到较大的困境，专业操作水平弱、工作经验不足、高校与社会脱轨等都是造成这一困境的原因。以上这些文件，对会计学专业的建设具有较强的指导性。

二、我国校企协同育人的发展情况

1. 协同育人发展历程

20世纪，校企协同育人的发展模式在西方各大高校兴起并发展至今，已经趋于成熟，基本上形成了“教学－科研－开发”结合的模式。我国校企协同育人由国外引进，目前处于浅层阶段，就会计学专业来讲，该模式的研究和应用主要在高等职业教育领域，而普通高校校企协同育人在深度、广度等方面都存在不足。我国校企协同育人发展起步较晚，经历了由浅入深的发展过程，按照时间顺序可将我国校企协同育人的发展历程分为四个阶段,见表1。

表1 校企协同育人发展历程

时期	阶段	阶段发展特征
20世纪60年代	引进后缓慢发展阶段	非单纯经济指向的协同育人,仅限于一个所有者部门之间的协同育人
20世纪80年代	广泛应用阶段	各方开始关注校企在科学研究方面的合作与成果,校企之间的合作不断深入
20世纪90年代	步入正轨阶段	以各大高校为企业输送科技人才,加快科研成果的研发为主,校企协同不断深入
21世纪至今	大规模快速发展阶段	校企协同育人开始有多种形式的表现,培养方式更加灵活多样,该模式在层次上不断深入

2. 协同育人发展现状

教育部数据显示,2018年上半年,产学合作协同育人项目共有952所高校与288家企业合作立项7377项,企业提供经费及软硬件支持约42.79亿元。下半年,共有365家企业发布项目1.4万项,提供经费及软硬件支持32.5亿元,全年累计支持75.2亿元。产学合作协同育人项目无论是在数量上还是在质量上都实现了快速发展,打造了多主体协同育人的长效机制,构建了产教融合、校企合作的良好生态。下一步,教育部要求各大高校继续深入推进产学合作协同育人项目,解决好教材建设、教师素质、体系融合、基地建设等问题,打造培养、造就新时代卓越工程师的重要抓手。

但是,我们需要看到,在这一背景下会计学专业的建设仍然缺乏一定的深度与广度。国家教育部披露的产学结合协同育人项目与会计学专业实现的项目的统计对比如表2所示,我们可以看出,校企协同育人项目在我国各个地区发展得并不够均衡,在已经设置协同育人的地区,会计学相关项目的数量也尚不充分。

表 2 校企协同育人项目建设现状

(一)高校所在城市	(二)校企协同育人项目数量	(三)会计学相关协同育人项目数量	(四)比例
北京地区	257	23	8.95%
天津地区	157	32	20.38%
河北地区	118	16	13.56%
山西地区	66	8	12.12%
内蒙古地区	65	7	10.77%
辽宁地区	384	21	5.47%
吉林地区	222	5	2.25%
上海地区	594	37	6.23%
江苏地区	410	54	13.17%
浙江地区	357	24	6.72%
安徽地区	152	5	3.29%
福建地区	251	25	9.96%
江西地区	145	11	7.59%
山东地区	1031	49	4.75%
河南地区	359	24	6.69%
湖北地区	601	52	8.65%
湖南地区	419	38	9.07%
广州地区	412	41	9.95%
广西地区	108	6	5.56%
海南地区	8	1	12.50%
重庆地区	271	19	7.01%
四川地区	432	37	8.56%
贵州地区	76	3	3.95%
云南地区	156	11	7.05%
西藏地区	2	0	0.00%
陕西地区	442	37	8.37%
甘肃地区	136	11	8.09%

续表 2

(一)高校所在城市	(二)校企协同育人项目数量	(三)会计学相关协同育人项目数量	(四)比例
青海地区	21	2	9.52%
新疆地区	29	0	0.00%
宁夏地区	11	0	0.00%

3. 协同育人发展模式

高校与企业之间往往采用"契约式合作"的方式,当校企之间有合作意向时,双方签订合作协议,高校根据企业要求进行项目研发,企业负责支付相关的研发款项,这种合作方式通常以技术合作为主,虽然这种模式效果好,时间跨度短,但是对在校大学生却没有实质性的帮助。随着合作模式的不断升级,契约式合作模式逐步向一体化合作模式过渡,即校企双方就知识技术资源共享达成长期的合作意向,这种模式更利于培养全能型人才,也是目前各高校大力提倡的校企合作模式。

三、企业在会计学专业校企协同育人中的作用

我国各大高校会计学专业"校企协同育人模式"的总体思路和做法是:通过创新网络平台的建设,在学科建设、培养方案、教学方法、课程设计、师资配备、毕业论文、实习实践、组织管理、办学条件、市场推广等各方面实现校企协同创新,促进知识与资本、职业能力与产业、成果与市场的高效对接、深度合作,实现对学生职业能力和创新能力的立体培养目标。而企业是学生脱离书本,进入职业平台的桥梁,在整个协同育人的过程中,企业扮演着校外导师的角色,缓冲过渡的功能,企业在该种培养模式下主要的作用有如下几个方面的体现。

1. 提高学生的综合能力

企业加盟协同育人的培养模式,可以让在校学生提前接触到真实的企业账务操作,并且缩短学校和社会之间的距离,让学生在实习实践的过程中掌握到真实的账务处理,从而对课本知识有更加深入的体会和理解。同时培养学生在学习专业知识上的主观能动性,进而从在读生实习、应届毕业生论文选题和资料来源,横向课题的合作以及人才输送等方面提高学生的综合竞争力。

例如,2018 年 12 月 13 日,中南财经政法大学会计学院(会硕中心)与新城控股集团共建教育实践基地的洽谈和签约仪式在新城控股集团总部举行。双方借此机会推动校企合作,实现学校培养人才、开展实习和企业储备选拔优秀人才的目标。双方以本次合作为开端,实现了资源共享和优势互补,推动教学与实践相结合,使学校的人才培养更加贴近社会和用人单位的需求，让企业的人才储备和骨干培养能够提前介入。并细化具体合作方式，双方在学生实习、合作导师聘任、实务讲座、专家授课、论文指导以及横向课题方面开展合作。

2. 提高学生对企业岗位的适配度

当前高校会计学学科的建设与会计学专业人才的培养效果，在就业市场上差强人意。由于业财分离严重，在校学生几乎没有实习经验或者实践质量差，在就业的时候自身能力达不到企业的要求，难以实现职位匹配。企业需要的，高校没有培养；高校培养的，企业用不上。这一巨大反差，从一定程度上反映了我国会计学学科建设的现实困境。

为更加直观地量化会计学专业学生未来的就业市场，我们向金融、互联网、房地产、会计师事务所、制造业企业以及银行的50名财务工作人员做了调查问卷，了解到当前企业招聘应届本科毕业生、研究生毕业生的能力考察侧重点。50份问卷全部收回，均为有效问卷。问卷调研对象的范围涵盖了会计学专业学生就业的几大常规方向，对会计专业人才的需求做了整理。

在受访者中，就业于以上六个行业的财务员工更加侧重应届会计学毕业生良好的职业素养以及基本的会计操作技能。具体的数据见表3：

表3　企业招聘会计人员时的能力侧重点

选项	小计	比例
A. 良好的职业素养	38	76%
B. 基本的会计操作技能	34	68%
C. 办公室沟通能力	25	50%
D. 团队内部的协调能力	28	56%
E. 对当前法律法规的理解能力	24	48%
F. 投资理财能力	20	40%

而在对企业的会计从业人员进行调研的过程中，站在企业角度，我们得到企业人员认为的会计改革更加侧重的教学方式见表4。

表4 企业人员认为的会计改革更加侧重的教学方式

选项	小计	比例
A. 课本教学	9	18%
B. 案例教学	24	48%
C. 小组教学	12	24%
D. 校企合作实践教学	41	82%
E. 项目研究	12	24%

我们可以看出,企业更加注重的是会计学毕业生的专业素质和职业能力,而他们认为实现这一诉求的教育方式应该是协同育人。在企业加盟育人之后,可以给在校学生提供高质量的实习机会和实践机会,最快、最有效地提升学生的专业技能。让学生接触企业的实际账务处理,补充实践常识,促进高校的理论与实践相结合。在这一基础上,促进学生在接触工作时最快地提升工作效率,从而提高学生的就业质量。而在会计学专业培养模式的选择上,企业更加注重校企合作实践教学,也认为这种模式更加能够培养出适合企业的高质量会计专业毕业生。

四、校企协同育人创新模式

1. 建立"3+2"双导师学徒制培养模式

根据深入的市场调研,按照当前会计学专业的就业性质、课程建设过程中的重难点以及当前社会企业对会计专业毕业生的实际需求,在进一步实现教学和企业对接的过程中,要推出一种更加紧密和具备实际操作性的现代学徒制。实施"学历证书(本科,研究生)+会计专业技能证书(初级会计职称、管理会计师、注册会计师等)"制度试点。

建立"3+2"双导师学徒制培养模式。学校教师和企业导师共同承担教育教学任务,在校外指导教师的设置环节中,设置兼职教师培养链条和学徒指导培养链条。兼职教师培养链条主要侧重于企业真实账务讲解、财经中心的架构和业务链条的介绍等。学徒指导培养链条则是在学生深入企业之后,以"导师-学生"的培育形式,在提供真实实习岗位的基础上,实现企业导师带教,让学生真实地接触社会。具体的培养模式如图1所示。

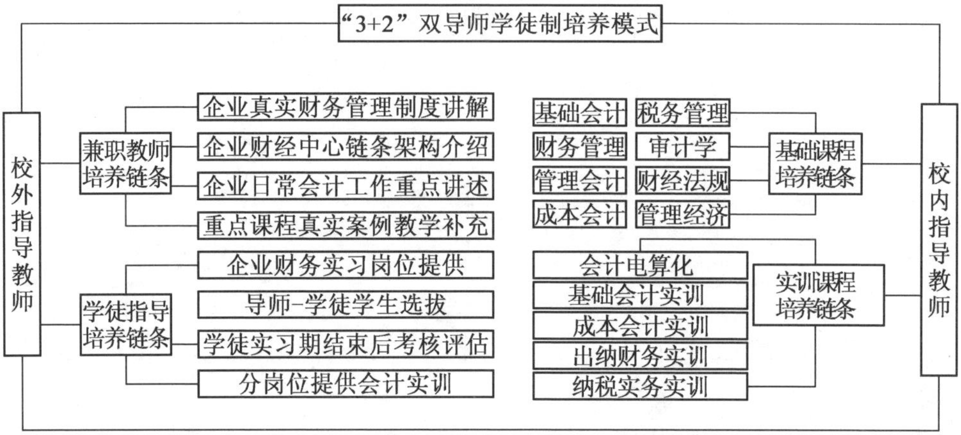

图1 “3+2”双导师学徒制培养模式

如图1所示,按照会计学专业的性质,培养时间上建议三天在学校,两天在企业接受培养。进一步实现校企协同,在岗培养,提升会计学专业学生的实际操作能力,推动在校毕业生与企业实际账务操作接轨。

2. 将顶岗实习作为必修课

在新模式下,建议各大高校将研究生二年级与本科三年级的学生结合到一起,按照实习的行业性质独立分班,并实行轮班制。学校要积极与当地的优势产业、会计师事务所、税务师事务所等和财经与会计密切相关的企业集团展开深度的合作,每年需要实现切实的顶岗实习。同时结合上文提到的“3+2”双导师学徒制,在校外一对一导师的基础上完成顶岗实习工作,杜绝流于形式的校外实践,要真正地将顶岗实习作为必修课,纳入学业考核范围,评价教学成果。

3. 形成课赛融合入企业的课程培养模式

会计学专业依托全国性的职业技能大赛以及学院专业竞赛机制,将大赛倡导的职业核心能力与课程教学内容相融合。在举办赛事的过程中,改良传统的简单依托于平台的竞赛方式,和企业深度沟通交流校企协同的方式。所有比赛不采用虚拟案例和数据,直接由合作企业承办比赛,赛前由企业人员对高校会计学专业学生进行竞赛培训,使学生深入企业了解真实的财务数据。摒弃传统“纸上谈兵”的竞赛方式,实现课赛融合,让学生学有所用,学有所获。针对会计学专业的课程设置,以及综合企业对会计学专业人才的需求,对应的技能大赛的课程体系模块设置如图2所示。

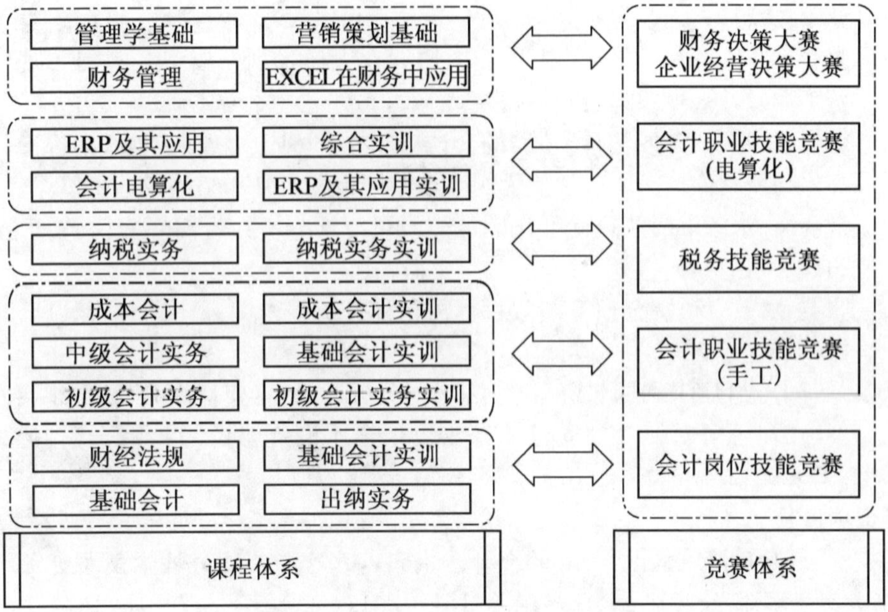

图2　课赛融合入企业的课程培养模式

五、推行校企协同育人模式的困难之处

会计专业校企协同育人难以大范围推行主要还是因为二者目标利益不一致。高校的主要目标是培养社会所需的各种层次人才。我国高校的办学性质,决定了其不会以营利为目的。但是相反来看,企业的最终目标就是实现企业利益最大化。这二者运营的方式和最终目标就决定着在合作上会有鸿沟的出现。但是,在企业的角度上看,如果学校来企业实践的学生具有较高理论素养,不需要太多的专项培训成本,那么就可以廉价地获得所要求的人力资源,对企业是一件有益的事情,但是如果培训成本太高,企业可能就会将他们拒之门外, 不会与学校合作。即使得到了企业的认可,但是企业可能也会有很多顾虑,例如,实训操作是一种短期行为,对学生进行了精心的指导培养,企业也会担心是为他人作嫁衣裳,所以难以让学生具体操作核心业务,导致会计实践操作容易流于形式。

会计专业毕业生的就业形势不容乐观,要培养出真正符合就业市场需求的会计学专业人才,就必须依托于"产教融合、校企合作"的模式。高校会计专业教师应秉持以"产"施"教" 的教学理念,正确引导学生积极参加社会实践。学生在实践过程中,应始终保持谦逊的态度、高尚的道德情操、专业的视角,努力得到企业领导的赏识与同事的认可,为个人未来的职业生涯提供保障。

【主要参考文献】

[1] 赵春宇."互联网 +"会计工厂校企协同育人模式创新典型案例[J].现代商贸工业,2018,39(22):173 - 174.

[2] 刘晓敏.基于"工匠精神"培养的会计专业校企协同创新教学模式研究——以苏州高博软件技术职业学院为例[J].中国市场,2017(33):221 - 223.

[3] 荆晓霞.永济市西兰花标准化园区建设可行性分析报告[J].农民致富之友,2017(21):144.

[4] 张英.财政专项资金预算绩效目标可行性分析报告[J].中国总会计师,2017(10):70 - 71.

[5] 刘云花.项目可行性报告资金筹集部分的分析[J].江西建材,2017(22):219 - 220.

[6] 罗纯霞.协同创新背景下会计专业校企合作模式解析[J].财会学习,2017(9):222,224.

【基金项目】

"基于'互联网 + 慕课'平台的会计学本科人才跨专业能力培养模式研究",辽宁省教育规划课题,2017 年,课题编号:JG170B417。

沈阳建筑大学 2018 年度本科人才培养方案专项课题——工商类专业教育质量国家标准下特色人才培养方案研究的阶段性成果。(沈建教字〔2018〕116 号 - 7)

【作者简介】

周鲜华(1968—),沈阳建筑大学管理学院副院长,教授,管理学(会计学)博士。

王璐瑶(1995—),沈阳建筑大学管理学院学生。

刘叶青(1972—),沈阳建筑大学建筑与规划学院,助理研究员,研究方向:教育管理。

校企协同培养创新型人才的实践路径

彭宝权[1]　刘振鹏[2]
（1、2. 沈阳建筑大学教学质量与督导办公室）

【摘　要】 为了促进学校和企业的深度合作，强化学校和企业合作培养创新性人才的模式，本文主要对校企协同的实际价值以及发展态势进行了深入研究。认为校企合作应该更多地注重个性化的发展、增强全局意识、培养实践精神、激发创新能力等方面的内容。本文主要以校企合作为基础，研究其中的基本作用、运行模式、方式和价值，以及校企协同产学研人才培养模式的构建等方面的内容。

【关键词】 人才培养；校企协同；实践路径

一、引言

校企协同是现在培养创新型人才的主要方式之一，也是推动高等教育健康发展的有效方式，能够有效地提升人才的综合素养。这种培养模式是校企双方为独立的分支，根据各自的实际需求进行资源、信息等方面的协同合作，从而实现资源的优化配置。校企协同是为了更好地帮助大学生进入实习岗位，切身感受到产业（群）发展的最新态势，增加大学生的实践性，为他们提供更多的发展契机，同时也为强化大学生的创新意识和实践能力提供了帮助。这也是高校服务社会职能价值的体现，更是科学技术成果转化的桥梁。

二、培养创新型人才的主要方式

1. 注重个性化发展

所谓的创新就是改变过去的思维模式，和群体思维不同，甚至高于群体思维。这种创新思维的发展和人才培养质量的高低紧密相连。为了有效地解决中国大学中的共性培养、共性制约和共性评价的问题，要改变固定的人才培养模式和课程设置计划，采取丰富多变的教学方式和人才培养质量评价模式，注重大学生的实践和创新，强化他们的能力培养，采取发散性的思维模式来激发学生的逻辑思维能力。

2. 强化团队合作观念

现在的学科呈现出多元化的态势，但因为个人的知识能力有限，所以创新的强度也会随之减弱。然而，团队的合作创新往往更加具有优势。所以，培养学生的团队合作能力，是强化学生创新能力的主要方式之一。可以通过校企协同的方式，来进一步强化学生的团队合作意识，通过和企业之间的实践合作，来有意识地强化学生的合作观念。

3. 指导实践探索

随着社会经济的不断发展，创新和实践成为推动社会进步的重要力量。创新和实践是相辅相成的，创新是通过实践表现出来的，实践则是创新的主要途径。因为缺乏丰富的经验，大学生的实践活动可能出现盲从的情况，所以要对大学生的实践进行引导，使其更具专业性、研究性和学术性。通过大量的实践活动来增强学生的专业能力，锻炼其自身的精神品格，培养其创新观念。

4. 培养其创新能力

创新是社会发展的主要力量，尤其是一些具有专业能力和素养的大学生，创新能力在他们的身上得到了充分的体现，但是，创新观念和创新实践还存在着一定差距，需要把创新观念和创新实践结合起来，同时还要具备坚持不懈的奋斗精神。创新没有捷径可以走，只有勇往直前的人才有希望取得胜利。一些典型的成功事例表明，只有敢于探索，不断创新，坚持不懈，这样才能获得成功。

三、校企协同的实践方式

1. 校企协同的主要作用

学校教育的主要问题在于以学科为分界线来划分知识内容，把教育之间的联系分割开来，但实际上世界上的万物都存在一些微妙的联系。针对具体学科来说，知识是一个系统，但是站在解决问题的角度来看，学科划分就忽视了知识间的联系。校企协同合作可以让学生直接面对社会，获得更多的科研实践机会，同时还有机会参与到企业重大项目的研究和产品的创新活动中去，把教学和科研结合起来。让学生深入实际，去发现问题，从而更好地解决问题，把所学习的专业知识转化为实践经验。强化学生的创新能力和实践能力，转变过去以课堂灌输式教学为主的模式，注重培养具有创新能力的人才。所以，采取校企协同合作的模式，是实现学校和企业共同发展的双赢模式。

2. 校企协同的运行体制

（1）政府帮助，政策支持。众所周知，企业的最终目的是获得经济利润，一般情况下，企业不愿意和高校进行协同合作，因为对其自身的利益没有较大的促进作用。所以，虽然有企业与学校协同，但是大多数都是处于被动和不情愿的状态，而且还没有获得政府的帮助,校企合作只能停留在最原始的阶段,所以协同合作的局面无法拓展开来。但是人才的培养是社会发展的必然要求,政府、企业和有关社会组织有义务进行帮助,政府可以通过构建相关的法律法规,来解决校企协同中的问题,指导企业和高校进行深入的合作。例如可以通过减免税收等政策,来推动企业接受更多的大学生进行实习和训练。还可以构建科研立项审批及拨款导向机制,以校企合作项目作为重点帮扶内容,尤其是有大学生参与其中的科研项目,更需要相关的政策来帮助校企协同的顺利发展。

(2)加强管理,信誉担保。在校企协同发展的过程中,企业有时只是允许学生进行实习和训练,对于企业的一些科研活动,都没有学生参与其中,这样不利于激发学生的创新观念,也不利于培养学生的创新能力。如果学生能够参与到企业的科研活动中去,就能够大大地提升大学生的创新能力和综合素养。因为企业的科研活动属于机密性活动,所以为了防止企业的技术和商业信息泄露,很多企业不愿意让学生参与科研活动。因此高校则应该加强管理,为学生的信誉做担保,并且承担相应的后果,以此来换取企业科研项目让学生参与其中的机会。

(3)让利应用,风险承担。在风险承担方面学校和企业之间必须建立长效机制,尽可能地降低对双方的不利影响。就目前而言,学生的创新性成果存在很多的缺点和不足,而创新性成果转化率低是较为突出的问题。受到学生实战经验比较少且对很多东西理解过于表面等因素的影响,很多成果从理论上来讲具有很大的可行性,一旦真正付诸实践仍存在很多潜在风险,这就造成了很多企业不愿意为这类的创新性成果买单。基于此,校企在进行合作过程中双方必须签订有关风险承担和利益共享的条约,将学生的创新性成果进行多次检验和考核,从不同方面考察成果的相关情况。

校企之间可以借助自身优势,尽可能地弥补某些因素带来的不便。一方面,学生的创新性成果一旦交给企业进行中试,不论最终的市场反响多么强烈,最终的利益均归企业所有;另一方面,一旦学生的创新性成果不符合预期效果,学校应该为企业提供相应的补偿,或者为企业提供校内专利成果弥补企业的损失,或者为企业未来发展提供更多有前景的创新型人才,尽可能地提升企业对校企合作的自信心。

3. 校企协同的方式内涵

校企协同的方式必须基于高校和企业的自身需求,在尽可能地满足双方要求的情况下采取多种多样的合作交流形式,以更好地促进双方合作的深入,实现双赢的战略目标。

(1)协同拟订教学内容。对于学校而言,课程的设置和选择对学校的人才培养至关重要,学校要培养什么样的人才与学校的教学内容密切相关。在创新型人才培养方面，校企协同拟订教学内容，有利于双方发挥各自优势，共同推进教学活动的开展。一方面，从学校角度出发，学校能够基于学生的发展实际拟订相关课程，避免课程内容脱离学生发展实际，做到“从学生中来，到学生中去”。另一方面，从企业角度出发，企业可以围绕人才培养和技术发展等因素，尽可能地将企业的实践知识融入课堂教学中，促进学生将理论和实践相结合，尽可能地让学生掌握市场动向以及学科发展趋向，培养和提升学生的创新思维和创新意识。

（2）共建实习实训基地。以往高校和企业之间并未建立起相关联系，导致很多高校为了培养学生的实践能力和创新能力，主动到企业为学生寻求实习机会，一定程度上受到多方面因素的制约，导致双方的合作很难进行。基于此，校企之间应共建实习实训基地，加强校企间的沟通交流，为学生提供方便快捷的实习实训基地，便于企业在实践环节挖掘更多的人才，便于学校为企业提供更多的创新型人才。

（3）共建项目研发中心。研发中心对整个创新性成果至关重要，学生只有掌握学科发展动态，专注于项目研发，才能尽可能地提升产品的可行性。对于校企协同发展而言，共建研发中心也是其必须实行的重要举措，从关键环节加强二者的协同发展水平，以便实现校企创新型人才资源共享。一方面，共建项目研发中心有利于企业为高校提供更多可利用的优质资源，借助企业专业研发人员指导、提升高校学生的研发水平，进而提升学校的科研成果转化率；另一方面，学校能够为企业提供更多可培养且有发展前途的人力资源，同时进一步加强相关产业集群的集聚，提升高校学生的创新能力。

（4）联合培养创新型人才。校企之间应结合自身优势，根据自身需要联合培养创新型人才，适当扩大协同范围，拓宽协同深度，提升协同层次，加强协同质量。校企之间从课程选择、教学过程、实习实训、评估评价以及毕业设计等方面协同制订方案，尽可能地培养未来企业所需的人才。

（5）专业人员交流互访。高校作为未来人才培养的重要场所，在很多方面具有突出优势。因此，在进行创新型人才培养的过程中必须充分利用这一优势，从不同方面加强专业人员的交流互访。一方面，高校学科研究人员和老师应加强与企业专业技术人员的交流，了解不同的工艺制造、技术成果转化以及未来学科发展态势等内容，加强彼此之间的协作交流；另一方面，通过校企专业人士的交流，借助老师将这些知识传递给学生，便于学生快速地掌握相关情况。

4. 协同培养的基本模式

（1）产学研结合，开放教学。未来的人才培养不应仅仅局限于学，更多的是一种产学研相结合的培养模式，这样才能培养更多社会所需的专业人才。基于此，校企协同办学应该秉持开放化的教学模式，促使人才培养与经济、社会、文化以及科技等因素相结合,尽可能地为学生提供丰富多样的知识和技能,吸收更多实用性的优质资源和服务,提升协同化的人才培养水平。

(2)协同遴选,注重实效。校企之间的协同机制必须强调实效性,尽可能地与社会人才需求相匹配,通过采取各种措施培养更多具有创新思维、创新能力的人才。一方面,在进行产品项目选择的过程中必须关注行业发展方向和领域,研发与市场相符合的产品技术,落实关键技术,形成核心竞争力;另一方面,学校和企业应该定期聘请相关专业的领军人物进行学术讲座,从更专业的角度为学生进行创新研发提供意见和建议,提升学生产学研相结合的能力和水平。

(3)依托科技园,拓展协同空间。要想提升学生的创新能力以及创新性成果的转化率,必须设立专门的创新基地——科技园或者创客中心,为学生提供专业的创新研发场所,尽可能地拓展校企合作的发展空间。一方面,科技园定期进行各种讲座,为学生提供更多优质资源,让学生在参与中提升,在十分专业的场所进行研发能够提升学生对成果的重视度,提升学生的创新能力;另一方面,科技园是高校与外界联系的场所,为高校与企业、高校与科研机构提供沟通交流的平台,拓宽学生的眼界,让学生了解更多行业发展实际,为其提供更多新颖的创新点,加快创新性成果的转化率。

(4)建立联盟,形成特色。未来的人才培养不应仅仅局限在学校这一层次,应尽可能地集聚社会各个主体的协同作用,彼此之间建立产学研人才培养联盟,逐步形成更具特色的创新人才培养体制,为社会培养更多具有科研实力的青年人。这一联盟有利于加强校企协同配合机制,发挥学校和企业的优势培养更符合市场需求的人才,使人才培养更加专业化、具体化和实用化。

(5)注重能力,共同评价。校企协同合作应以学生的能力为第一参考标准,通过学生参与各种实训进行综合评价,目的在于培养更适合创新和研发的优秀人才队伍。一方面,建立以产学研参与实效为核心要素的人才质量评价观,从学校、企业和市场各个角度制订评价方案,从不同方面考核学生的专业能力;另一方面,建立具备校企协同特色的人才评价体系,借鉴其他机构的人才评价方案,提供专业化、特色化和多元化的评价方式和评价内容,培养学生对能力的重视度,进而采取各种措施提升自身的创新能力和科研能力。

四、结语

综上所述,校企协同培养机制是伴随着当代社会发展需求而出现的,它更符合目前企业人才需求实际,更适应未来社会发展实际。一方面,通过学校与企业建立有效联系,为学生提供实践机会,提升学生对创新意识、创新思维以及创新能力的重视度,促使学生从注重知识向注重实践创新方面转变;另一方面,校企协同培养创新人才模式为高校学生提供更多接触社会的机会，让学生能够基于日常生活进行科技创新研发，提高科技成果转化率，这不仅为企业发展提供充足且优质的后备资源，而且促进我国科研实力和创新实力的整体提升，为未来的校企合作提供一种良好的发展模式。

【主要参考文献】

[1] 杨洁，何燕子．校企协同下创新型人才培养的实践教学体系构建[J]．当代教育论坛，2018(1)：107－111.

[2] 曹小玉，李际平，吕勇．林学专业创新型人才协同培养机制及其实现途径的探索——以中南林业科技大学为例[J]．中国林业教育，2017，35(2)：19－25.

[3] 杨晓明．校企协同培养药物质量控制创新型人才模式的探索[J]．西南师范大学学报(自然科学版)，2016，41(6)：213－215.

[4] 李英，李双奎．我国创新型人才协同培养的制约因素及对策[J]．中国高校科技，2016(6)：70－72.

【作者简介】

彭宝权(1973—)，沈阳建筑大学教学质量与督导办公室，科长，助理研究员。

刘振鹏(1981—)，沈阳建筑大学教学质量与督导办公室，副处，讲师。

会计专业硕士创新能力培养水平的提升策略研究

任广伟[1]　王晨晨[2]　李晶[3]

（1. 中建铁路投资建设集团有限公司总承包公司；
2. 沈阳建筑大学管理学院；3. 沈阳建筑大学理学院）

【摘　要】 通过分析会计专业硕士培养现状，结合"大智移云"背景从招生选拔、培养过程、课程设置、校企合作、市场需求等方面对提升创新能力培养的策略提出优化建议。

【关键词】 MPAcc；创新能力；复合应用型人才；大智移云

一、引言

在我国经济快速发展的背景下，在国家政策的指引下，在人才市场的需求导向下，近年来我国报考专业硕士的人数不断增长。据教育部统计，截止到2018年4月共有47门专业可授予硕士专业学位，部分还可授予博士专业学位。其中，MPAcc硕士研究生开始招生时间较短，但发展速度却较快，随之而来也暴露出诸多问题，例如在现有的教育模式下对专业硕士的创新能力培养还有很大的提升空间，绝大多数专业硕士学生缺乏创新能力，在教学培养的过程中也极少进行创新能力教育。

二、我国会计专业硕士培养现状

2004年4月，国务院学位委员会批准了北京国家会计学院、上海国家会计学院、厦门国家会计学院等21所高校开展会计硕士专业学位试点教育。其中全日制会计专业硕士招生工作从2009年开始。由图1、图2可看出拥有办学资格的高校数量逐年增加，招生规模大幅增长，自此MPAcc进入高速发展阶段。

由于学位设立时间短，培养经验不足，因此，多数学校混淆了专业硕士教育与学术型硕士的教育，极大地阻碍了专业硕士教育的发展。传统的培养模式极少注重学生创新能力的引导教育，"台上讲，台下听"模式导致学生逐渐失去提出问题和解决问题的创新能力，难以适应行业发展的不断变化。

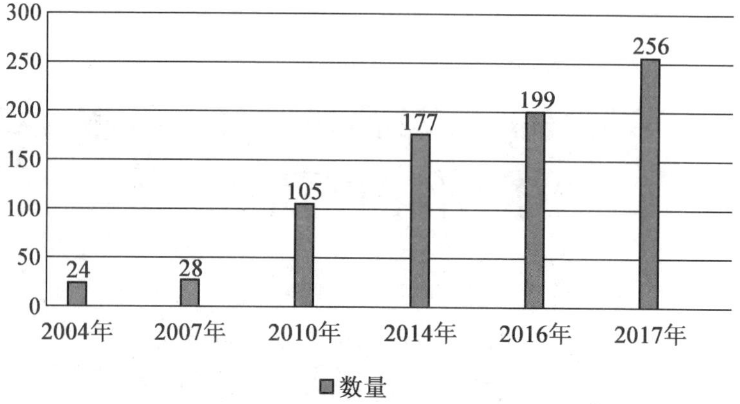

图 1　MPAcc 办学点增长情况

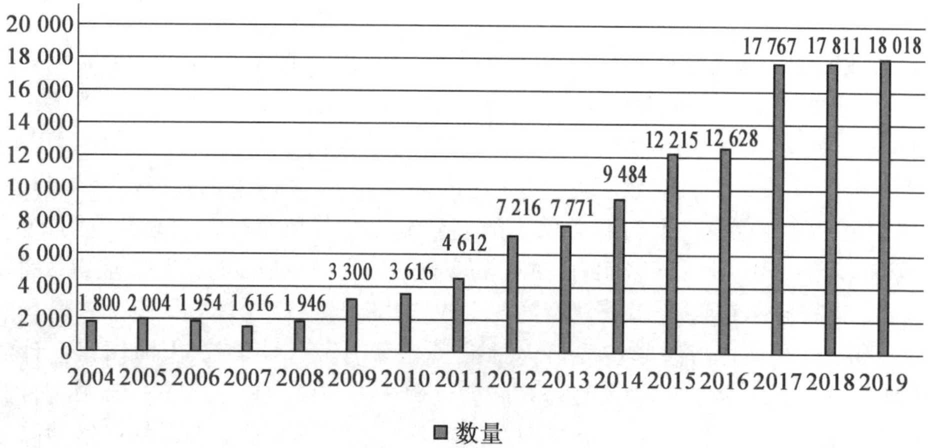

图 2　招生人数增长趋势图

三、专业硕士研究生创新的内涵及具体表现

1. 创新的内涵

创新是指通过现有的思维模式和知识储备，在“大数据、智能化、信息化、国际

化”的背景下改进旧思想或创造新思想的行为，以实现某一目标或适应社会某种需要。研究生的创新能力要从宏观角度将创新与实践相结合，从微观角度进行模块细分化创新。了解和运用现有的知识，就能提高自己找到新问题的能力，也能提高应对新问题的能力，从而能够充分地将创新融入个人的学习进步中。

2. 培养会计专业硕士创新能力的具体手段

全国会计硕士专业学位（MPAcc）教育指导委员会为了深化 MPAcc 教育的改革与创新建立了“123 + N 创新”综合改革方案（见图 3），探索建立创新教育培养模式，实现实务导向培养目标。

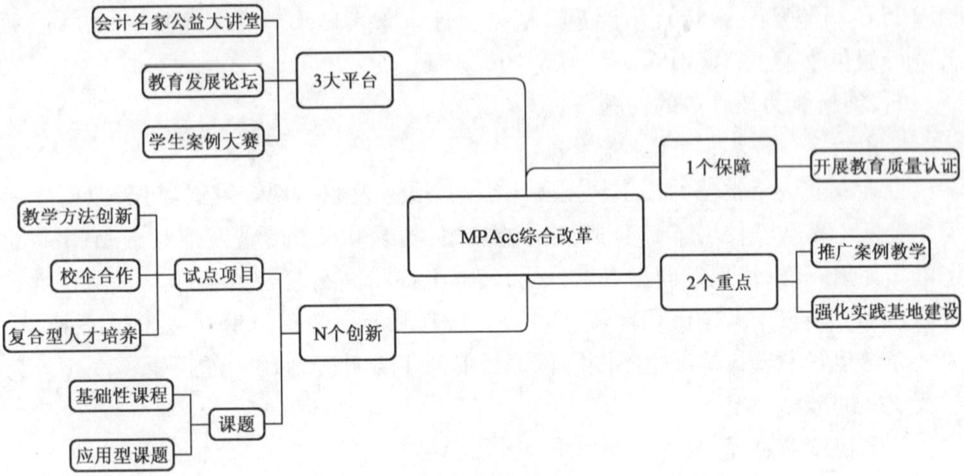

图 3　123 + N 创新综合改革方案

（1）N 个创新——教学方法创新。在教学模式的不断摸索中，一些学校开始走创新之路，例如中央财经大学建立了行动学习法；中国人民大学推行了整合性研究学习；北京交通大学采取了基于 OBE 导向的翻转课堂研究性教学改革；华中科技大学以慕课为蓝本的翻转课堂创新了教育模式。

（2）N 个创新——校企合作（见表 1）。

表 1　校企合作范例

学校	创新培养模式
中南财经政法大学	“校企协同”模式
暨南大学	基于高层次会计人才能力培养的“行—企—校”协同育人模式
中国石油大学（华东）	“产业学堂 + 会计工厂”职业胜任能力产出环境构建改革探索
江西财经大学	基于校企联合培养的 MPAcc 实践教学体系探索与实践

(3)N个创新——复合型人才培养。重庆理工大学、桂林电子科技大学、广东外语外贸大学分别实施适应"大智移云"背景的"会计与互联网""会计与财务金融大数据""会计国际化"三种培养模式。上海财经大学则充分利用校友资源实施改革;对外经贸大学则积极促进与资本市场进行对接改革。

(4)N个创新——基础性课题。一是从会计教育方面研究国外会计教育改革的经验对中国会计教育的启示和互联网革命对会计教育的冲击及应对策略;二是从职业入手研究行业大背景的变化对职业发展的影响,并对会计能力体系进行多层次研究。

(5)N个创新——应用型课题。根据会计未来发展形势多角度地对MPAcc教育进行深化改革,搭建MPAcc案例教学库资源。

四、创新能力培养中的问题

1. 招生定位模糊,标准参差不齐

会计专业硕士学位的招生规模逐年扩大,报考人数出现爆发式增长,但招生标准却较低。多数学校为了赶上MPAcc的热潮,陆续开设此专业。但对于MPAcc的定位却如出一辙,培养方向没有细分化,基本上都将高级复合型会计人才作为培养目标。部分院校未考虑市场环境、学校定位、资源能力便盲目地开展MPAcc招生,为抢夺学生资源选拔标准也不断降低。目前对于会计专业硕士的招生还没有较为权威统一的准则规定。

2. 忽视培养过程,缺乏创新思维

忽视对高级会计管理人才应具有的战略安排意识、国际化发展眼界、组织领导能力、沟通协作能力的思维引导。由于缺乏全面的培养制度、培养政策以及奖惩机制,一些教师缺乏责任感,将大部分精力用于行政或个人事务,结果教学时间不足,指导不充分。对于学生来说,如果在前沿课题的研究中缺乏老师及时的专业指导,便会对学习新知识失去信心,逐渐失去创新意识和创新能力。大多数学校的培养模式缺乏对学生创新思维的启迪教育。

3. 课程设置与时代脱轨

传统课程将学术型人才和应用复合型人才的培养目标混为一谈,也没有精准地区分全日制硕士和非全日制硕士。因此,教学大纲和教职员工基本上是一样的,有些学校也应用同样的教学制度,导致无论是全日制,还是非全日制学习体系在专业知识和实践能力上都有不同程度的缺陷。课程设置也没有紧跟"大智移云"时代的脚步引入综合管理、风险管控、智能信息化会计软件教育。选修课设置不具有模块化细分优势,缺乏开展特色化科目培养的基础条件。

4.校企联合培养体系不健全

无实践的教育模式并不适合MPAcc学生的教育。MPAcc设立的目的是为社会培养出能够适应企业导向的复合型人才。多数学校引入了校外导师,采取双向培养模式,但在校外导师体系建立、人员聘请、后续制约上却缺乏明确完善的制度标准,导致导师的能力水平不一。与此同时,缺乏实现产学结合的企业资源,多数企业对校企联合培养的认识度低,参与度低,导致学生缺乏实践机会,实务训练不足,无法将理论与实践进行有机结合,影响学生的创新能动力。

5.忽略市场对会计人才的需求

在全球化的互联网金融背景下,"云会计""财务共享中心"的出现使会计人才的需求结构也发生了变化。几十年前,基础会计人员需求量大,但在当下信息化时代,基础会计的工作大部分已由计算机取代,转变为电算化会计。当前企业更需要的是具有数据处理能力的高级会计人员。根据财政部的统计数据,中国有20万人拥有会计从业资格证,但只有0.49%拥有高级职称。由此可见,高级会计人才在中国有很好的发展前景。绝大多数学校的教育并不能帮助学生适应大数据时代的变化,很多毕业生仍然在从事基础的会计工作。

五、提升创新能力培养水平的策略

1.明确培养定位并提高选拔标准

首先,在培养定位方面可借鉴桂林电子科技大学MPAcc在互联网金融背景下依托广西独有的XBRL优势,政府、企业、高校三方协同培养出掌握XBIL技术的高级会计信息化人才,为相关企业提供高级会计人才、高级审计人才、高级管理会计人才,满足广西的本土人才需求模式。

其次,在甄选过程中,应该更全面地评估学生,而不是仅仅关注学生的成绩。可参照他们的大学经验和社会实践经验增加选拔条件。专业课程的考试不局限于在复试过程中进行,对计算机能力较强、数据分析能力较强的同学适当给予加分政策。对于非会计专业的学生,由于其严重缺乏专业知识,甄选制度应更加严格。在确定录取后应对其进行半年到一年的专业知识教育,且需要取得一定的成绩并拿到足够学分方可进行下一阶段的学习。严格的甄选制度能够吸纳更多优秀的复合型人才,并在选拔过程中增强学生对创新能力的认识。

2.完善培养体系,重视专业比赛

我们可以借鉴国外的会计专业硕士培养体系,去其糟粕,取其精华。根据"互联网"时代的特点,将专业培养体系与互联网、大数据、信息化深度融合,将会计的培养方向由传统的记账会计向管理会计转变。

(1)优化教师选聘制度。在校外导师选拔中可将有计算机专业背景的财务相关从业者作为优先聘任对象,侧重财务软件、云会计、云审计、会计与大数据的应用。在专业知识方面选派经验丰富的教师能够及时有效地帮助学生建立理论知识体系。在实操教育方面聘请注册会计师、首席财务官(CFO)、并购专家(M&A)进行实例分享。

(2)重视专业比赛。目前国内对于会计专业硕士来说较为权威的比赛就是中国MPAcc学生案例大赛,但其给予学生学习交流展示的机会很少。学生可积极参加"EVC企业价值创造实战竞赛""挑战杯""大学生创业项目"等综合性比赛。针对比赛所涉及的问题,积极参与调研,深入了解会计的各项工作,丰富经验,从而提高毕业论文的创新性。

(3)依托会计人员能力框架进行针对性培养。培养符合国际化战略发展目标的高级复合型会计人员,使其成为能够适应不同国家政策、不同行业情况的会计人员。中国的会计专业硕士培养可依托国外高级管理会计人员的能力框架(见表2),制订既符合国情又兼顾国际会计制度的教学培养方案,例如江小琴就曾提出以技术能力、人际能力、决策能力为核心的管理会计人才能力框架;王华在2018年提出了以职业道德为基础、通用技能和专业技能为要件的互联网时代下会计人员能力的三维框架。

表2 2019年国外高级管理会计人员的能力框架

类别	CGMA管理会计能力框架	IMA管理会计能力素质框架
1	技术技能	战略规划和绩效
2	数字技能	报告和控制
3	领导技能	技术分析
4	商务技能	领导力
5	人际技能	商业敏锐度和运营
6	道德、诚正、专业精神	职业道德和价值观

3. 创新课程设置,革新教学方式

学院可根据自己的地域特点、资源优势、教学能力和主流行业建立相关课程。课程与市场导向结合,实现教学内容多样化、教学模式灵活化。结合"大智移云"时代背景尝试提出MPAcc培养课程体系(见图4)。该体系重视会计与计算机的融合创新能力和商业眼界的拓展,具体可在财务软件实操、云会计、云审计、大数据综合应用分析等方面体现;同时鼓励学生进入企业、会计师事务所等相关单位实践,积极参加全国会计专业学位研究生教育指导委员会举办的各类会议和论坛。

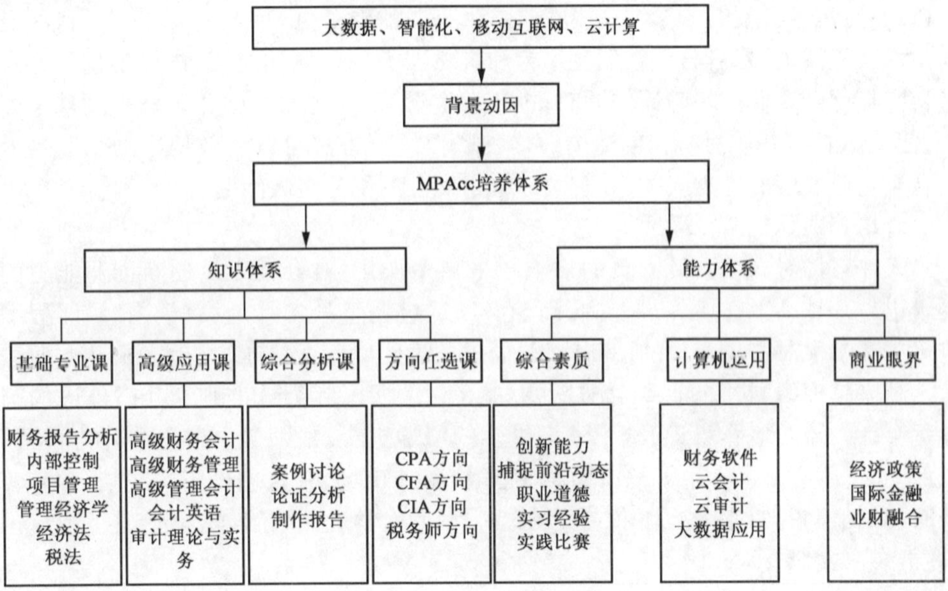

图4　MPAcc 培养课程体系

(1)教师分模块参与教学。通常来说在过往的教学当中,一门课程一般是由一位老师从开始讲到结课,学生在上课过程中易产生倦怠心理,课程也变得无趣。为了激发学生的创新思维,可以采用不同章节由不同老师来讲授。老师的研究方向各有所长,因此在进行案例教学时能够讲解不同的案例,或对不同的案例有不同的见解,使学生多方位了解行业前沿信息,便于进行学科交叉的创新研究。

(2)增加计算机相关课程。根据学生 Excel、PPT 的掌握情况,为应对信息化时代的挑战,可考虑强制要求学生在毕业之前必须拥有计算机国家二级或其他计算机等级资格证。在此基础上对学生的财务软件操作能力和大数据分析能力进行考核并计入学分。

(3)革新教学方式。引入翻转课堂和慕课教学模式,将教师与学生角色对调,激发学生发现问题能力和自主探索研究能力,邀请学科名师、专家、优秀企业家展开多元化的网络授课,让课堂教育摆脱时间与地点的束缚。在课题研究时可组织学生实地走访调研,激发学生解决问题的兴趣,提高解决实际问题的能力。

4. 强化校企联合培养建设

目前,会计人员市场定位多样化,高级会计人员行业定位复杂。各高校需要及时制订针对企业的导向型培养计划,并与会计师事务所、金融机构、企业集团形成对接培养,建立有效的产学结合模式。参观企业的财务共享中心,开展跨学科的专业学术交流活动,积极与创新创业平台和孵化器类创新主体对接,搭建出创新共享平台。在帮助企业排除障碍的同时,也让学生学习了新知识,强化了学生的基本能力,使他们能够提升创新和创造力。这种联合培养方法可以有效地帮助企业培养适合于企业发展的优秀人才,并解决一些组织上的职务空缺问题。

5. 培养国际化会计人才

人才市场对高级会计人员的需求越来越多样化,对会计人员创新创业能力的要求也越来越高。在培养过程中,高校必须通过调整教学计划、教学内容、课程编排等提高学生对市场变化的创新认识,促进学生明确就业需求、岗位需求和专业需求。越来越多的国外企业到中国发展,提高对掌握国际会计准则和几门外语的国际化会计人才的培养意识,给予学生更多的留学机会,帮助学生建立国际化视野。与此同时,还应要求学生了解市场需求、积极融入市场,并将理论与实践结合起来,及时规划他们的职业生涯和未来发展方向,以激发学生无限的创新研究能力。

【主要参考文献】

[1] 杨小平,许红晴,李明. 互联网财务金融背景下我国 MPAcc 人才培养模式改革——以桂林电子科技大学为例[J]. 西部素质教育,2019,5(6):1-3,12.

[2] 杨宝,甘孜露. 服务“一带一路”倡议的输出型 MPAcc 人才能力框架构建及培养路径[J]. 商业会计,2018(13):112-114.

[3] 唐现杰,刘浩. “大智移云”时代会计专业硕士创新创业能力培养对策研究[J]. 商业会计,2018(8):110-113.

[4] 陈晓芳,龚欢,尹聪. 面向市场导向的会计专业硕士人才培养路径研究——基于会计专业硕士人才需求影响因素的调查问卷分析[J]. 武汉理工大学学报(社会科学版),2018,31(4):187-192.

【作者简介】

任广伟(1987—),中建铁路投资建设集团有限公司总承包公司哈尔滨分公司,总会计师。

王晨晨(1995—),沈阳建筑大学管理学院,硕士研究生。

李晶(1972—),沈阳建筑大学理学院,副教授。

高校大学生创业倾向的影响因素调查研究

张嵩[1]　王晓梅[2]　沈玛丽[3]
（1、2、3. 沈阳建筑大学管理学院）

【摘　要】 本文以在校大学生为调查对象，采用问卷调查和个人访谈的调查方法，调查了个人特质、个人背景、创业态度和创业环境四个方面影响因素与创业倾向之间的关系，分析了影响大学生创业的阻碍性因素并提出对策建议。

【关键词】 大学生创业；个人特质；个人背景；创业态度；创业环境

一、引言

随着经济全球化和知识经济时代的到来，创业逐渐成为世界范围内就业新趋势。高校大学生是创业潜在的主力军，调查其创业倾向的影响因素有助于加深对发展大学生创业的认知。

2017 年高校毕业生人数达到 795 万，同比 2016 年，高校毕业生增加了 30 万，使高校毕业人数达到一个新高度，无疑增加了就业压力，2017 年堪称史上最难就业年。2015 年大学生创业比例为 3.0%，比 2013 年大学生创业比例增加了 0.7%，越来越多的大学生把创业作为一个解决就业的新途径。

当大学生萌生创业想法，产生了创业的个性心理倾向时，这就意味着创业之路即将开始。创业倾向是创业行为的前提，是创业理论研究的重要构成部分。越来越多的学者关注和研讨当前大学生自主创业，然而对大学生创业倾向的影响要素还存在分歧。本次调查以全日制在校大学生为调查对象，将这些影响因素通过统计方法做出比较分析，对于大学生的创新创业教育，引导大学生合理选择具有重要现实意义。

二、调查设计与实施

1. 大学生创业倾向影响因素分析

创业是创业者对自身已有的资源或者通过自身的努力奋斗所获得的资源进行

合理兼并和整合,使这些资源创造出更多经济或社会价值的进程。大学生创业是指在校和已毕业的大学生作为创业的主体部分的创业价值进程。

创业倾向是指在与创业有关的过程中对自己本身起到动力鼓舞的心理倾向。表示将来有可能会选择创业,将对其自身的创业倾向发挥决定性的作用。出现创业的想法和动机,才会决定走上创业的道路,并为之准备。创业态度指一个人对创业的看法,自身对周围事物的态度会影响是否做出创业的选择。创业意愿是一个人主观上的态度,是对于未来是否选择创业这条道路的主观意愿。笔者将大学生的创业倾向,定义为大学生这类特殊群体,有创业的个性心理倾向,选择创业的可能性。影响其创业的因素有个人特质、个人背景、创业态度和创业环境。

(1)个人特质。国外有许多学者研究个人特质与创业倾向的关系,其研究对象是已经创业成功的企业家。有学者认为,创业成功的企业家自身具备创新性、冒险性、风险承担力等个人特质。

(2)个人背景。许多学者认为,高校大学生中男性的创业倾向普遍高于女性,在创业兴趣方面,高校男性学生比女性学生创业的兴趣要更加持久,而且随着时间的延伸,女性学生的创业兴趣会逐渐递减。来自城镇和来自乡村地区的学生相比较而言,乡村地区的大学生创业倾向高于城镇地区。家庭主要成员中有经商经历的学生比家庭成员中未有经商经历的学生创业倾向高。以上结论是围绕一般群体展开研究得出的,那么高校在校大学生这一特殊群体会不会也合乎这些结论呢?此次调查有针对性地将高校在校大学生作为考察对象,探讨个人背景和大学生创业倾向之间有何关系。

(3)创业态度。布雷菲尔德和克罗克特经过调查分析,首次阐释了创业态度和创业倾向之间的联系。而卡西奥波进一步通过检验,更深入地明确了创业态度和创业倾向之间的关系:创业态度和创业倾向存在显著性关系。罗比森和陈劲等中外学者的验证结果也表明,创业态度和创业倾向之间是显著性关系且呈正相关关系。

(4)创业环境。2007 年,蔡莉根据供需和资源依附两个理论,以此为基础,将二者进行整合,进而提出一个新的理论——创业环境理论。她将该理论分为以下四个方面(见图 1):创业资源需求、现有资源、环境要素与环境主体。

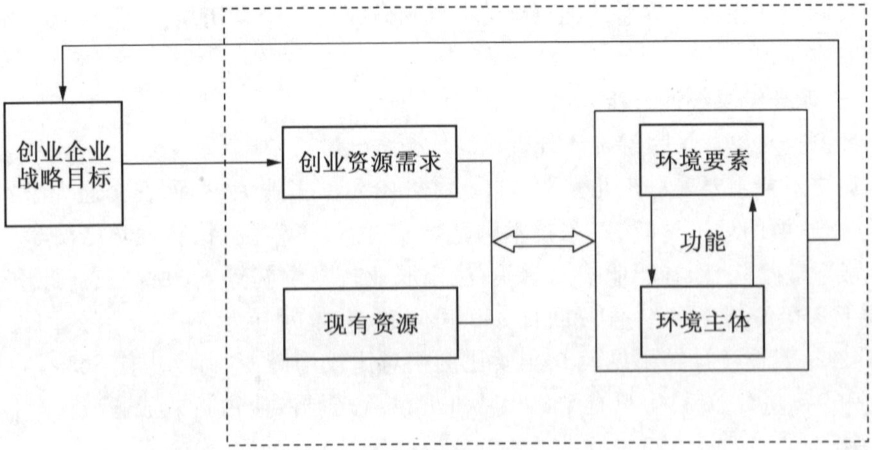

图1　创业环境理论模型

2. 调查设计与实施

(1)选择调查指标。个人特质:威信、独立性、亲和力、创新性、冒险性、果断干练、领导能力、积极乐观、风险承担力,共九大特质。

个人背景:性别、学历、专业、家庭成员从商、创业大赛经历、创业教育、工作经历。

创业态度:实现自己的理想、积累金钱和财富、发展前景好、独立欲强、享受挑战、就业压力大、希望得到认可、渴望对社会做出贡献、权利地位,共九大创业态度。

创业环境:环境影响的指标包括整体的市场经济、家庭环境、政府的支持体系以及学校的创业教育体系。

(2)确定调查方法。本调查选择了访谈和问卷的方法收集信息。

访谈对象选择具有代表性的学生创业者。根据与创业成功的学生的访谈内容,整理出有关设计创业倾向影响因素问卷的问题和意见。此次访谈对象为沈阳建筑大学创业者秦东,从他的基本信息、为何选择创业、创业经历以及创业者自身具备的个性特质的几个方面进行访谈,将访谈内容进行归纳整理。

设计调查问卷。在文献研究基础上,选择确定调查指标,再结合访谈做出筛选,并进一步小范围测试。在沈阳建筑大学,选择大一至大四年级15名同学进行小范围测试,然后根据他们的反馈,对存在的问题进行最后的修改,确定调查问卷。

(3)确定抽样方法。调查问卷选择的抽样方法是简单随机抽样法,针对的是全国全日制大学在校大学生,包括专科、本科和研究生三个学历层次,学校有一本、二本和三本院校。

三、调查结果统计分析

1. 调查对象背景因素统计分析

调查对象主要来自东北大学、暨南大学、哈尔滨工业大学、西安交通大学、沈阳建筑大学、厦门理工学院、广东技术师范学院、南昌工学院、长春大学旅游学院、渤海船舶职业学院、长春职业技术学院、沈阳职业技术学院等 66 所高校。此次共计发放了 350 份调查问卷,实际回收 340 份问卷,有效问卷为 340 份,有效回收率为 97.14%。具体统计结果见表 1,男女比例相对比较均衡,本科生占比 86%左右,研究生占 9%左右,专科生只有 5%,其中非经济管理类专业占近八成,经济管理类占 2 成多。

表 1　基本信息的结果统计

类别	个性特征	频数	频率(%)
性别	男	154	45.29
	女	186	54.71
	合计	340	100
学历	专科	17	5
	本科	292	85.88
	研究生	31	9.12
	合计	340	100
专业	经济管理类	76	22.35
	非经济管理类	264	77.65
	合计	340	100

参与调查的大学生创业想法、创业大赛、工作经历、家庭成员经商以及创业教育类课程方面的基本情况见表 2。从数据可以看出被调查者当中参加创业大赛的比重低,参与创业大赛的积极性不高,说明大学生还未意识到创业大赛对创业倾向有何重要性;如果家庭成员中有经商者会对自身的创业有一定的鼓舞作用;在创业教育课程方面,各高校大部分学生参加过此类课程,这说明高校在创业教育方面的

投入,让拥有创业倾向的学生能够接受创业教育,对今后的创业生涯有一定的指导作用;工作经历方面的数据显示大学生有工作经历的人居多,说明大学生利用学习课程之外的业余时间选择兼职或者实习等,积累工作经验,加强专业技能。

表2　个人背景信息统计

背景因素	个体状况	频数	频数合计	频率	频率合计
创业大赛	参加过	103	340	30.29%	100.00%
	没参加过	237		69.71%	
创业想法	有	100	340	29.41%	100.00%
	没有	240		70.59%	
家庭成员从商	有	108	340	31.76%	100.00%
	没有	232		68.24%	
创业教育课程	学过	230	340	67.65%	100.00%
	没学过	110		32.35%	
工作经历	有	256	340	75.29%	100.00%
	没有	84		24.71%	

2. 大学生创业倾向影响因素的分类分析

(1)个人特质影响创业倾向。大学生创业需要具备什么个人特质,通过比较均值的大小,可以看出创新性均值最高,独立性其次,说明样本中的学生认为所需的创业个人特质集中在创新性和独立性,见表3。也反映了风险承担力和果断干练二者均值等同,冒险性和领导能力均值也等同,样本对象觉得同等重要。而均值后三位分别是积极乐观、亲和力和威信,说明样本对象认为这三种因素对创业倾向的影响较小。

对大学生创业倾向最不重要的影响因素有哪些,其中喜爱冒险的均值最大,即最不重要的因素是喜爱冒险,见表4。创业本身就是一种冒险,创业者应具备一定的冒险精神,通过样本对象的选择可以看出喜爱冒险对于创业倾向的影响来说是较小的。而富有创新性均值最小,其标准差最小,说明数据离散程度小,代表性好。即富有创新性因素对创业倾向的影响较大。“大众创业、万众创新”,说明创新创业势在必行,因此大学生在提高自身素质的同时,也要提高创新意识和能力。

表 3　个人特质描述统计

个人特质	N	均值	标准差	方差
创新性	340	0.77	0.421	0.177
独立性	340	0.56	0.497	0.247
风险承担力	340	0.51	0.501	0.251
果断干练	340	0.51	0.501	0.251
冒险性	340	0.45	0.499	0.249
领导能力	340	0.45	0.499	0.249
积极乐观	340	0.34	0.475	0.225
亲和力	340	0.29	0.456	0.208
威信	340	0.14	0.343	0.117
有效的 N（列表状态）	340			

表 4　个人特质影响创业倾向的描述统计

个人特质	N	均值	标准差	方差
喜爱冒险	340	0.52	0.5	0.25
成熟度	340	0.46	0.499	0.249
精力充沛	340	0.4	0.491	0.241
社会阅历	340	0.35	0.477	0.227
社会经验	340	0.33	0.47	0.221
富有创新性	340	0.16	0.369	0.136
有效的 N(列表状态)	340			

(2)个人背景影响创业倾向。个人背景因素中,选取了性别、学历、专业、家庭成员从商、创业大赛经历、创业教育、工作经历 7 项进行卡方检验,分析出哪个类别变量对创业倾向有影响。查看表 5 各因素的 Pearson 卡方值和 P 值可以看出:

性别:$P=0.172>0.1$,说明性别与创业倾向没有显著性关系。此结论的得出可能由于样本中男生数量多于女生。

学历:$P=0.251>0.1$,说明学历与创业倾向没有显著性关系。

专业:$P=0.456>0.1$,说明专业与创业倾向没有显著性关系。查阅文献的结论是经管类专业的学生创业倾向高于非经管类专业，与分析得出的结果不一致，可能是因为样本中经管类学生数量远远低于非经管类。

家庭成员从商：P =0.000 <0.01，说明家庭成员从商与创业倾向有显著性关系。家庭成员从商会潜移默化地影响自己，使自己受到鼓励，大大地增加了创业欲望。

创业大赛经历：P =0.012 <0.05，说明创业大赛经历对创业倾向有影响。

学习创业教育：P =0.449 >0.1，说明创业教育与创业倾向没有显著性关系。大学生没有接受过系统的创业教育课程，大部分学生都只是学习过学校设置的一两门创业类课程，因此发挥的作用不大。

工作经历：P =0.033 < α 值 0.05，说明工作经历对创业倾向有影响。根据卡方检验值汇总表5可以得出，大学生创业倾向与家庭成员从商、创业大赛经历和工作经历有关，与性别、学历、专业和创业教育无关。

表5　个人背景影响创业倾向的卡方检验值汇总表

个人背景因素	Pearson 卡方	渐进 Sig.（双侧）
性别	1.861	0.172
学历	2.762	0.251
专业	5.711	0.456
家庭成员从商	24.183	0.000
创业大赛经历	6.32	0.012
学习创业教育	2.647	0.449
工作经历	4.522	0.033

(3)创业态度影响创业倾向。大学生创业倾向的创业态度设计成9个指标，将其分成精神层面的追求态度、物质层面的追求态度和社会责任层面的追求态度。从表6可以看出创业态度方面，实现自己的理想、积累金钱和财富和发展前景好排在前三位，属于精神层面的追求态度和物质层面的追求态度，说明样本学生实现自己的理想最为强烈。独立欲强、享受挑战、就业压力大和希望得到认可几者均值差距不大，渴望为社会做出贡献和权利地位均值最低且相等，说明样本学生对前程有较高的渴望，而对于权利和其他方面没有强烈的追求欲望。渴望对社会做出贡献的创业态度对创业倾向影响较小，可能是因为大学生创业优先考虑的是个人需要和兴趣的满足，所以忽略了对社会做出贡献这个方面。

表 6 创业态度影响创业倾向的描述统计

影响因素	N	均值	标准差	方差
实现自己的理想	340	0.51	0.501	0.251
积累金钱和财富	340	0.46	0.499	0.249
发展前景好	340	0.41	0.492	0.242
独立欲强	340	0.31	0.464	0.215
享受挑战	340	0.31	0.465	0.216
就业压力大	340	0.28	0.449	0.202
希望得到认可	340	0.25	0.435	0.19
渴望对社会做出贡献	340	0.14	0.346	0.119
权利地位	340	0.14	0.343	0.117
有效的 N（列表状态）	340			

(4)创业环境影响创业倾向。将创业环境分为家庭环境、社会环境、政府环境和学校环境，从表 7 可以看出，被调查者选择整体的市场经济居多，其次是家庭环境，而政府的支持体系和学校的创业教育体系比重低。整个市场经济环境的变化，推动了网店、快递等新兴行业的兴起，许多大学生也加入这些行业的创业当中。大学生会受家庭创业环境的氛围影响，多多少少对创业有一定的见解，所以，社会环境和家庭环境的影响较大。而高校仅仅能营造一种创业氛围或者增设相关课程，短时间内对于大学生来说发挥的作用并不大。

表 7 创业环境影响创业倾向的描述统计

环境因素	频率	百分比	有效百分比	累积百分比
整体的市场经济	168	49.4	49.4	49.4
家庭环境	92	27.1	27.1	76.5
政府的支持体系	52	15.3	15.3	91.8
学校的创业教育体系	28	8.2	8.2	100

3. 创业倾向影响因素交叉分析

将创业影响因素进行交叉分析，虽然个人特质居首位，但四者之间均值和方差的差值都较小,说明集中程度和离散程度比较接近,见表8。可以认为个人特质、个人背景、创业态度和创业环境对创业倾向的影响几乎发挥同等的作用。

表8 影响大学生创业倾向因素的描述统计

影响因素	N	均值	标准差	方差
个人特质	340	0.56	0.497	0.247
创业环境	340	0.54	0.499	0.249
个人背景	340	0.51	0.501	0.251
创业态度	340	0.48	0.5	0.25
有效的 N	340			

四、鼓励大学生创业的对策建议

1. 政府的支持政策和引导

资金不足、创业风险大等外部环境因素影响了大学生创业。虽然政府已经出台了较多的优惠政策,然而扶持政策相对来说没有那么完善,大学生创业需要政府的支持政策和引导,需要营造一个良好的创业环境。调查统计分析后发现,被调查的大学生希望政府采取以下措施,见表9。被调查者希望政府采取的措施有:对创业的大学生提供更多的扶持和优惠政策;开展大学生自主创业培训,提供服务管理机构;为创业的大学生提供更多可行性的项目和资金的供给;提供高新科技园区或其他类型孵化器的配套服务;加大对大学生创业成功的案例宣传和推广工作。

表9 希望政府采取的促进创业的措施

政府政策	N	均值	标准差	方差
对创业的大学生提供更多的扶持和优惠的政策	340	0.75	0.435	0.19
开展大学生自主创业培训,提供服务管理机构	340	0.55	0.499	0.249
为创业的大学生提供更多可行性的项目和资金的供给	340	0.54	0.499	0.249
提供高新科技园区或其他类型孵化器的配套服务	340	0.45	0.499	0.249
加大对大学生创业成功的案例宣传和推广工作	340	0.37	0.483	0.233
有效的 N(列表状态)	340			

2. 高校的创新创业教育要全面具体有效

现阶段高校增设了创业类教育课程，但达到的效果并不理想，创业教育课程之间都是孤立存在的，课程缺少实践环节，凭开设几门创业类教育课程，很难提升大学生自身的素质和能力，因此高校的创业教育要全面具体有效。调查过程中发现，被调查者希望学校采取的措施有：积极开展创业实践类活动和创业大赛；创业教育的课程设置应该更加合理；举办有意义的创业教育讲座；建设大学科技园以及营造轻松愉快的校园创业文化（见表 10）。

表 10　希望学校采取的创业教育措施

创业教育措施	N	均值	标准差	方差
开展创业实践活动	340	0.67	0.472	0.223
开展创业设计大赛	340	0.51	0.501	0.251
开设教育指导课程	340	0.43	0.496	0.246
举办创业教育讲座	340	0.38	0.487	0.237
建设大学科技园	340	0.37	0.484	0.234
营造宽松的校园创业文化	340	0.27	0.445	0.198
有效的 N（列表状态）	340			

3. 大学生个人素质的提升

提升大学生自身的综合素质，有利于提高创业倾向。个人特质、个人背景和创业态度属于个人因素，建议从以下四个方面提升个人综合素质。第一，应该掌握所学专业的基础性知识，利用假期寻找实习机会，将理论与实际结合，提高专业技能；第二，提高创新意识和创新能力，积极参加创业大赛，培养创新精神；第三，培养独立性和冒险性，创业往往是一个冒险的行为和个体行动，具备冒险精神和独立性对于创业是非常必要的；第四，保持良好的身体和心理素质，正确对待挫折，克服期望值过高的心理，增强自信心，勇于接受挑战。从心理人格的成熟到专业技能的提高，提高大学生的创业倾向。

五、小结

通过调查我们了解到：第一，大学生创业需要具备的个人特质主要有创新性、独立性、风险承担力和果断干练，大学生拥有创新意识和创新能力是非常重要的；第二，大学生创业倾向与创业大赛经历、家庭成员从商和工作经历有关，与性别、专业、学历和学习创业教育无关;第三,实现自己的理想、积累金钱和财富和发展前景好三种创业态度主要影响着创业倾向,大学生对仕途的渴望高于其他方面的追求;第四,市场环境和家庭环境对创业倾向有重要的影响,而政府的支持体系和学校的创业教育体系对创业倾向的影响较小;第五,个人特质、个人背景、创业环境和创业态度对创业倾向的影响几乎发挥同等的作用。所以促进大学生创业,政府、高校要营造良好的创业环境,大学生应提升自身综合素质。

【主要参考文献】

[1] 清华大学中国创业研究中心.来自全球创业观察的中国报告[J].中国经贸导,2004(14):33.

[2] 范巍,王重鸣.创业倾向影响因素研究[J].心理科学,2004,27(5):1087-1090.

[3] 贺丹.大学生创业倾向的影响因素分析[D].杭州:浙江大学,2006.

[4] 钱永红.个人特质对男女创业意向影响的比较研究[J].技术经济,2007(7).

[5] GNYAWALID R, FOGEL D S. Environments for Entrepreneur - ship Development: Key Dimensions and Research Implications Entrepreneuship[J]. Theory and Practice, 1994(4): 43-62.

[6] MUELLER S L, THOMAS A S. Culture and Entrepreneurial Potential: A Nice Country Study of Locus of Control and Innovativeness[J]. Journal of Business Venturing, 2000(16): 52.

【作者简介】

张嵩(1966—),沈阳建筑大学管理学院,副教授,硕士生导师。

王晓梅(1996—),沈阳建筑大学管理学院,硕士研究生。

沈玛丽(1995—),沈阳建筑大学管理学院,本科生。

以创新型人才培养为目标的高校师资队伍建设研究

苏立红[1]　许音[2]
（1、2. 沈阳建筑大学管理学院）

【摘　要】 本文结合新时代创新型人才培养的目标，对新时代创新型师资队伍建设的能力要求进行了阐述，分析了目前高校创新型师资队伍建设在思想观念、内涵设计、管理机制等方面存在的问题，提出了创新型师资队伍建设要坚持“党管人才”的定位、要强化以创新为主体的办学理念、要树立开放思维、要积极推进师资的再教育、要积极营造创新教育环境和搭建创新教育平台五方面的具体对策。

【关键词】 创新型；人才培养目标；师资队伍建设

一、引言

创新是当今时代发展的主题，从根本上说，创新型国家的建设、科教兴国战略的实施及可持续发展战略目标的实现，需要一批又一批的实用型、创新型人才的脱颖而出。而培养高素质创新人才的一个重要前提则是大学拥有一支高素质、高水平的创新型师资队伍作为基本保证，这也是高等院校担当起教育创新和培养创新人才使命的重要条件。因此，高等学校进行以创新型人才培养为目标的师资队伍建设的探索与实践是一项非常重要的工作。

二、创新型人才培养对高校师资队伍建设的要求

目前对于创新型人才较为一致的认识是：创新型人才是指富于独创性和具有创造性贡献的人。创新型人才的主要素质包括大无畏的进取意识、积极主动的开拓精神、强烈的创造欲望和超凡的创造才能。对于这类具有独立创造精神和创造

能力的人，没有一流的创新型师资力量与之匹配，是很难产生一流的创新成果的。那么，以创新型人才培养为目标的高等教育对于创新型师资队伍建设有哪些要求呢？

《中共中央、国务院关于全面深化新时代教师队伍建设改革的意见》中指出："到2035年，教师综合素质、专业化水平和创新能力大幅提升"、"教师主动适应信息化、人工智能等新技术变革，积极有效开展教育教学。"这对创新型师资队伍的能力和素质提出了要求。尤其在创新人才培养方面，明确了新时代高校应该围绕人才强国战略、创新驱动战略进行创新型人才培养，在人才培养过程中能够站在国际视角，并以最大的辐射把相关领域最前沿的知识及时地传递给学生。

结合党中央、国务院对新时代教师队伍建设的要求，紧紧围绕创新型人才培养的目标，笔者认为，新时代高等学校教师应具备如下能力：一是要有丰富、完整的知识体系。创新人才培养要求教师要具有丰富广博、扎实完整的知识体系作为能力基础，这是创新型师资培养的基本条件。二是要有创新头脑和创新思维。这要求教师应思维活跃，善于用新颖独特的方法思考问题、解决问题，甚至能够用超常规甚至反常规的视角去思考问题。三是要有敢于挑战、勇于探索的创造能力。这要求教师要有敏锐的洞察力，善于逆向思考，敢于求证真伪，质疑权威。四是要不断丰富视野，对满足信息化、人工智能等新技术变革要求的相关领域能够积极参悟，广泛涉猎，开拓国际化思维。五是要有严谨治学、勤于钻研的教研能力。教师通过充分运用知识，总结教学经验，探索教学方法，形成受人才成长欢迎的独特风格。六是要以人为本，因势利导。这要求教师要善于从学生个性出发，运用先进的教育方法，启发引导学生的创新头脑，从而使学生产生创造思维，最大程度发挥其创造潜能。七是具有真诚无私的师德和人格魅力。这要求教师要善于灵活运用人性化的关怀和富于亲和力的教学模式，真正成为灵魂工程师。

三、目前高校创新型师资队伍建设存在的问题

目前，高校师资队伍建设整体在思想观念、体制机制、能力培养和保障措施等很多方面存在问题，在这样的环境中，创新型师资队伍培育面临很多问题，具体体现在以下三个方面：

1. 在创新型师资队伍建设的认识上，理念创新不够

人才是大学发展的基础和根本。拥有一批具有创新能力、肯于奉献的创新型人才，将给学校的发展和学科建设带来巨大的推动力。较为遗憾的是，关爱人才、重视人才成长目前在很多高校体现得还不到位。一是领导者的顶层思维不足，对于人才引进和人才成长的政策保障思考不够，对于创新型人才的吸引力没有形成。二是在管理和服务层面，没有树立全方位、全过程对接的理念，对于创新型人才在

使用和发挥作用方面存在漠视甚至阻碍,不能提供最及时有效的保障和服务,伤害了人才的工作积极性,不能有效做到人尽其才,不能真正最大限度地发挥人才的优势。三是师资队伍自身观念存在局限,很多老师疲于应付科研教学工作任务的完成,没有认识到创新型师资的成长对于创新型人才培养的重要意义和应担负的社会责任。

2. 在创新型师资队伍制度建设上,保障性不够

笔者通过研究发现,目前高校教师普遍存在围绕专业技术职务晋升重科研工作、教学工作量积累,轻潜心研究、学生创造力培养等实际问题,教师队伍整体创新意识的开发、创新思维的养成、对创新人才培养的主观积极性都受到一定程度影响。究其原因,还是高校对于人才成长的制度保障不够,没有为创新型人才成长和孕育提供有效的政策空间、激励机制,尤其是没能站在国际视野的高度,为教师创造有利于创新型教师进修、访学等开阔视野的更多机会和方便条件,没有把相关领域最前沿的知识及时地传递给学生的良好平台。这都大大制约了创新型师资队伍主动性和积极性的发挥。

3. 在创新型师资队伍建设的内涵设计上,目标性不强

总体来看,当前高等院校人才队伍建设的现状普遍与学校内涵式发展的要求不相适应,伴随着办学规模扩大、办学层次提升、办学理念的更新及创新型人才培养的目标要求的改变,很多高校对于创新型师资队伍培养的定位不清,因此在引导教师主动适应信息化、人工智能等新技术变革,积极有效开展教育教学方面缺乏设计。当务之急,高校需要调整思路,适应新时代要求,进一步统筹学校发展目标、专业学科建设方向和人才队伍建设导向,从而在创新型师资队伍培养和建设方面迈出更坚实的一步。

四、高校创新型师资队伍建设的对策思考

结合中央、国务院对新时代教师队伍建设的要求,特别是围绕创新型人才培养目标对新时代高等学校教师能力的分析,当前在创新型师资队伍建设的对策方面应充分考虑理念创新、内涵设计、制度保障等诸方面因素,制定和形成切实可行的措施和思路。

1. 在思想观念方面,要坚持“党管人才”的定位

“党管人才”是师资队伍培养的组织保障、思想保障,在创新型师资队伍的培养上,尤其要充分发挥高校党组织的政治优势,加强党对人才工作的政治引领,把创新型师资队伍建设作为人才建设的中心工作、重点工作,从而更好形成全方位参与、全过程督导的工作合力,在人才配置、管理服务、激励考核等各个方面为创新型师资队伍的培养和人才成长提供强有力的保障。

2. 在内涵设计方面,要强化以创新为主体的办学理念

学校办学的出发点要立足创新理念教育、创新精神培养和创新人才培育,并通过办学宗旨、育人取向、培养目标、育人途径、校园文化等多个层面彰显。在办学宗旨上强调创新精神培养,在育人取向上强调开创精神,在培养目标上强调创新能力,在育人途径上强调创新过程,在校园文化上强调“和而不同”。具有创新内涵的先进的办学理念对内是凝聚力、向心力,对外就是核心竞争力和品牌。在这样强大的办学理念引导下,才能形成良好的引导和激励环境,营造有利于创新型师资队伍成长的良好氛围。

3. 在人才引进政策上,要树立开放思维

对于具有创新能力的人才,既要体现“严进”:坚持严谨、公正、公开、公平地选人用人,确保高层次、高质量创新人才的引进。又要体现“宽待”:一方面,对于创新型师资,要注重激励式管理、保护式管理,为他们的教学与科研提供便利,创造有效条件,甚至制定特殊政策,从而达到充分调动人才的积极性、发挥创新潜能和开发创造力的最终目的。另一方面,在引进人才工作中,要体现出长远性、适用性、灵活性原则,对于有战略性专业技能,站在信息技术、人工智能技术前沿领域的不可或缺的人才,更要有紧迫意识,敢于破格录用,提拔重用,开通创新型师资人才培养绿色通道,做到不拘一格用人才,使优秀人才在生态健康的环境中成长,从而发挥应有作用。

4. 在创新能力培养上,要积极推进师资的再教育

对于创新型人才培养所要求的创新型师资来说,首先要不断丰富视野,对新知识、新技术变革要有灵敏嗅觉和广泛涉猎,这都需要不断更新知识,拓宽眼界,所以知识更新是教师创新能力培养的首要任务。为此,高校要积极为创新型师资汲取知识、开拓思维提供条件,为之创造培训、进修、交流及国内、国际访学,深入企业、基层实践、调研等各种机会,使之接触学术前沿,加强实践交流,更快更好激发创新思维,提升创新能力,开发创造潜质。

5. 在师资培育机制上,要积极营造创新教育环境和搭建创新教育平台

目前,在大众创业、万众创新的大环境驱动下,创新精神培养和创新人才的培育成为高校不可推卸的任务。在大众创业、万众创新背景下,目前高校正在整合和完善创新创业教育资源,精心打造创新教育体系,从而建立创新精神培养、创业能力训练和创业技能研究的新平台,且已经形成了创新创业教育的良好局面。通过创新创业型人才培养和创客空间、创业基地等的建设,形成了师生共同创造、共同研发、智慧共享的良好研发和创造的平台,这也为创新型师资发挥潜能提供了舞台。同时,高校也正发挥知识高地和思想源泉的作用,通过发挥创新人才的创造潜

能将科研成果转化为产品和社会服务，注重科研与生产相结合的创新创业模式，也为创新型人才培养和创新型师资培育提供了更为广阔的空间和前景。

总之，创新型师资队伍建设是迎合新时代人才培养目标的一项重要工程，值得我们立足当今世界发展大势及中国人才强国战略、科教兴国战略的总体需要，找准切入点，积极探索方法，努力谋求实效性成果。综上分析，很多高校在创新型师资培养上通过观念创新、体制创新和制度创新，正在积极营造和着力搭建尊重知识、尊重人才发展规律和鼓励创新的政策环境与氛围，为构建创新型师资队伍已迈出坚实的一步。

【主要参考文献】

[1] 新华社. 中共中央、国务院关于全面深化新时代教师队伍建设改革的意见[EB/OL]. [2018 - 01 - 31]. http://www.gov.cn/zhengce/2018 - 01/31/content_5262659.htm.

[2] 徐剑波，朱晓岚，傅瑶瑶，等. 高校创新型师资队伍建设的体制机制研究[J]. 中国高校师资研究，2008(5):8 - 13.

[3] 彭华，陈宝杰."双创"背景下高校创新型人才培养机理及机制研究[J]. 人力资源管理，2019(2):73 - 78.

【作者简介】

苏立红(1969—)，沈阳建筑大学管理学院，党委书记，副教授。

许音(1989—)，沈阳建筑大学管理学院，讲师。

工程管理专业人才培养体系的思考与探索

李惠玲[1]　刘璎慧[2]
(1、2. 沈阳建筑大学管理学院)

【摘　要】 本文从新形势下工程管理专业对人才培养的需求分析入手,把握建筑市场的发展脉搏,从培养目标、培养内容、教学条件、教学管理及人才培养评价等方面分析、构建了工程管理专业人才培养体系,以系统的视角全方位地检查和优化人才培养各个环节的子系统,为培养适应市场需求、高素质、复合型工程管理人才提出对策建议。

【关键词】 新形势;工程管理;人才培养体系

一、引言

2014 年,习近平总书记在 APEC 工商领导人峰会上的演讲中指出,中国经济呈现出新常态,有几个主要特点:一是从高速增长转为中高速增长,二是经济结构不断优化升级,三是从要素驱动、投资驱动转向创新驱动。李克强总理提出:“创新引领国家和民族发展的未来,必须把提升人力素质放在优先位置,大力培养创新型人才。”可见,新形势下建筑业的转型升级、创新驱动发展是建筑行业未来发展的关键,而工程管理专业人才培养是建筑业发展的重中之重。

二、工程管理专业人才培养面临的新形势

1. 时代新主题

在经济新常态的大背景下,我国高等教育领域同时也出现了一些重要的“新常态”:

(1) 以质量提升为核心的内涵式发展成为新常态。我国教育领域中“规模扩张、学科布局、校区建设”的三大历史任务已基本完成,目前“质量提升、内涵发展”已成为发展主题,以教育质量为首的发展方式更符合我国当前阶段的发展主题。

(2) 在改革创新中释放办学活力成为新常态。我国大学将在 5 到 10 年内进行一次意义深远的调整,最后会经过市场筛选、由社会评价,办学将更加注重内涵与

品质，关键是通过改革创新，激发大学的组织活力。

(3)大学深度开放与教育科技引领成为新常态。

将教育模式与国际接轨，引入国外的方法、理念与我国的传统理念相结合。新一轮的科技革命激起了培养人才的理念、内容、方法与手段的变革，推动了人才培养模式的新发展。

2. 行业新形势

(1)建筑业增速放缓，建筑产业现代化引领转型升级。建筑产业现代化以绿色思想为核心，以促进传统建筑业转型为宗旨，以推动建筑装配化为理念，将建筑建造的全寿命周期整合为一体化的产业体系，构建建筑设计、施工和监管协同化的生产建造模式，从整体上改善工程建设的质量安全、进度和成本。实现工业化是实现产业现代化的必然条件。

(2)建筑业生态优先、绿色发展的新理念。绿色发展的理念是人与自然的和谐发展，体现在建筑业中的绿色发展目标是建筑全寿命周期的绿色发展，包括绿色建材、绿色建造和绿色运营，如何采用现代化的建造模式改造高污染、高能耗、低效率的管理模式将是未来建筑业的发展目标，对于保护生态文明建设及建筑业可持续发展具有重要的意义和价值。

3. 行业发展对人才培养的新要求

随着建筑业工业化、数字化的进一步发展，工程管理也将逐渐与工业工程管理相融合，诸如物流、产业链、互联网 + 等理念也将在建筑工程管理领域广泛呈现。工程管理专业教学需要新的变革，适应新出现的知识点，满足未来行业发展的专业人才需求。从“CM”到“IEM”的转变带来工程管理教学的变化。学习内容增加，但学习时间有限，提高教与学的效率迫在眉睫。

4. 教育中长期发展规划的新要求

为了适应社会的不断进步，高等教育也需要随之变化，将高等教育的模式与社会发展模式相结合，建立高校与科研院所、企业共同培养人才的新模式 。“卓越工程师教育培养计划” 能够推动我国从工程教育大国向工程教育强国演变；目的在于培养出具有创新思维、符合社会向现代化迈进的高素质、专业化的复合型人才，推动国家走上产业现代化道路，建设创新型国家和实施人才强国战略，对推动高等教育依据社会发展调整培养人才方式，从整体上提升工程方面人才培养的质量和水平起到关键作用。

三、工程管理专业人才培养体系构建的基本思路

人才培养模式可以应用系统工程的相关理论梳理人才培养过程中所涉及的关键节点和构成要素，从而找到培养体系中出现的重点问题，以保证培养体系构建的质量。

1. 人才培养体系要解决的关键问题

（1）人才培养体系应以社会需求为导向。社会不断进步，专业人才的素质需要随之提高，人才培养应做出及时的调整和改变。如：设置教学内容体系时，在确保专业教学基本要求的同时，考虑学生就业形势，设置相关专业方面的新课程，主动适应社会需求，紧跟时代新主题、行业新形势。

（2）采取系统措施整体提升人才培养质量。人才培养体系的设置应以培养出高素质、高质量、具有综合可持续发展能力的工程管理复合型人才为主要目标，从合理设置培养方案、教学内容，优化办学条件与科学的教学管理，增强对人才培养质量的监管和反馈等方面入手，达到提升人才培养水平的目标，使整体效果达到最优状态，而不是仅注重单个子系统或某一门课程的完善。

（3）注重培养学生自我发展的能力。大学本科教育应该培养学生终身学习的能力，为日后的职业发展提供有力的保障，因此，在工程管理专业人才培养体系中，应提供给学生更多的自我管控的空间，加快学生自学能力的养成，并指导学生合理安排自学时间，为学生提供自学场所，这样能够使学生提高自学能力，迅速适应职场，为日后终身学习和继续发展奠定坚实的基础。

2. 人才培养体系的构建

完善的工程管理专业人才培养体系应该包括培养目标、培养内容、办学条件、教学管理和教学评价等相辅相成的子系统。培养目标包括市场需求、学生家长的要求及学校培养的定位等，培养内容包括文化与理念、课程体系和教学实施手段等，办学条件包括理论教学条件和实践教学条件，教学管理包括对教师的管理和对学生的管理，教学评价包括对教学效果的评价和对人才质量的评价（见图1）。

培养目标是构建人才培养系统的出发点和落脚点，培养目标确定了教学观念、课程设置和教学方法等。培养目标和内容需要适合的办学条件和监管水平作为担保，而是否达到人才培养目标又需要通过最终的评价来体现，并将结果反馈于培养体系的各个阶段，进而构建出一个不断完善和提升的闭合循环系统。

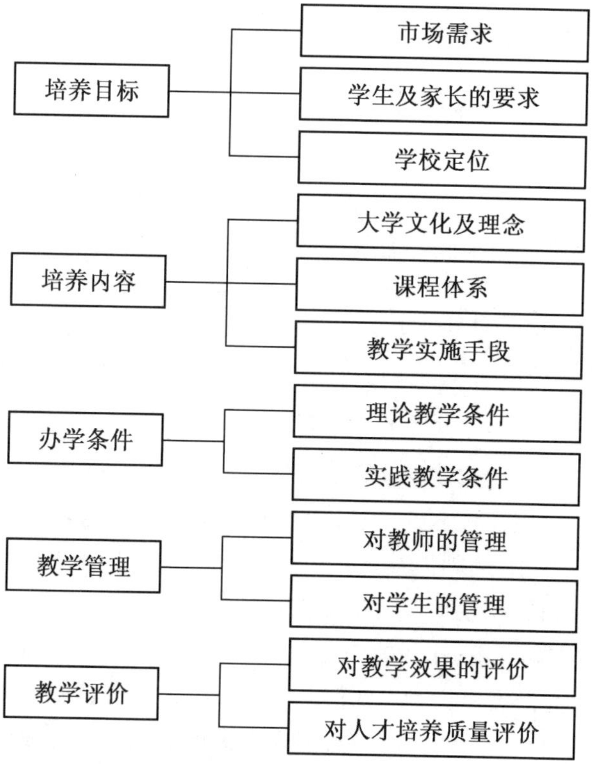

图1　工程管理专业人才培养体系

四、工程管理专业人才培养体系的实施

工程管理专业人才培养体系根据系统的观念而建立，它着重于人才培养各个环节和要素之间的有机联系，强调各子系统间的相互配合，因此，我校根据自身的教学特色及培养目标定位，根据人才培养体系的流程，制定了各子系统的工作内容和方法并予以实施，以此来提高人才培养的质量。

1. 培养目标子系统

进入21世纪后，中国经济持续快速发展，世界经济全球化、产业国际化的趋势对我国产生了巨大影响，为建筑业的快速发展创造了良好的机会，为工程管理专业毕业生提供了更多的就业岗位和广阔的发展前景，同时也推动着工程管理教育的转变。工程管理专业培养目标的确定应该符合社会的需要。

在深入分析就业需求及社会变化趋势的同时，还要结合入校学生及家长的意愿和学校的教学条件，科学制定工程管理专业人才培养目标。

2. 培养内容子系统

培养内容是根据培养目标确定的，内容子系统是培养体系的核心。

(1)培养文化与理念。大学教育是校园文化的充分条件，是一种特别的教育形式，在培养人才的过程中具有强大的影响作用。大学教育通过比较温和的方式，使学生渐渐感受校园文化，这是校园文化的根本特征。具体而言，校园文化主要涵盖了演示、引导与凝集、扬弃与创新、管理与陶冶、均衡与融合等多维度的作用。强化建设以“学生的健康成长、成才”为核心的校园文化，全面地展现校园文化对学生的积极影响，是培养工程管理专业高质量人才的必备条件。

(2)课程体系设置与改进。课程体系设置分为公共基础课程、专业基础课程、专业课程和专业实践四部分。从课程内容上分为理论教学和实践教学。专业方向性课程体系方面，构建了四大系列平台课程：工程技术类课程、工程经济类课程、工程管理类课程和工程法律类课程及与其相关的专业方向课程(见表1)。

工程管理课程体系设置与改进的思路是回归专业核心知识，突出每门课程的核心知识点；增加适应行业发展的新知识，开设 BIM 和创新创业课程，在相关课程内容中增加建筑工业化、绿色建筑、BIM 数字化、创新创业、可持续等新知识点，培养学生的自学兴趣，有助于学生将学习的知识全面、系统地结合在一起，有助于学生在学习重难点知识时的理解；构建知识融合平台，构建知识逻辑框架图，展示专业主干课程的核心知识点以及各知识点之间的联系，根据知识点之间的关联，进一步融合相关平台课程，使学生的学习适应实际工作的需要与行业的发展。另外，融合平台课程，建筑工业化导致的设计—制造—装配一体化会涉及诸多知识点的重新融合。

(3)教学实施手段。除合理设置课程体系外，持续修正教学实施要领，达到教学方法的科学化、教学模式的国际化的效果，使学生的基本职业能力和水平得到提高，教学成果也可得到充分展现。如采用启迪式、讲座式、小组讨论式、分析式等教学手段，提高学生在学习中的主动性、自发性和创新性；根据课程的实际情况，采用撰写课程设计、专业知识主题演讲等专业课考核方式；运用恰当的考核评价手段加强对教学任务的监督把控，展现实践教学成果；应体现根据学生的实际情况进行培养、密切关注实际工程项目的教学培养观念，选用用人单位的实习项目或生产实际项目等作为毕业设计课题，完善毕业设计，真正达到实习的目的。

表1 工程管理专业基本课程设置

<table>
<tr><th rowspan="2">阶段
课程
要求</th><th rowspan="2">决策阶段</th><th colspan="3">实施阶段</th><th rowspan="2">竣工及运营阶段</th></tr>
<tr><th>设计阶段</th><th>招投标与施工准备阶段</th><th>施工阶段</th></tr>
<tr><td>专业基础课程</td><td colspan="5">画几与制图、AUTOCAD、工程测量、结构力学、材料力学、理论力学、管理学、经济学、会计学、经济法、统计学</td></tr>
<tr><td rowspan="2">专业必修课程</td><td>1. 财务管理
2. 工程经济学
3. 房地产投资分析
4. 运筹学</td><td>1. 土力学与地基基础
2. 建筑结构
3. 建筑材料</td><td>工程招投标与合同管理</td><td>1. 工程项目管理
2. 土木工程施工技术
3. 建筑工程识图
4. 施工现场质量管理(原建设监理概论)</td><td></td></tr>
<tr><td colspan="5">房地产经营管理、工程估价、房屋建筑学</td></tr>
<tr><td rowspan="2">专业选修课程</td><td>1. 工程项目融资
2. 工程项目咨询</td><td>建筑设备</td><td></td><td>1. 工程质量事故处理分析
2. 钢结构基础知识与识图(待开设)
3. 高层建筑施工(待开设)</td><td>物业管理</td></tr>
<tr><td colspan="5">建筑企业管理、BIM</td></tr>
</table>

3. 办学条件子系统

办学条件子系统在教学体系中起到了保障作用，分为理论教学条件和实践教学条件，两个系统缺一不可，前者重点在于让学生接纳本专业所要学习的基本知识和理论；后者强调巩固学生对基本知识和理论的领会，深化学生对基本技能的学习。理论教学条件一般包括结构合理、规模适中、素质优良、积极创新的教师团队，教室（制图教室、语音教室、多媒体教室）、图书馆及数据库资源等；实践教学条件包括实验室、校内外实习实训基地等，增加校内外实习实训基地的数量，购进先进的试验设备，建立健全校企合作培养机制，是增强实践教学成果的科学方法。

为给工程管理专业学生参与实践学习提供必要的保障，必须建设大量校内和校外的实习实践基地。

(1)校外实践基地。我校与沈阳建筑研究院、北京中建精诚工程咨询公司等50余家企业签订了实习基地协议。同时校外实习基地的发展也帮助了企业，企业通过实际工作选拔适用的人才。毕业生被实践基地单位看中，毕业时直接签订了工作合同。

(2)校内实践基地。近年来，学校更新了实验室的微机和电教设备，通过联网，实现设备共享、实验室硬件优化，管理设施完备，在满足实验教学效果的同时，还可以为学生科研、实验提供充足条件。为满足课程教学需要，我校还购置了广联达、鲁班、浪潮、PKPM等软件。学生在教师的指导下，创造性地把理论知识同计算机技术结合使用，应用软件解决工程实践问题。

建立BIM实验室以及工程项目数字化模拟实验室，建设全过程虚拟仿真实验教学中心、招投标仿真实验中心以主动适应新发展，提升学生的创新与实践能力；工程管理专业的人才培养以技术为基础，更加强调管理、经济分析等综合能力，适应行业转型，依据产业链的运作流程培养人才；把握建筑工业化新技术，全面发展BIM技术与应用，为我国的国际化发展提供技术支持。

4. 教学管理子系统

教师与学生作为教学过程的主要参与者，应强化对二者的管理以保证良好的教学效果。对教师的管理既要增强教师队伍的质量，也要强化对教师教学过程的监管，应采取各种有效手段稳固和发展师资队伍。

对学生的学习、生活、思想等多角度地管理，需要教师队伍、学生管理部门等其他部门相互配合，其根本目标是使人才符合培养标准，提升学生学习的积极性，保证学习效率。如可以通过增加上课考勤的次数保证学生的出勤率；通过让学生参与各类学科竞赛、专业知识比拼、学术讲座等各种与专业知识相关的活动等活跃学生的学习气氛，增加学生学习的兴趣；举办多种校园文体活动培养学生的业余爱好，充实学生的课余时光。

5. 教学评价子系统

教学评价子系统既是把控人才培养质量的终点，同时也为下一阶段完善培养体系相关环节提供参考和借鉴。教学评价子系统分为对教学效果的评价和对人才培养质量的评价两个方面。

对于教学效果的评价,可以通过检验学生对所学知识的掌握程度和学生对教师教学过程的评分两方面来获得。学生对所学知识的掌握程度可以通过考试、随堂测试等方式来检验。如改变以书本知识考核为主的考查方式,而强调以运用学到的知识分析实际工程案例的整体素质作为考查内容。根据课程特点,鼓励开放式、实践案例分析等考核方式。开发数字化的指标和手段,检测学生学习的真实能力。同时还要构建科学的制度和考核标准对教师的教学过程进行评价,可采用同行教师听课或学生参与课后评教等形式。如教师的教学手段的运用是否恰当;教学内容是否符合社会需要;教师的表达能否使学生领会学习内容;是否能为人师表、教导有方、尊重学生等;是否能积极探索适当的教学方式,采用小组讨论式、调研式等教学方式,加强学生综合能力的培养等。

对于人才培养质量的评价,要从多个角度进行衡量,如学校内部的考核、用人单位的反馈、社会是否认可等。学校对专业学生的考查可以从多方面展开,如平均学分、获得校级省级等各种奖励的情况、综合素质等。用人单位的反馈包括实习单位和毕业后用人单位的反馈,以毕业后用人单位的反馈为主。学校应保持与用人单位的有效沟通,清楚学生的工作状态,了解用人单位对人才的需求,持续发展和优化人才培养系统。

五、结语

新时代下,不断改革完善的国内外建筑市场促使了工程管理专业人才培养方式的变革,只有及时了解建筑行业的发展方向,以系统的方法全周期地检查和优化人才培养各个子系统,才能培养出符合行业需要、有较广阔发展空间的工程管理人才。

【主要参考文献】

[1] 谢玉宇. 应用型本科院校工程管理专业人才培养模式研究[D]. 西安:西安建筑科技大学,2018.

[2] 谢玉宇. 关于优化应用型本科院校工程管理专业培养方案的思考[J]. 当代教育实践与教学研究,2017(6):83,84.

[3] 赫桂梅,李珊. 工程管理专业人才培养方案的设计与实践[J]. 价值工程,2014,33(14):249-250.

[4] 文宇. 天津大学工程管理本科教育改革及其特色研究[D]. 天津:天津大学,2013.

[5] 熊辉玲,司玉海,兰定筠,等.工程技术视角下我国工程管理人才的培养[J].中国建设信息,2009(20):64-65.

[6] 祝连波.论工程管理专业人才创新能力的培养[M]//田道全.土木建筑教育改革理论与实践.武汉:武汉理工大学出版社,2009:3.

[7] 顾伟红,田元福,靳春玲.工科院校工程管理专业创新型人才培养模式的构建[J].高等建筑教育,2007(3):1-4.

【基金项目】

"突出建筑产业特色的工程管理专业课程体系改革与创新",辽宁省教育厅规划办课题,2016年,课题编号:JG16DB366。

【作者简介】

李惠玲(1961—),沈阳建筑大学管理学院,教授,研究方向:建设管理、营造技术与管理。

刘璎慧(1996—),沈阳建筑大学管理学院,管理科学与工程专业的研究生。

专业硕士“双师型”导师队伍建设研究

梁洪源[1]　李森[2]
(1、2. 沈阳建筑大学管理学院)

【摘　要】 随着专业学位研究生招生比例的扩大,专业硕士“双师型”导师的需求也在日益增加。但在目前的研究生导师队伍中,“双师型”导师仍然存在很多问题,并不能完全满足专业学位研究生的培养要求。校内导师的实践能力不足,具有执业证书不足等问题,阻碍了专业硕士的培养水平,“双师型”导师队伍的建设水平亟待提高。因此,对于“双师型”导师队伍的建设提出如下建议:要加强对导师的培训、建立激励机制、建立完善的校外导师聘任制等,全面提高“双师型”导师的教学与实践水平。

【关键词】 “双师型”导师;实践能力;专业硕士

一、引言

近年来,随着硕士研究生招生规模的不断扩大,专业学位研究生的招生比例也在不断增加。我国研究生培养目前分为两种模式,一种是学术型硕士研究生,也就是传统培养模式下的硕士研究生,一般学制为3年,参加全国统一招生考试。另一种是专业学位硕士研究生,针对有意向进修深造的在职工作人员和希望从事实践工作的普通学生,其设置的主要目的是培养学生的专业能力。同时此类研究生中又有很大比例的非全日制学生,一般根据自己的工作时间灵活安排上课时间,比如周末,也可以通过多样化的学习方式进行学习,比如网络课程等。目前,随着高等院校对硕士招生要求的放宽,越来越多的在职人员走向校园,这就对专业学位研究生导师的教育水平提出了挑战,研究生导师不能只会教学,不懂实践,“双师型”导师队伍的建设迫在眉睫。因此,有必要对“双师型”导师队伍的建设进行深入的探讨和研究。

二、双师型导师队伍建设的必要性

同学术型硕士相比,专业型硕士有着鲜明的特点,在培养模式上有着很大的不同,为了实现专业学位硕士的培养目标,“双师型”导师队伍建设要尽快落地实施,必要性体现在以下几个方面。

1. 满足专业硕士的培养目标

专业硕士研究生中较大的比例都是在职人员,他们已经在从事某个公司的专业职位或某个领域的专业研究,因此培养此类研究生的导师不仅需要掌握该学科的基本知识,也要关注该学科在实践活动中的应用。以会计学为例,对于企业中从事财务工作的人员来说,基本的会计知识是工作的必要前提,但掌握各类会计技能也是必须具备的条件,工作后需要考取会计证、注册会计师等,这样才有利于个人职业生涯的发展。而作为培养专业硕士的导师来说,即使没有这些证,也需要了解这些技能,以便帮助在职硕士达成他们的职业目标。

2. 有助于培养学生的实践能力

现在大部分硕士研究生基本都能在毕业时掌握课本的知识内容,但在从事实际工作时才发现自己的实践能力远远不能满足工作需要。因此,需要导师们在学生在学校期间就要注重培养学生的实践能力,多提供让学生实际操作的机会。如果校内导师无法满足培养学生实践能力的需要,就要考虑从校外聘任企业中的高管来兼职导师。企业中的高管更能够从实践的角度培养学生,同时,校内的老师也可以与其交流,提升自己的实践能力。

3. 促进学生就业

“双师型”导师队伍的建设有利于促进学生就业,具备实践能力的导师能够从实际工作出发,为学生讲解在日后工作中可能遇到的问题及解决方案。如果仅仅从课本出发,学生只能囿于书本知识,无法理解和想象实际工作中遇到的问题障碍。但如果导师能够积极引导实践,就可以培养学生的综合能力,使他们在进入社会后具备不同于全日制学生的实践能力,在工作应聘中能够脱颖而出,促进就业,提升毕业生就业率。

三、双师型导师队伍建设存在的问题

“双师型”导师队伍的必要性决定了校内导师要迅速提升自己的综合能力,但就目前的情况来看,“双师型”导师数量供不应求,在队伍建设上还存在很多问题。

1. 校内导师实践能力不足

大部分高等院校的导师都是博士研究生学历,并且这其中很大比例的导师都是从本科一直读到博士,其间并未从事与专业相关的实际工作,因此导致很多导师实践能力不足。并且在进入高校教育后也没有机会到企事业单位去实践,每天接触的都是与书本相关的知识。校内导师实践能力的不足影响了培养专业学位研究生的实践能力,在教学中不能很好地将理论与实践相结合。

2. 校内导师的执业证书不足

校内导师长时间在高校工作，他们将大部分精力都集中在教学和科研方面，但忽视了社会新形势的变化。很多专业学位硕士入学后发现并不能在学校学到实际工作中应用的技能，校内导师执业证书的不足影响了对专业学位硕士研究生的培养。以会计学为例，在社会的实践工作中，一些专业证书如注册会计师证、注册税务师证对于从事财务岗位的人员来说是十分必要和有利的，但很多高校导师并没有考取此类执业证书，很难为学生提供实际工作岗位中的各种案例以及解决方案。另外，考取此类执业证书也需要花费一定的时间和精力，很多校内导师在考证与职称评定的选择上更倾向于后者，这也是导致校内导师具有执业证书不足的一大原因。

3. 校外导师管理有待完善

既然校内导师并不能完全满足专业学位硕士研究生培养的要求，很多高校就想办法从外部引进有丰富实践经验的校外导师。比如会计学专业引进很多大型企事业单位的总会计师、CFO 等，为其发放聘任证书，让其利用工作业余时间来指导学生。但实际情况中，具有实践能力的校外导师数量少，寻找适合的校外导师存在一定的难度。而已聘任的校外导师，由于自身工作压力大，工作较忙，有时并不能完全发挥导师的指导作用，从而只是流于形式主义，没有真正发挥作用。学校对校外导师的管理并不具备很充足的经验，在管理模式上需要进一步探索与完善。

四、优化双师型导师队伍建设的对策建议

针对上述提出的“双师型”导师队伍建设中存在的问题，我们需要深入调研和思考，提出有针对性的优化建议来改善目前的局面，具体包括以下三个方面。

1. 对校内教师进行培训

“双师型”导师队伍的建设离不开有效的培训，在目前情况下，最容易实施的方式就是对校内教师进行培训。首先，需要制订卓有成效的培训方案，培训方案需要贴近教师的日常教学需要，更侧重于实践能力方面。其次，最好能够聘请外部有实践经验的讲师来培训，可以适当投入一些人力、物力、财力，采购容易掌握的课程，组织校内导师进行学习。最后，要跟踪落地实施效果，保证培训不能只是形式上的走流程，要进行有效的组织，进行培训签到、培训课堂效果跟踪及培训后的考试等。

2. 建立考证的激励机制

要成为“双师型”导师还需要激励校内导师进行相关资格证书的考取。考取执业证书一方面可以提升校内导师的实践能力，另一方面也可以丰富导师的工作履历。目前，针对校内导师考证积极性不高的现状，学校应该建立相关的激励机制，可以把考证作为职称评定的加分项，从而激发校内导师持续学习的动力。要从校内导师的真正需求点出发,制定相关的激励政策,鼓励他们考取相应的资格证书。

3. 建立完善的校外导师聘任管理制度

建立完善的校外导师聘任管理制度也是提升"双师化"导师队伍建设的重要途径。学校应积极与各大企事业单位进行交流联合,选聘符合条件的校外导师来校内对学生进行辅导。首先,可以与校外导师建立稳固的合作关系,签订一些有约束力的合同条约等,并颁发相关的聘任证书以激励其进行辅导。其次,需要设置专人对校外导师群体进行管理,了解校外导师的工作时间安排,及时调整培养课程。再次,也需要对校外导师进行定期适度的考核,以便保证校外导师对学生的辅导质量。

五、结语

"双师型"导师队伍的建设在目前的社会发展形势下是刻不容缓的,是适应高校专业学位硕士研究生培养的必然要求。作为培养硕士研究生的重要组成部分,导师应当认清目前的发展形势,积极提升自身的综合素质,尤其是实践能力的培养。而高校也要为导师们提供各种培养方案,帮助校内导师不断成长。这样也有助于专业学位硕士研究生的招生工作,并且能够为企事业单位输送更优秀的人才。

【主要参考文献】

[1] 李涛,马颖化."双师型"教师与兼职教师队伍协同共建的探索与思考[J].科技风,2019(10):20.

[2] 曹继华,张巍,曹晔."三导师三基地"研究生层次"双师型"职教师资培养机制研究[J].职业教育研究,2019(4):71-75.

[3] 袁艺,项阳.新时代高校"双师型"教师队伍建设的问题探讨[J].贵州农机化,2019(1):62-64.

[4] 林家欣,郭伟.转型高校"双师型"教师培养存在的问题及路径选择[J].商业经济,2019(3):187-189.

[5] 李川.校企合作构建"双师型"团队的问题与思考[J].卫生职业教育,2019,37(6):26-27.

[6] 周佳慧,徐彬,魏威岗.专业学位研究生培养中"双师型"教师的培育[J].产业与科技论坛,2019,18(6):254-256.

【作者简介】

梁洪源(1987—),沈阳建筑大学管理学院,讲师。

李森(1986—),沈阳建筑大学管理学院,硕士生导师,讲师。

产教融合背景下校企人才资源双向流动机制的构建

潘宏婷[1]　马健[2]　牛思琦[3]
（1. 沈阳建筑大学管理学院；2、3. 沈阳建筑大学）

【摘　要】 在不断深化产教融合、推进高校"双一流"建设的背景下，以建立实践基地、校企联盟、企业定制班和双师互聘为主要形式的校企合作正广泛开展，为进一步强化高校与企业之间的合作紧密度，归纳出高校与企业人才资源双向流动面临的现实困境，构建人才资源流动服务机制、校企合作联动机制和人才资源双向流动配套机制，以期打破高校与企业间人才流动壁垒，促进高校与企业实现双赢。

【关键词】 产教融合；人才资源；双向流动

一、引言

2017年12月国务院办公厅发布《关于深化产教融合的若干意见》，提出应加强创新创业人才培养，为学生提供多样化成长路径，健全学生到企业实习实训制度，强化企业重要主体作用。为进一步深化产教融合，强化"双师型"教师队伍建设，构建高校与企业人才资源的双向流动机制是非常必要的。高校与企业人才资源双向流动是指允许高校教师、科研团队等人才到企业开展科研工作，高校教师作为指导教师组织大学生到企业中开展实习、实训。鼓励企业中的技术人才、管理者到高校参与大学生人才培养过程。本文首先归纳出校企合作现有的主要形式，进而分析高校与企业人才资源双向流动过程中所面临的现实困境，最后具有针对性地构建出高校与企业人才资源双向流动的长效机制，旨在打破高校与企业之间的人才流动壁垒，通过人才资源的双向流动促进高校与企业实现双赢。

二、产教融合背景下校企合作的主要形式

产教融合能够提高高校人才培养质量，推动技术创新和科研成果转化，是提升大学生创新能力、实践能力和业务能力的重要途径。随着我国对产教融合、校企协同育人重视程度的提高，高校与企业之间的交流不断深入，现阶段主要形成了以优

势资源互补、人才资源双向流动为特点的合作形式。

1. 建立实践基地

建立实践基地是高校与企业开展合作的主要形式。主要是通过校企共建校内、校外实训基地，实现大学生深入企业进行生产性实习、企业利用高校实验室进行技术开发等实操性合作。这类合作的主要特点是灵活机动，学生可以在实践基地当中完成人才培养方案中的认识实习、生产实习、毕业实习，企业也可以利用高校的相关资源进行技术创新。

2. 校企合作联盟

校企合作联盟是多方参与、共同投入的公益性平台，该平台的主要作用是整合政府机构、科研院所、高校、企业等参与方的优质资源，促进科技成果转化，提供管理咨询服务，为大学生提供创新、创业平台。校企合作联盟一般采取产业化运营机制，具有较为先进的管理理念，其在支撑区域经济发展、引领科技创新和提供社会服务等方面均取得了较好效果。

3. 企业定制班

企业定制班是以企业人才需求为导向，通过高校与企业在大学生培养方案制订、课程讲授设计、教师团队建设等方面深度合作，培养出企业所需专业人才的一种大学生培养模式。这种模式将专业教育与项目实践有机结合起来，是产教深度融合的一种体现，并且能够充分利用企业优势，适应行业需要。

4. 高校与企业双师互聘

高校聘任企业中的业务骨干走进课堂，与专业教师合作开发，讲授课程，编写教材。企业为高校教师提供顶岗训练机会，使教师了解岗位能力需要、行业最新动态。这种双师互聘机制对“双师型”师资队伍建设具有很好的促进作用。

三、高校与企业人才资源双向流动面临的现实困境

在各项推动产教融合的政策的支持下，逐步形成了上述四种主要的校企合作方式，但由于受到人才资源双向流动现实困境的影响，高校与企业之间的合作紧密程度有待于加强，合作热情也有待于进一步提高。

1. 高校难以开展绩效认定

校企合作过程中，依托实践基地高校教师作为指导教师组织学生到企业中开展的实习实践活动种类繁多，高校教师在校企联盟中起到的作用很难量化，导致高校在进行教师绩效认定时存在困难。没有清晰合理的校企合作绩效认定标准，会挫伤高校教师向企业流动的积极性，进而影响高校教师到企业顶岗训练、开展科研工作等活动。

2. 企业参与合作动力不足

企业具有逐利性的特征，在与高校的合作当中主要是缓解企业人才资源短缺的问题，如果高校的教师或科研团队由于绩效认定困难等原因无法与企业开展长期合作，反而使企业增加了人才培训成本。因此企业参与实践基地、校企联盟的积极性不高，聘任高校教师到企业顶岗训练的动力不足。

3. 政策配套乏力

实现高校与企业人才资源双向流动不能仅仅依靠高校或者企业做出改变，政府出台相应的鼓励政策进行引导也是十分必要的。目前各地政府尚未出台类似的鼓励政策，因此高校与企业助推人力资源双向流动存在乏力的现象。缺乏政策的引导，人才双向流动的机制便难以建立，进而影响校企合作的深度。

4. 个人参与热情不高

对于高校教师来说，现有的教学任务和科研压力已经令其分身乏术，参与校企合作需要投入很多的个人精力和时间，使他们望而却步。另外，现行的职称评价体系中，企业顶岗训练、校企合作的科研成果等并未纳入评价体系，导致高校教师参与热情不高。对于企业业务骨干来说，指导实习生、与高校教师合作课程、到高校组织培训等活动需要付出大量精力，若在绩效考核、工资待遇等方面没有相应的支持，会使企业人才参与热情减退。

四、高校与企业人才资源双向流动机制的构建

针对上述高校与企业人才资源双向流动面临的现实困境，构建高校与企业人才资源双向流动的长效机制，破除人才流动障碍，进一步发挥人才资源在深化产教融合、校企合作方面的作用。

1. 构建人才资源流动服务机制

高校在进行“双一流”建设过程中，打造“双师型”教学团队尤为重要。因此，高校应分学科构建人才队伍建设方案，制定灵活的校企人员互聘制度、工作量计算办法和流动人员管理办法，打破人才资源双向流动障碍。另外，高校和企业应整合双方资源优势，构建服务平台，尽量简化人才资源双向流动的相关手续。

2. 构建校企合作联动机制

高校的责任不只是培养为社会主义现代化建设而奋斗的青年人才，服务地方经济建设、文化建设，促进区域发展同样是高校不可推卸的责任。企业在技术研发、科学运营等方面有大量的人才需求。因此，应主动寻求高校与企业的利益共赢点，利用平台优势，构建高校与企业人才资源双向流动、技术研发互相支持、产业与教育深度融合的校企合作联动机制。

3. 健全校企人才资源双向流动配套机制

目前,设立校企联盟、综合性实践基地等形式的校企合作已广泛开展起来,但仍有部分合作未能落到实处,导致在打造"双师型"教学团队、促进企业发展和科研成果转化等方面成效不明显。为扭转这一局面,应在政府牵头下完善各项人才资源流动的配套政策,其中包括但不限于高校职称评聘政策、知识产权认定政策、企业税收优惠政策。

【主要参考文献】

[1] 马东旭,李秋月,张维启. 山西高校与企业创新人才双向流动长效机制研究[J]. 山西科技,2016,31(3):19-21.

[2] 张菊芳,周敏锐. 地方本科高校实践教学质量管理体系的构建与实践[J]. 实验技术与管理,2016,33(12):204-207.

[3] 吕蓉蓉. "双一流"大学建设背景下科研人才双向流动的机制构建[J]. 教育评论,2019(4):114-117.

[4] 马兆兴,董文甫. 深化产教融合视角下职前职后一体化育人模式的构建[J]. 教育理论与实践,2019(15):21-23.

[5] 范海健,颜廷秦,周燕,等. "产教融合、工学交替"的订单式人才培养模式研究——以苏州市职业大学电子信息工程技术专业为例[J]. 工业和信息化教育,2019(5):20-24.

【基金项目】

"工商类专业教育质量国家标准下特色人才培养方案研究",沈阳建筑大学课题,2018 年。(沈建教字〔2018〕116 号-7)

"基于'互联网+慕课'平台的本科人才跨专业能力培养模式研究",教育规划课题,2017 年,课题编号:JG17DB417。

"跨学科、跨专业、跨年级的创新创业教育实训平台建设研究与实践",沈阳建筑大学课题,2018 年。(沈建教字〔2018〕185 号 2-5)

【作者简介】

潘宏婷(1988—),沈阳建筑大学管理学院教学管理人员。

马健(1988—),沈阳建筑大学教师。

牛思琦(1989—),沈阳建筑大学讲师。

新媒体背景下高校网络舆情管理队伍培养模式研究

李刚[1]　李明泽[2]　李楠[3]
（1、2、3. 沈阳建筑大学党委宣传部）

【摘　要】 随着移动互联网的高速发展和智能终端在大学校园中的普及，高校校园传播进入了新媒体时代。各高校相继成立了新媒体中心、融媒体中心等组织，并将微博、微信、QQ、抖音等手机终端APP作为重要的信息传播微阵地，进而推送“碎片式”传播内容，以适应高校师生学习生活的快节奏。高校网络舆情已然成为社会舆情在网络上的映射与缩影，高校逐渐认识到网络舆情分析、监测、预警与管理的重要性，对网络舆情管理队伍的需求也在不断增强。许多高校在网络舆情管理队伍建设及培养模式上与学校发展所需人员的业务能力素质结构存在偏差。本文通过分析高校网络舆情管理队伍培养的现状及成因，阐述新媒体背景下高校网络舆情管理队伍培养的模式创新及实践路径。

【关键词】 网络舆情；新媒体；管理队伍；培养模式

一、新媒体背景下高校网络舆情管理队伍现状分析

在5G时代到来的今天，网络新媒体逐渐成为高校师生学习、生活、发表观点不可分割的一部分，也是师生与高校相互沟通的重要桥梁。加强高校网络舆情引导和管理的队伍建设是促进学生健康成长和保障校园安全稳定的重要措施和手段。各高校在党委的正确领导下，紧紧把握舆论导向，围绕学校中心工作，加强正面舆论宣传引导，促进和谐校园建设，保障学校宣传工作持续、稳定、健康、快速发展。近几年来，在网络新媒体快速发展的影响下，高校突发事件网络舆情异常高涨，高校应及时对学校各级网站进行监督，通过微博、微信、论坛等建立了师生与学校沟通的桥梁与纽带。利用网络新媒体信息平台以及网络认证工具，采取实名制注册入网，严把入口关。为加强网络宣传管理，发布针对高校自身的网络舆情管理及处置实施办法，依托网络新媒体中心组建网络舆情监控队伍。

为此许多高校新增了网络与新媒体专业把网络舆情分析人才列入人才培养目标，或把“网络舆情”作为专业发展的重点，或把“网络舆情分析”确立为毕业生的未

来就业去向。这无疑为高校自身的网络舆情管理队伍的建设提供了强有力的支撑。坚持24小时网络轮询监控,对发现的负面或不实信息及时进行妥善处理。充分利用网络舆情智能云监控、大数据平台、网络舆情监控APP等网络舆情监控工具,进一步加强对门户网站、大型社区论坛、百度贴吧、知乎以及微信、微博、抖音等热门APP及视频网站、直播平台等新媒体平台的管理和舆情引导。并在大学英语四、六级考试,考研,各种重大活动及会议等重要时间节点和敏感时期,对重点栏目实行全天候监控,及时发现并核查各类混淆视听、影响政治稳定的信息。

与此同时,大多数高校现有的网络舆情管理人才培养体系相对薄弱,无论是专业人才培养的人数,还是质量,远远不能满足高校管理队伍的业务需求。专业网络舆情分析人才缺口巨大,尤其是大数据分析、数据挖掘与数据建模、危机公关与媒介传播的复合型人才。在某种程度上,高校中诸如公共管理学、新闻与传播学、计算机技术、大数据等学科不管在知识架构上,还是在学科实践环节上都具备了培养网络舆情管理人才与队伍的基本条件,同时高校的学习和生活氛围也为培养舆情专业人才与管理队伍提供了最好的平台。

二、新媒体背景下高校网络舆情管理队伍培养的理论基础

中办、国办印发的《关于进一步加强和改进新形势下高校宣传思想工作的意见》指出:要切实做好高校新闻宣传工作,完善新闻信息发布和新闻发言人制度和高校网络舆情管理队伍,进一步改进高校新闻宣传力度,建立高校、宣传部门、新闻媒体三方联动宣传机制,为高校改革发展营造良好舆论氛围和为高校师生提供清朗的网络空间。要创新网络思想政治教育,开展高校校园网络文化建设专项试点工作,大力推进校报、校刊数字化建设,探索建立优秀网络文章在科研成果统计、职务职称评聘方面的认定机制,着力培育一批导向正确、影响力广的网络名师,立足校园网站建设、开办一批贴近师生学习生活的网站、专栏,建设一支由学生和青年教师骨干组成的网络舆情管理队伍,打造示范性思想理论教育资源网站、学生主题教育网站和网络互动社区,推进辅导员博客、思想政治理论课教师博客、高校官方微博、高校微信公众账号、官方抖音账号等网络新媒体的建设。要着力加强高校宣传思想阵地管理。要加强校园网络安全管理,加强高校校园网站联盟建设,加强高校网络信息管理系统建设。教育部颁发的《教育信息化十年发展规划(2011-2020年)》提出,要加强高校数字校园建设与应用与网络新媒体平台建设。利用先进的网络和信息技术,整合资源,构建先进、高效、实用的高等教育信息基础设施,开发整合各类优质教育教学资源。网络新媒体技术的迅速普及与应用,给高校校园文化建设工作提供了现代化的应用手段,拓宽了工作的空间和渠道。高校应牢牢把握网络舆论高地,建立素质过硬、业务能力强、能打硬仗、灵活多变的网络舆情管理队伍，筑牢网络舆论防线。

新媒体在师生间的广泛运用使得网络舆论引导管理工作专业化程度提高、难度加大，更加需要管理工作队伍具有较强的媒介素养及专业技术能力，具有网络传播、运营与维护等方面的专业知识和理论修养。动手能力在教育过程中是必要的，因为活动能够让学生看、摸，并寻找解决问题的方法。对于网络舆情管理队伍的培养来说，这种具体的社会实践就是工作实践，掌握技术知识最有效的途径便是制造过程和工作实践。高校若能够培养和输出专业的网络舆情人才和管理队伍，不但为政府和企业提供了智力支持，也可以充实自身网络管理人员队伍，一方面可以实现高校学生、政府、企业等多方共赢，另一方面，可将社会主义核心价值体系贯穿于本科教育，全面落实党的教育方针，深入实施素质教育，提高教育教学质量。

加强高校网络舆情管理队伍建设是深入学习贯彻习近平新时代中国特色社会主义思想和党的十九大精神，进一步把全国高校思想政治工作会议精神贯彻落实引向深入，推动高校思想政治工作质量提升工程有效实施，促进网络育人合力形成的重要举措。培养管理队伍的主要目标是加强高校网络文化建设与管理的统筹和协调联动，推动形成共建共享、互联互通、同向同行的高校网络育人工作格局，以切实推动各高校整合网络平台、丰富网络内容、建设网络队伍、推进成果评价，发挥网络育人功能。

三、新媒体背景下高校网络舆情管理队伍培养模式的构建

网络舆情管理队伍要充分利用网络新媒体的开放式、互动性、裂变式传播，以及第一时间直达受众等优势发布学校官方声音，及时与网友沟通并公布事实真相，建立双向沟通渠道。辅助完成重大事件的网络舆情分析报告，为高校网络舆情事件的处理与决策提供帮助。建立新媒体联盟机制，有利于掌握和监测各二级单位自己建设的二级网络新媒体平台。有效控制和筛查由个人或某些组织或团体建立的以学校为名义的自媒体账号，使这些媒体账号发布的信息得到有效的监管，防止某些失实信息在网络上肆意传播造成负面舆情的扩散。

1. 搭建新媒体信息服务平台，加强舆情管理队伍建设

学校通过新媒体为师生提供一站式信息服务。入学前，新生未进校，先进班，在暑期就通过新媒体办理网上注册报到手续，登记个人信息，观看校园实景，参与教育答题。入学后，学生可以在线查询电话、课表，进行证章办理，开展水电报修，享受各项事务在线办理的便捷服务，增强使用黏度。网络舆情管理队伍也通过新媒体掌握学生各项信息，一旦发生紧急网络舆情可以迅速定位。

2. 搭建新媒体教育教学平台，加强舆情管理队伍建设

学校可以充分利用新媒体网络平台优势，讲好思政课，讲活思政课，提升教学

效果。搭建了“自助签到、课堂提问、师生互动、课下资料共享和交流”等为一体的“新媒体 + 思政课”轻应用快搭模块，将思政课的线下教学核心内容搬到了线上。在新媒体平台上，学生可以提前预习，教师用学生易于接受的语言和鲜活的事例为课堂教学做好预热。网络舆情管理队伍可以充分利用新媒体教学平台构建出新的人才培养方案。

3. 搭建实践锻炼平台，加强舆情管理队伍建设

学校组建网络文化工作室，聘任兼职指导教师，按照“一名指导教师、一个学生团队、一个实践项目”的模式组织学生进行实践锻炼。打造舆情收集加油站、舆情报告撰写工作室、舆情分析系统开发小组等，全面提升舆情管理队伍网络舆情系统运维能力。结合传统节假日等时间节点，开展线上主题活动。设计并制作具有学校特色的网络文化创意产品，多维度引导学生成长成才，使网络舆情监控与运维工作不再枯燥乏味而变得丰富多彩。

四、新媒体环境下高校网络舆情管理队伍培养模式的实践路径

高校作为网络舆情工作的前沿阵地，在发展过程中应尊重师生思想意识的多元化，加强师生与学校之间的畅通建设，积极拓宽师生意愿的表达渠道，健全校园网络舆情汇集和分析机制。运用专业舆情监控软件实现手机客户端与 PC 端完全同步，发现重要舆情，手机“自动弹窗”，显示舆情预警，随时随地掌握舆情。针对定向账号，对指定域名、频道、账号的数据采集监控，时刻监管发帖言论。针对热点事件，深度挖掘网络信息，了解热点事件的发展过程与趋势。可以查看信息来源，帮助学校与网站沟通，或以其他方式进行处理。在高校各项事业飞速发展的关键时期，应与师生多元实现良性互动；高校提供畅通的、能充分表达意见的平台或渠道，使师生的意愿获得有效的释放；校园网络新媒体平台要发挥好自己的桥梁、纽带作用，可以通过多种路径实现管理队伍的培养。

1. 创新性的、适应性的实践教育

秉承宽入严出、夯实基础、创新突破、前沿探究的人才与管理队伍培养理念，在教学过程设计中让学生能掌握舆情监测、搜集、分析、研判、归纳的实践技能；在培养方案设计中以社会需求为目标，让在校学生直接进入真实的网络舆情分析导控的工作流程，帮助在校学生在市场化竞争中占据优势。

2. 专业化的、多元化的创新教育

可将网络舆情监控管理相关课程设置为通识类全校任选课，任何学科专业的学生都可以选修。也可联合学生工作部、党委宣传部，组建网络新媒体中心、网络舆情监测中心，并选派专任教师作为指导教师带领学生团队负责学校日常微博微信等新媒体网络舆情信息的收集、整理、上报与反馈工作。该平台的打造不仅使网

络舆情教育成为常态,更创新性地将大学教育与校园管理合二为一,使大学生在学习知识的同时,主动参与学校事务管理,表达自身利益诉求。

3. 依托于高校和就业的精英教育

从在校本科生中甄选优秀学员组建精英小组,进入高校的舆情实验室、试验所见习,部分高校设有网络思政中心等机构,可以作为学生的实践基地,接受"双师型"的联合教授、业界专家的指导,学生协同导师完成科研与项目任务,还可对同一个项目任务设置"团队激励机制",优胜者将得到高校推荐的就业与实习的机会。

4. 以需求为导向的体系教育

经过近期的调查、摸索与实践,初步设计适应地方需求的舆情人才培养课程体系。高校可设置的网络舆情辅修专业核心课程体系可包括:新闻采访与写作、新媒体理论与实践、媒体传播学、网络舆情概论、网络舆情监测与引导、网络舆情案例分析、数据挖掘理论与应用、危机公关与声誉管理。在舆情实训课程上,可设置 ASP、JSP、HTML、XML、Java Script、CSS、Python、MySQL、大数据分析、云计算等。

【主要参考文献】

[1] 张蕊,王银芹. 大数据时代地方高校网络舆情培养模式[J]. 文学教育:2017(7):178-179.

[2] 王山. 全媒体环境下高校学生网络舆情特征与引导策略研究[J]. 兰州文理学院学报(社会科学版):2016,32(3):82-85.

[3] 何建. 高校大学生网络舆情特征与管理对策研究[D]. 重庆:西南大学,2015.

[4] 张蕊,陈军. 地方高校网络舆情人才培养困境及出路[J]. 文学教育,2017(9):136-137.

【作者简介】

李刚(1982—),沈阳建筑大学党委宣传部,工程师。

李明泽(1988—),沈阳建筑大学党委宣传部,思想政治工作科科长。

李楠(1989—),沈阳建筑大学党委宣传部,宣传理论科科长。

高校研究生教育生源结构优化研究

郭宝荣[1]　温全[2]　彭一峰[3]
(1. 沈阳建筑大学管理学院;2. 沈阳建筑大学机关;
3. 沈阳建筑大学管理学院)

【摘　要】 针对目前高校研究生教育生源结构中跨学科生源比例、推免生生源比例以及留学生生源比例过低的问题进行了总结与梳理,并探究了其产生根源,尝试解读了高校研究生生源结构问题的产生与传导过程。最后,设计了全新的生源结构调整思路,并提出相应优化政策及实施建议。认为高校研究生教育生源结构的优化在于一是构建科学合理的招生模式,二是鼓励培养单位及教学名师吸引生源,三是充分发挥研究生联合培养示范基地的作用,吸引大量的专业学位优质生源。

【关键词】 高校;研究生教育;生源结构问题

一、引言

研究生生源结构的不平衡已经成为影响研究生教育质量的众多因素中的首要因素。近几年,跨学科生源、推免生生源以及留学生生源在我国研究生教育生源结构中所占的比例逐年降低,有必要追究其原因,并有针对性地采取措施加以调整,从而优化生源结构,推动研究生教育整体质量的提升。

二、高校研究生教育生源结构问题

1. 跨学科生源比例问题

跨学科生源是指学生在本科阶段所学专业与研究生阶段所学专业不同的生源。就当前状况而言,跨学科生源在研究生生源中所占的比例存在一些问题。一方面,考生选择研究生学科与本科学科相比较近的学科,跨越幅度较小。目前大多数的跨学科生源都选择在本科专业的二级学科之间就近跨越,而跨学科生源中选择在一级学科跨越的研究生并不多。由于研究生生源跨越学科的幅度并不是很大,本科所学专业与研究生所学专业的知识结构并没有发生很大的变化,因此,在某种程度上来说并没有实现真正意义上的跨学科交融。另一方面，跨学科生源比较喜欢选择一些当前比较热门的专业或者是跨考难度相对较小的专业，而一些难度较大的专业或者对基础要求较高的专业，例如文史哲类专业、理工类专业等，从当前研究生的生源结构来看，所占的比例相对较小。有研究对某教育部直属师范类重点高校跨学科研究生生源情况进行了分析，对14级、15级、16级的研究生进行问卷调查，问卷涉及理科、文科、工科等10个学科。发现工学、理学等基础性专业跨学科生源所占比例较低，均只占全部生源的11%左右，而管理学、经济学等就业前景较好的专业跨学科生源比例分别达到31%与45%。当前科学研究的发展方向应是多个学科交融发展，而研究生的培养教育更应顺应趋势。为社会发展培养高素质的复合型人才正是我们这些教育者的使命，而复合型人才培养的关键正是跨学科交叉融合，在跨学科人才培养中跨学科招生扮演着首要角色。当今以单一学科招生为主的招生模式已经越来越不能满足研究生教育人才培养的需要，较低的跨学科研究生生源比例，影响了研究生教育质量的提升，迫切需要解决这一问题。

2. 推免生生源比例问题

目前，我国硕士研究生招生的渠道主要分为以下四种，即单独考试、推荐免试、研究生招生统考与保留资格。推荐免试是部分高等学校按教育部规定推荐本校优秀的应届本科毕业生，确认其获得免初试资格，由招生单位进行复试的选拔方式。当前，推免生生源结构存在两个问题，一是推免生生源在整体研究生生源中所占比例处在较低位置；二是推免生生源中本校生源扮演着主力军的角色。

推免生生源所占研究生生源的比例整体不高。2017年，教育部出台有关文件规定，招生院校研究生院设立的推免人数应该按照应届本科毕业生数量的15%确定；未设立研究生院的双一流高校应按照其应届本科毕业生数的5%确定；其他高校应按照其应届本科毕业生数的2%确定。随着当前研究生教育的飞快发展，推免生生源数量发展得相对缓慢，推免生占毕业生的比例相对较低。这种现象存在于大部分的高校中，推免生的人数甚少。笔者对河北省省属7所重点高校2017年经管类研究生生源进行调查发现，推免生生源比例普遍不高，比例最高的河北农业大学也只是在15%左右，最低的河北联合大学、石家庄铁道大学推免生比例为0。

应届推免生的生源来自本校的学生数量较多，大部分重点院校都愿意接受本校的毕业生。因此，大多数重点高校会将推免生名额留给本校应届毕业生，而较少接受外来院校的应届毕业生。笔者对1986～2016年西北农林科技大学的研究生来源情况进行分析，发现该校推免生中本校生源比例一直在高位运行，绝大多数指标都用于本校推免。例如，2000～2013年所有指标都用于本校推免，2014、2015与2016年，本校推免生所占比例分别为98.7%、98.8%与99.5%。

由分析可知,推免生生源中本校人数比例较高这一实际情况,严重地影响了研究生的教育,导致高校研究生的生源更加具有局限性。一些学习较好,但不善于应试的学生失去了继续学习深造的机会,这种情况不利于选拔和培养优秀的人才。许多“双一流”的重点高校更倾向于推免自己本校的学生,造成了本校的推免生人数较多的现象。

3. 留学生生源比例问题

在进一步提升我国研究生教学质量的过程中,留学生生源比例的增加及如何使生源学科多元化是目前我们所面临的问题。在国际化的教育背景下,如何提高研究生生源中来华深造的留学生比例是一个值得深入研究的课题。就目前的数据来说,外国研究生生源比例较低,而且学科的差异化较大,来华深造的研究生留学生大多数是来学习语言类的相关专业。具体表现在以下的两个方面,一方面,相比于我国研究生教育规模的庞大,研究生留学生的比例相对较低。有学者分析了教育部直属高校来华留学生的比例情况,以招收留学研究生规模最大的5所高校——清华大学、北京大学、复旦大学、吉林大学和武汉大学为例,发现2016年这5所高校招收留学研究生的人数分别为552、530、375、311和309人,而同期这5所高校研究生在校生总数分别为12 405、18 303、12 477、19 614和17 467人,留学研究生占在校研究生的比例分别为4.4%、2.9%、3.0%、1.6%和1.8%。另一方面,大多数留学生来华主要是学习语言类的专业,导致了留学生生源学科分布不均匀。从当前我国接收的留学生研究生的专业分布情况来看,学习理工类专业的留学生人数较少,大多数的留学生都愿意去选择学习人文社科类的专业。由以上分析可见,留学生所选学科的分布不均衡,在一定程度上制约了研究生教育的发展。

三、高校研究生教育生源结构问题的根源

当前,我国研究生教育中存在的生源结构问题,具体表现在跨学科招生环节、推免生招生环节与留学生招生环节三个方面。

1. 跨学科招生环节

一方面,目前,我国的研究生招生计划中,很少有为跨学科的考生准备的招生计划,所有的考生都需要在统一的招生标准下进行竞争,对于跨考的学生来说,他们与本专业考生相比毫无竞争力,所以考虑这一情况很多考生并不愿意选择跨专业考取研究生。另一方面,我国研究生入学考试分为初试和复试,无论是哪一种考试对专业的要求都比较高,要求同学必须掌握与专业有关的知识。因此,在研究生招生过程中,主要考察的是考生是否具有突出的某一学科的专业素养。但是,对于跨考的考生而言,这样的招生方式对他们有着相当大的制约。缺少对跨考生源设计的特殊考试,这大大减弱了跨考生源的报考积极性,使一些有意愿想要报考跨学科的考生望而却步，这在很大程度上限制了优秀人才的选拔，影响了跨考的考生的招收数量。

2. 推免生招生环节

由于各高校的学科侧重与知识结构不尽相同，过于统一的研究生选拔方式很难筛选到符合本高校所需的生源，也无法真正选拔出优秀生源。因此，推免生选拔制度被视作研究生生源的必要也是较为重要的补充形式。然而当前研究生的推免环节存在结构性问题，制约了推免生数量的发展。例如，国家对推免生的指标要求过高，一方面限制具有推免资格高校的数量，规定只有设立了研究生院的高校、“双一流”高校以及少数地方重点高校才能享有推免资格，其他高校即使部分学科再优秀，也不具有推免资格；另一方面对推免生比例的限制，推免生比例最高的高校也不能超过应届生的15%，在这种招生情况下，很多优秀的学生不能得到推免的资格。同时，推免程序不科学、方式不合理、标准不统一，缺少对进入推免复试阶段的生源的有效鉴别手段。高校大多都是等额复试，一般情况下推免的学生都会被录取，个别高校还会存在对本校推免生只是走个过场的现象，这些都说明了推免生招生存在很大的问题，有必要加大改革力度，规范研究生推免环节，充分发挥推免生在研究生教育质量提高中的作用。

3. 留学生招生环节

当前我国留学研究生生源结构的优化主要存在以下两个问题：

一是在留学生奖学金方面，目前我国对留学生的招收大部分是自费，只有很小一部分的留学生可以享受奖学金。2018年，中国政府奖学金生共计13516人，占来华生总数的6.05%；自费生共计209983人，占来华生总数的93.95%。

目前我国奖学金的来源大部分依赖于政府，然而政府所提供的奖学金在短期内并没有增长的可能性，这种情况限制了奖学金的扩大，不利于吸引更多的留学生来华深造。这种情况与我们所知的国外高校有很大的区别，多种奖学金来源并存是世界一流大学招收留学生所采取的普遍做法。奖学金制度一直是各高等教育强国开拓国际留学市场的有效武器，起到了重要的导向作用。美国设有名目繁多的奖学金项目，如联邦奖学金、私人基金奖学金、学院奖学金、系科奖学金、假期奖学金等，而且金额和享受奖学金的人数比例也较高，形成了政府、高校与私人共同资助的留学生奖学金体系。

二是在招生宣传以及拓展招生渠道方面，近年来，相比国外院校来我国的宣传，我国高校对外宣传的力度很小，招生渠道过于局限，信息传递严重受到阻塞，在海外市场的影响不够广泛，成效并不明显。总体来说，高校对外宣传缺少主动性，对留学生教育市场的份额抢占的意识不够热烈，我国还处于被动招生的状态，国外学生对我国院校的研究生招生情况了解得少之又少，优秀院校没有对留学生产生一定的吸引力，从而极大程度上削弱了留学生的报考意愿，这些问题有待于进一步的解决。

四、高校研究生教育生源结构改善的对策建议

1. 构建科学合理的招生模式

部属重点高校、省属重点高校及地方一般高校是各高校研究生的主要生源，因此研究生生源结构的改善、提高很大程度上在于注重三个维度的延伸：

其一，向上延伸。各高校招生工作的难点不仅仅是招收研究生生源，而是招收具有优秀素质的研究生生源。“双一流”高校依靠其名校的虹吸效应，大部分优质生源对其充满向往，本校的考生除了考虑更高层次的院校外，大部分考生会考虑优先选择母校，在招生名额有限的情况下，大部分的研究生生源无法被录取，而想当年深造的考生会选择调剂。这样较少的优质考生变成了不同高校招收的对象，考生可选择的范围加大。

其二，向内延伸。除了吸引优秀院校的考生外，还应该积极地寻找本校潜在的优秀生源。在此过程中，应该充分发挥培养单位的推荐作用和教师的指导作用，在低年级中展开母校认同教育，如邀请教学名师举办讲座，选派优秀研究生参加班团的组织生活等，扫清考研心理障碍；对毕业班考生进行实际帮扶，如邀请校外优秀考研辅导名师开设讲座，增强本校考生的应考能力，加强考生对母校的认同感，并且加强研究生的招生宣传工作，逐渐提高本校考生的考研率，以及推免生和毕业生报考本校的比例。

其三，向下延伸。非双一流高校的生源主要来自办学水平相同的非双一流高校。本着全面选拔优质科研人才的工作理念，研究生招生工作应通过加强有针对性的招生宣传工作，以期吸引非双一流高校的优秀毕业生，特别是其中的推免生。

2. 鼓励培养单位及教学名师吸引生源

从以前的经验看，招生过程中缺乏研究生培养单位与本科辅导员的共同作用，其主体参与性并不高。高校在制定招生政策时，通常会在以往的基础上针对生源结构和招生指标的新变动来采取一个动态再平衡策略。但是，培养单位和教师没有参与整个过程，他们中的大多数被动地接受，并且没有发挥主动决策权，造成无法充分理解政策变化的影响。

基于此，应充分调动培养单位和辅导员的积极性，三方应达成共识，并形成相应招生制度予以保障。例如，应鼓励研究生导师将优秀的本科二年级和三年级学生招募到他们的研究团队中，以形成梯队式培训方式；与此同时，也应该注重发挥著名学者在吸引优质生源上的影响力。

3. 发挥研究生联合培养示范基地在吸引专业学位优质生源上的核心作用

对于一些普通高校来说，难以利用自身的名气来吸引考生，因此打造理论科学与职业应用相结合的培养模式尤为重要，并且作为自身的特色进行大量的宣传。因此，可发挥研究生联合培养示范基地在吸引专业学位优质生源上的核心作用，建立可持续发展的、多方共赢的产学研联合培养专业学位研究生的管理模式，从职业导向、招生机制、培养方案、政策保障、质量监控、评价体系等方面对培养机制体制进一步探索，厘清大学与企业、科研机构等联合培养单位在培养研究生过程中的责任和义务，进行系统性优化设计。

【主要参考文献】

[1] 汪滢，王战军. 在华工科留学研究生教育发展分析[J]. 学位与研究生教育，2019(4):65-72.

[2] 孙雪飞，苏海红. "一带一路"沿线国家来华留学研究生教育的现状及发展策略研究[J]. 学位与研究生教育，2019(4):72-77.

[3] 陈睿，白丽新，张立迁. 硕士研究生招生考试自划线问题探析[J]. 研究生教育研究，2018(1):55-59.

[4] 周文辉，曹镇玺. 非全日制研究生招生新形势、问题及对策[J]. 中国高教研究，2018(1):81-86.

[5] 贺随波，刘俊起. 服务需求 创新模式 突出特色 提高质量——深化专业学位研究生教育综合改革二年总结[J]. 学位与研究生教育，2018(1):1-6.

【基金项目】

"基于生源不平衡问题导向的研究生招生指标资源配置研究"，辽宁省研究生招生工作研究会项目，2018.6.1—2019.12.31，项目编号：YZ2018YB022。

"高校研究生招生指标资源配置研究"，辽宁省研究生招生工作研究会项目，2018.6.1—2019.12.31，项目编号：YZ2018YB009。

【作者简介】

郭宝荣(1987—)，沈阳建筑大学管理学院，讲师。

温全(1987—)，沈阳建筑大学机关，讲师。

彭一峰(1994—)，沈阳建筑大学管理学院硕士研究生。

“以本为本”理念下培养建筑应用创新型人才

孙艳丽[1]　姚凤娇[2]　刘新源[3]
（1、2. 沈阳建筑大学管理学院；3. 沈阳建筑大学信息学院）

【摘　要】 新时代，培养应用创新型人才是建筑类高校的使命与目标，而“以本为本”理念着重解决本科教育中存在的思想误区，用以指导应用创新型人才的培养方式。因此，针对高校缺乏切实可行的应用创新型人才的培养模式、师资队伍力量薄弱、学生缺乏主动的创新意识等特点，提出要树立良好品德、建设高水平的教师队伍、形成高水平人才培养体系。

【关键词】 以本为本；应用创新型人才；高等建筑教育

一、引言

随着我国内涵式高等教育的发展，培养高水平人才始终都是高校的最重要使命。在国家实施创新驱动战略和加快全面建成小康社会的机遇背景下，高校要形成以学生为本的教育、发展理念，重新树立“以本为本”的思想，以创新教育为切入点，创新教学体系和路径，培养卓越的应用创新型人才。

二、培养建筑类应用创新型人才的必要性

建筑行业一直都是支撑中国国民经济的主流产业。它在促进国防建设、改善城乡居民生活条件等方面发挥了积极作用。据统计，2018 年，全国建筑业企业总产值达到了 235 086 亿元，同比增长 9.88%。自 2009 年以来，建筑业的增加值一直保持在 GDP 的 6.5% 以上。2018 年，它达到了 6.87% 的高点。建筑业的蓬勃发展必将吸引更多的人才，建筑业的可持续发展需要更多的适用人才。培养出应用创新型人才是高等教育所追求的价值目标，是新时代社会的主流选择，也是建筑业企业的迫切需求。

人才培养，教育为本。高等建筑教育要培养应用创新型本科生，主要关注他们的创新思维、应用能力、专业知识、综合素养的全面发展，充分满足建筑行业发展变化的需要，增强建筑业企业的核心竞争力，促进建筑行业的繁荣与可持续发展。因

此,高校培养建筑类应用创新型人才使命的升级,对其人才培养的传统方式提出全新的挑战。

三、“以本为本”理念对培养建筑类应用创新型人才的指引

教育振兴与国家强盛息息相关。高等建筑教育的发展体现着一个国家建筑领域的发展水平和潜力。在国家如此重视高等教育发展的今天,政府先后出台了很多促进高等教育发展的政策和要求,重在把握好高等教育优质改革的前进方向。2018 年 6 月 21 日教育部召开的新时代全国高等学校本科教育工作会议上更是将“以本为本,四个回归”理念作为发展本科教育的旗帜。

高校坚持以培养人才为根本的高等教育观,重新确立“以本为本”的思想,优化教育教学体系和路径,为培养卓越的应用创新型人才提供重要的基础保障。在“以本为本”理念下,高校发展高等建筑教育,培养应用创新型人才,应做到以下几点:

第一,本科教育应处于高等教育最基本的位置。教育部部长陈宝生谈到过:“百年大计,教育为本;高教大计,本科为本。建设高等教育强国必须坚持‘以本为本’,本科教育是人才培养的核心,是高校教育教学的基础,是新时代教育发展的前沿。”在高等教育中,本科教育的数量规模最大,这也决定了它在其中的基础地位。据统计,在全国 1 243 所本科院校中,本科生在校人数约是研究生在校人数的 8 倍,毕业生中本科生占比 87%。改革开放以来,我国培养了大量的本科毕业生,他们在各行各业中做出卓越贡献,因此本科教育必将是最基本的,也是最重要的教育。

第二,发展高等建筑教育应以培养人才为基本职能。从大学职能的发展历史及逻辑来看,人才培养和教学是最早出现且长期处于唯一地位的职能,研究和社会服务职能只是后来才出现的职能,并取得独立地位。这两种职能一开始本是为了更好地服务于人才培养和教学,是在教学职能基础上派生和衍化出来的。正如习近平总书记讲到的,只有培养出一流人才的大学才称得上一流大学,人才培养能力是核心,高等学校一切工作都必须围绕培养能力这一核心来运转。

第三,“以本为本”理念要求高等学校回归教育初心。一些大学教师将大部分时间和精力投入到自己的发展中,例如科研和发表文章。有些高校对学生全面发展和能力建设缺乏应有的重视,违背了高等教育的初衷。因此,国家各级教育行政主管部门、高等学校的党委书记和校长、大学教授及讲师都应积极努力做好相应工作,把教育的重心回归到人才培养上,回归到大学本科生身上。

四、高等建筑教育人才培养的现状

由于教育理念更新不及时、培养模式创新力度不够、师生思想认识不到位,以及高校办学资源局限性等问题的制约,当前高校应用创新型人才培养的数量和质量并不符合高等教育内涵式发展与新时代创新驱动模式对人才的需求。

1. 高校缺乏切实可行的应用创新型人才的培养模式

良好的人才培养模式,是培养应用创新型人才的重要保障。目前高校针对培养应用创新型人才制定的培养模式仍存在很多问题。

首先,高校对人才培养的倾向重点有偏差。随着扩招以来,本科毕业生人数逐年上升,就业压力也十分巨大。目前,从教育部门到高校再到学生都把眼光放到了就业上,就业率的高低成了衡量高校教育教学质量的重要指标。顺利就业成了本科生毕业的头等大事,至于本科生自身的应用创新素养、就业单位的质量、日后的发展前景则不在考虑的范围之内。

其次,高校对人才培养资源的投入不够大。高校教育资源尤其是资金投入、教学平台、实践基地等,都无法满足应用创新型人才培育的合理诉求,供需失衡严重,尤其是应用创新教育重在高质量比赛和深度实践体验,然而,大部分高校还是以单纯的走马观花的态度敷衍了事。

最后,高校的人才培养方案不科学。大多数的高校所开展的应用创新教育,没有专门的教学大纲,只是在必修课中增加几门与实践创新有关的课程和几个学分,甚至有的还是以选修课形式进行理论灌输,而特色化实践教学、针对性的考核方式等至关重要的因素尤为缺乏。应用创新注重创新思维开发,因而应该采用多样化的培养模式,但是目前大部分都是"千校一面"的培养状况,同质化现象严重,应用创新教育未能与高校本身的办学优势、地方经济发展特质结合起来。

2. 师资队伍力量薄弱

教师始终冲在教书育人的第一线,是高校培养人才的先锋。教师队伍素质对教学质量、培养水平以及高校的办学能力有直接影响。现阶段高校内存在着以下几点问题:

首先,师资队伍的数量不足。从本科教育的优质资源配比程度来看,学生和老师的比率是衡量高校办学水平的关键性要素中的一个。国际上的高等教育发展,优秀的本科教育,其生师比一般来说是比较低的。综观发达国家一流大学的本科教育,排在世界前列的高校,其生师比(教师人数 =1,下同)一般保证在 10 以内。根据统计的数据来看,近十年来我们国家的普通高校的生师比维持在 17% 左右。可见,我们国家的高等教育与世界发达国家的一流大学的师资力量还存在不小差距,我们的任务是艰巨的。只有加大教师人员数量,降低高校的生师比,"以本为本"的教育理念才能落到实处。

其次,教师本身实践经验不足。要培养应用创新型人才,要求指导教师除了有扎实的理论教学知识储备,还要有相应的岗位经验,要懂得如何培养学生的应用性和创新性。而现在的高校教师,大多是毕业后直接进校教书,恰恰缺少了社会的实际经验,也缺乏创新意识、创新激情与创新能力。因此在培养本科生的实践能力时有许多限制,间接对他们的应用和创新能力产生影响。

最后,教师重自身,轻学生。目前很多高校出现重视科研、轻视教学的情况,教师更愿意把自己的时间和精力都放在自己的科研上,不愿对教学和学生的培养付出更多时间和精力,使大学办学的初衷出现了偏离。

3. 学生缺乏主动学习和创新的意识

受传统应试教育的影响,本科生的学习方法、学习习惯等已经定型,形成了定性思维,很难改变。与培养应用创新能力相比,他们可能更关心能否取得好成绩、顺利毕业等。甚至很多本科生认为培养应用创新能力遥不可及,他们对自身缺乏信心,也缺乏研究、勇于探索创新的激情。

五、"以本为本"理念下培养建筑应用创新型人才的实践路径

1. 树立良好品德

习近平总书记强调:"才者,德之资也;德者,才之帅也。人才培养是对人才进行教育和培训的过程。人无德不立,育人的根本在于立德。这是人才培养的辩证法。"立德是做好一切事情的基础。不断提高学生的思想水平、政治意识、道德素质、文化素养,努力让学生做到深明大德、恪守公德、严谨私德。建筑业是一个特殊的行业,建筑业的成果关系着广大群众的生命安全,所以建筑人才的培养对德育方面应当有更高的要求。

2. 建设高水平的教师队伍

人才培养,关键在教师。教学团队的素质对大学教育的能力和水平有直接影响。培养一支素质高、业务能力强、教学水准高的优质教师团队,是高校建设的一个最基本的工作。教师建设的目标是培养一批致力于创新,勇于突破传统的束缚,而且能够把在实践中取得的成果应用到教学当中的教师。高校应做到遴选出专业扎实、授课经验丰富的校内导师,同时聘请优秀校友、企业家、行业牛人等校外导师,两者结合培养学生的应用创新能力。高校还应对教师的进修培训投入相当程度的资金和精力,确保教师有深厚的理论知识和实操经验,为培养优秀人才增添新的更大的动力。

3. 形成高水平人才培养体系

目前,中国大学在硬件水平上得到了很大程度的提高。人才培养体系必须首先建立在"培养何种人才"以及"如何培养人才"的根本问题上。在21世纪,科学技术更新的速度越来越快,交叉学科、综合学科以及新兴学科不断涌现,但是,不是任何人都可以接受所有知识。在这种背景下,所有建筑学院必须结合自己的教学条件和学科优势,结合区域经济社会发展和建设领域的职业需求特征,以及职业分化的现实,把创新人才培养模式作为探究教育改革教学的最佳切入口。人才培养体系要适应时代形势,培养"基础能力扎实,实践水平坚实,思想态度朴实"的具有创新和创意的应用性人才。

【主要参考文献】

[1] 彭钰婷,王红."以本为本"理念下高校创新创业型人才培养模式研究[J].创新创业理论研究与实践,2018(18):67-69.

[2] 王素君.建筑产业化背景下高等建筑教育发展战略研究[J].高等建筑教育,2019,28(2):8-14.

[3] 韦宝畏,袁敬伟.创新高等建筑教育质量观若干问题探析[J].长春工业大学学报(高教研究版),2010,31(4):56-58.

[4] 中国建筑业协会.2018 年建筑业发展统计分析[J].建筑,2019(8):28-35.

[5] 刘振天."以本为本"的三重含义[J].苏州大学学报(教育科学版),2018(4):7-9.

[6] 陈宝生.在新时代全国高等学校本科教育工作会议上的讲话[J].中国高等教育,2018(15):4-10.

【作者简介】

孙艳丽(1971—),沈阳建筑大学管理学院,副教授。

姚凤娇(1995—),沈阳建筑大学管理学院,研究生。

刘新源(1992—),沈阳建筑大学信息学院,助教。

互联网思维下高校创新型人才培养

张徽[1]　徐晓歌[2]　韩晓墨[3]
（1. 沈阳建筑大学党委宣传部；2. 沈阳建筑大学马克思主义学院；
3. 沈阳建筑大学市政与环境工程学院）

【摘　要】　当今世界，互联网已经融入人们的生活中，成为人们生活必不可少的工具。互联网时代的到来为高校培养创新型人才提供了前所未有的机会。本文论述新时代创新型人才在互联网思维下培养的重要性，并提出高校培养创新型人才的相关对策，从而为教育教学工作提供必要的支持。

【关键词】　互联网思维；高校；创新型人才培养

一、引言

习近平总书记在十九大报告中提出："坚定实施科教兴国战略、人才强国战略"，"培养造就一大批具有国际水平的战略科技人才、科技领军人才、青年科技人才和高水平创新团队。"互联网正以肉眼难辨的速度席卷全球，目前已成为人们日常的必要工具。大学生为新型工具的使用主体，网络信息广阔、资源丰富，但不良消极的信息众多，大学生正处于思想意识塑造的阶段，如何正确地筛选出积极且有效的信息对于大学生来说是至关重要的。利用互联网思维，高校培养创新型人才，认真贯彻十九大精神，是高校及高校教师的使命与责任。

二、互联网思维

互联网思维的六大特征为大数据、零距离、趋透明、慧分享、便操作、惠众生。互联网思维是对传统企业价值观的重新审视，主要表现在组织、业务、战略方面。互联网思维作为一种思考方式，它不属于一类人。

互联网思维所倡导的"价值环"以用户为中心，从组织设计到业务开展工作，中心为用户。这种模式也可以理解为全面围绕用户体验和用户需求的模式。不同于以往的思维模式，从业务层面来说，它将供应链和用户端进行连接，组成闭环，从而真正地实现了信息价值的动态传递。用户需求传递到研发部门,产生商品传递到销售层面,进而再次传递到用户,组成二次循环模式,这种“价值环”模式,对传统的商业、教育具有深远的影响,要求以用户为主体,聆听、反馈并及时做出回应。其中思维模式主要分为社会化思维、简约思维、用户思维、平台思维、流量思维、大数据思维等诸多种类。

一般而言,我们所谓的互联网思维指的是泛互联网络,跨越各种终端设备,注重人的价值。

三、互联网思维下高校创新型人才培养的特点

第一,数据化。在互联网思维下,我们的所有日常活动都会以数据的形式被同步记录在数据库中,使得人们可以通过其强大的数据收集能力和运算能力对数据进行分析总结,更加科学地量化自身的活动,然后有目的性地从事实践。互联网思维下的数据化分析为高校培养创新型人才提供数据支撑。即时有效地收集大学生的数据信息,将所有数据资料进行全面的、系统的数据化处理,充分利用大数据分析对其进行整合、计算、分析,从而全面掌握大学生的心理活动、行为习惯、兴趣爱好等,并为其规划出个性化的创新型人才的培养对策。

第二,海量化。互联网思维下的高校创新型人才培养工作区别于传统的教育方式,在于拥有更加大量的、全面的、系统的信息资料。将互联网作为载体,可以使培养创新型人才的教育工作者有效地掌握大学生的信息。随着大学生日常实践活动的日益累积增加,形成了结构多样、类型各异的海量数据。在互联网思维下,未来我们想要了解掌握大学生的思想行为动态信息的变化,所要依靠的正是互联网思维。通过海量数据的筛选,有针对性地对大学生进行新型人才培养。

第三,动态化。互联网思维下的数据具有即时性、动态性的特征优势,这也正是与传统教育模式所不同的地方。在互联网思维下,将动态化数据应用到高校培养创新型人才工作中具有时效性。新时代大学生平均每分钟所形成的数据流是无比强大的,且全部处于动态变化中,而不是静止不动的。以一分钟为例,我们也许刚刚浏览完一行的文字,而与此同时,QQ 已经被登录了 60 万次,微博已经被转发了 4 万多条,京东已经销售出 10 万多件商品,微信朋友圈的点击率已经超过了 50 万次,谷歌的搜寻记录已经产生了 100 万次。互联网背景下的高校及高校教师可以利用所搭建的平台,搜集大学生的动态数据流,进行计算并分析,就能即时有效地掌握被教育者的心理活动和思想行为动态,同时可以成功准确地预测出大学生出现的问题,再针对不同学生的动态进行创新型人才培养。

第四,复杂化。互联网大背景下,各类数据信息的不断变化、发展,使数据一直处于持续爆发性增长的趋势,无论是各行各业的数据数量,还是数据类型都在日益增多，日益复杂。互联网思维下的高校及高校教师工作特点在于其数据的收集、分析和运用变得更加复杂化，数据资料呈现出更为明显的即时性、动态性的特点。在这一严峻的新形势下，就要求我们的高校及高校教师具备大数据的分析能力、技术操作等一系列相关能力。以往的高校及高校教师由于专业技术方面受到限制，并不能够熟练地掌握互联网思维下的数据分析这门新型技术，而面对这些烦琐复杂的动态数据流，想要充分利用数据载体从数据流中采集与之有关的有效数据信息，就要求高校教师不仅能够全面、深入地去处理这些大数据，还要在有效的时间限制内对大量复杂的数据信息进行截取、处理、归纳和运用。总而言之，互联网背景下的高校教师必须熟练掌握大数据技能，对互联网思维下的高校培养创新型人才进行优化。

四、互联网思维下高校创新型人才培养对策

1.组建丰富的信息渠道

互联网的时代背景下，全国各高校通过硬件的数据技术发展，使得培养创新型人才教育工作借助于数据技术，取得突破性的成就，通过搭建高校各类信息渠道、平台，如学习平台、文化平台、交流平台等实现高校培养创新型人才工作的革新。

2.组建高素质师资力量

在互联网思维的教育变革背景下，高校教师单凭自己多年积累的工作经验已不能满足时代的要求，那种“说教式”的教学理念已经完全落伍。因此，高校教师要形成一种符合时代发展的新型教学理念，变“说教式教学”为“体验式教学”。在互联网思维的大背景下，从学生学习出现的新特点和新规律出发，充分利用网络资源，研究教学内容，完善教学方法，结合挖掘出的学生信息，设置受学生欢迎的教学情境，培养学生的创新意识，进而为高校培养创新型人才提供保障。

3.改善校园的硬件环境

互联网不仅为高校带来很多前所未有的好处，同时也加剧了各高校之间的竞争。高校建立信息共享平台要基于精确的数据分析，这不仅需要高校及时更新相关的硬件设施，也要同时加大工作人员的培训力度，这样才能使最新的设备使用最优化，才会为制订有针对性的创新型人才培养方案提供基本保障。

五、小结

互联网思维给高校创新型人才培养带来新的机遇和问题，只有正确地引导大学生认识互联网，规范互联网的行为，从学生、教师和互联网三个方面为出发点，充分利用互联网平台，提高大学生自身的思想意识和防范意识，加强大学生综合素质的提升，使现实教育和网络教育整合在一起的新的教育模式早日实现，增强培养创新型人才教育的可操作性。在互联网时代下，互联网成为大学生生活、学习、交流的重要平台。互联网以其简单、方便等特点,受到大学生的重视。但在这个信息化时代下,面对复杂的互联网信息,我们要取其精华,去其糟粕,积极地引导大学生绿色上网,开展具有创新性的互联网人才培养模式。在互联网的创新型人才培养模式中,要充分认识互联网思维下高校开展创新型人才教育的重要性。同时,要在深刻认识当前互联网思维下的创新型人才培养现状的基础上,结合新时代特征,创新新时代互联网思维下的创新人才教育的培养,引领学生成为科技人才、科技领军人才、青年科技人才和高水平创新团队,增强互联网下的创新型人才的培养价值引领。利用互联网的主阵地,更好地培养出高校创新型人才。

【主要参考文献】

[1] Emmanuel Letouzé. Big data for development: Challenges & Opportunities[DB/OL]. http://www.unglobalpulse.org/projects/BigDataforDevelopment.

[2] 胡纵宇,黄丽亚. 大数据时代大学生思想政治教育面临的问题及应对[J]. 学校党建与思想教育,2014(13).

[3] 何云飞,刘君. 高校网络思想政治教育探析[J]. 楚雄师范学院学报,2015(5).

[4] 黄涛. 网络道德舆情与大学生价值观的塑造[J]. 太原城市职业技术学院学报,2015(5).

[5] 宋杼宸. 互联网时代企业文化建设的特征和方向[J]. 中国人力资源开发,2014(10).

【作者简介】

张徽(1981—),沈阳建筑大学党委宣传部,研究方向:高校思想政治工作和教育管理。

徐晓歌(1988—),沈阳建筑大学马克思主义学院,研究方向:思想政治教育。

韩晓墨(1989—),沈阳建筑大学市政与环境工程学院,研究方向:高等教育管理。

产学研合作下的应用型人才培养

徐晓歌[1]　张徽[2]　韩晓墨[3]
（1. 沈阳建筑大学马克思主义学院；2. 沈阳建筑大学党委宣传部；
3. 沈阳建筑大学市政与环境工程学院）

【摘　要】 基于产学研合作的人才培养模式是培养应用型人才的有效模式之一，是培养应用型人才的重要保证。目前我国教育模式正由“知识传授型”向“素质培养型”转变，进而实现“素质培养型”教育。通过“素质教育”培养符合社会发展需求的人才，以适应市场经济条件下国家对应用型、技术型人才的需求。对于非职业教育但以培养应用型人才为主的本科大学应以市场为导向，以学校为主体，遵循教育教学规律。探索新形势下基于产学研合作的人才培养模式，对于以应用型人才培养为主的高等学校将有十分重要的意义。

【关键词】 产学研合作；应用型人才培养

一、引言

习近平总书记在党的十九大报告中提出：“完善职业教育和培训体系，深化产教融合、校企合作”“人才是实现民族振兴、赢得国际竞争主动的战略资源。”以产学研合作为基本导向的人才培养模式自从20世纪末在我国提出，国内外很多教育学者对这一问题进行了研究，取得了很多研究成果。所谓产学研合作的人才培养模式，是将学校、企业以及科研单位的诸多优势进行整合，提高人才培养的效率。

二、产学研合作下的应用型人才培养现状

企业作用日益凸显。以上海的企业技术中心为例，上海市189家市级以上企业技术中心所在企业中，2013年研究与实验发展经费支出总额为106.01亿元，占全市的49.54%；专利申请总数为6241件，占全市企业申请总数的27.28%。它们与高校等单位合建开发机构193家，其中海外研发机构42家。大手笔的投入带来了良好的回报，虽然这189家市级以上企业技术中心所在企业总数仅占全市规模以上工业企业的1.7%，但去年产品销售总额为5 767.22亿元，占全市规模以上工业企

业销售总额的35.28%;产品销售利润总额为749.61亿元,占全市规模以上工业企业利润总额的79.78%。校企深度合作能够有效地将学生的理论知识与实践操作相结合,在具体而真实的实践环境中,学生切实地对实践行为进行思考。

三、产学研合作下的应用型人才培养模式的特点

第一,目标性。我们的课程培养模式是以培养应用型人才为目标,教学课程是各院校首要的职能。从最开始的单一教学职能,发展到目前的教学、社会服务、科研三大职能结合的院校,在本质上而言,其最为重要的职能还是教学。加强产学研结合教育的目的就是促进教学质量的提高,实现学生的全面发展。在教学课程设置中,一直以来,大部分院校课程设置中有针对性的内容比较少,没有目标,理论与实践之间存在着脱节现象,所以,一定要有目标性地强化实践教学。强调专业技能、创新能力的培养,已经逐渐成为教学过程中至关重要的环节。同时,在实际教学中,一定要重视学生对专业基础知识的学习,扩展教学内涵,为学生学习相关知识与技能奠定可靠的基础。

第二,协调性。产学研结合模式,学校、企业、科研既是独立的,也是互相联系的,三者地位平等,享有一样的权利与义务是互相协调,互相合作的。我们需要在地位平等的前提下,存小异、求大同,尊重彼此的自主权,实现紧密合作。各方均是独立个体,有着不同的发展方向与标准,但是三方又可以通过人才培养与技术创新进行结合。针对学校而言,最终发展目标就是培养高素质、高技能,并且符合社会发展需求的复合型人才;针对企业而言,最终发展目标就是获取最大利益。学校具备科研条件,但是如果缺少资金支持,也无法得到相应的科研成果;企业具备充足的资金与资源,但是缺少科研开发。由此可以看出,加强学校与企业的联合,可以有效促进彼此的发展,开展科研项目,取得相应的科研成果,并且得以有效地运用。

第三,科学性。学校在培养应用型人才的时候应符合规律、符合人才培养规律,符合社会需求规律,应该合理地安排一些人才培养模式体系的一系列课程。随着社会的不断发展与进步,知识经济时代到来,要想立于不败之地,就要掌握先进技术,这样才可以推动经济的发展,处在经济发展最前端。因此,企业要想得到进一步的发展,一定要加大科研力量的投入,加强科学研究,进而促进自身的长远发展。针对科研而言,要想取得良好的成绩,就要具备一定的超前意识,进而为企业发展注入新鲜活力与血液。与此同时,加强科研也是促进社会经济发展的重要环节,为人类社会发展提供服务,促进社会的和谐、可持续发展。所以,在教育过程中,落实产学研结合模式的时候,一定要加强对科研的研究,将其转变为生产力,促进教育事业的全面发展。并且企业通过对学校科研成果的运用,可以有效提高企业的创新能力与生产能力,使其更加符合社会的发展需求,走在行业前端。由此可以看出,加强对科学的重视与创新研究,可以有效解决生产实践中存在的技术难题,促进实践教学的全面展开,实现预期的教育目标。

第四,一致性。以产学研合作教育为核心的人才培养模式也构成了学校——企业——科研机构——政府之间的利益链条,它们的目标是一致的,在培养人才的同时,达到利益最大化。同时我们必须充分认识到这一利益链条对人才培养模式创新的影响,通过对相关利益主体的研究来促进人才培养模式的转变。只有让相关的利益主体都能够在这种人才培养模式中获得利益,这种人才培养模式才能够有效地推行下去,才能达到学校、企业、科研机构目标的一致性。

四、产学研合作下应用型人才培养体系

1. 科学构建应用型人才培养模式结构

科学构建应用型人才培养模式结构,在基础课上,不能松懈,打好基础,让学生掌握好基础知识,才能更有效地去学习专业知识。并要求企业的技术人员参与到课程与教材体系建设中,在教学内容改革上,应符合当前企业的生产实际,引进先进的知识和技术,从而培养实践动手操作能力强的应用型人才。为了实现产学研结合的人才培养模式创新,加强实践课程的教育,鼓励学生积极参与实践,培养学生能把所学的理论知识结合到实践中来,在实践中学习更多的专业知识。在掌握了一定的理论知识和实践能力后,组织学生参与实习工作,从而让学生在实习中真正接触到专业的核心,并制定严格的实习考核制度,在实习中学习,增强学生的综合素质,为以后的就业打下良好的基础。可以通过企业真实环境训练,促进学生专业技能、社会能力等全方面地提高,进而更快地适应岗位需求,充分发挥自身才能。

2. 调整专业课教学内容

现在我们大多培养的是理论型人才,我们应该增加对应用型人才的培养。应用型本科教育是一种强调以应用为目的的教育。应用型人才是具有“必要的理论知识,较强的实践技术,良好的职业素养”的人才。这种定位是比较客观全面的。应用型人才的“三要素”是缺一不可、相辅相成的。

3. 增加专业性实践环节

增加专业性实践环节,建立专业的实践基地,建立有体系的实践考核。校外实习实训基地的建设,是对校内实践教学的有效延伸,其生产工艺、规模等均要先进于校内实践教学,学生可以通过企业真实环境训练,促进专业技能、社会能力等全方面地提高,进而更快地适应岗位需求,充分发挥自身才能。

4. 加强学生职业道德素质建设

提升职业素质很有必要,因为这不仅影响了学生的自身发展,还影响着社会发展,所以要加强学生职业道德素质建设。应从学生和学校的角度出发,首先学生通过自身的努力,意识到职业道德素质对于职业发展有着积极的作用。社会需要的是可以严格遵守职业道德、具有良好道德素质的人才,而不是仅仅拥有技能的人。因此,只有成为一个具有职业道德、职业素质的人,才能担当起建设社会的重任,成就自我。另外,"冰冻三尺非一日之寒",所以要有接受挑战的勇气,不能遇到困难就退缩,而应该在遇到困难的时候,从困难中总结经验,把他当作一次加强自身建设、提升自身职业道德的机会,用积极的心态去对待每一次困难。

【主要参考文献】

[1] 李力.我国旅游高等院校酒店管理专业人才培养模式解析[J].旅游论坛,2011(1):77.

[2] 马廷奇.我国研究型大学人才培养模式改革新进展[J].高等教育研究,2009(4):24.

[3] 陈维彬.高职教育工学结合人才培养模式的理论与实践探索[J].教育与职业,2007(2):26.

[4] 李志强."校企合作、工学结合"人才培养模式的内涵与特征[J].职业教育研究,2011(3):28.

[5] 吴万敏.论行业高职院校基于行业标准的高技能人才培养模式之必要性[J].高教探索,2010(6):40.

【作者简介】

徐晓歌(1988—),沈阳建筑大学马克思主义学院,研究方向:思想政治教育。

张徽(1981—),沈阳建筑大学党委宣传部,研究方向:高校思想政治工作和教育管理。

韩晓墨(1989—),沈阳建筑大学市政与环境工程学院,研究方向:高等教育管理。

大学生党员考评机制和教育管理模式研究

邱明浩[1]　苏立红[2]　周秀丽[3]
(1、2、3. 沈阳建筑大学管理学院)

【摘　要】 大学生党员是我国党员队伍中的重要组成部分，也是我党未来发展的后备力量，肩负着中国共产党未来改革和发展的重要任务。但是，部分高校党员存在着入党动机复杂、入党前后表现不一致等问题，因此，要建立健全党员考评机制，完善党员教育管理模式，让学生党员的先锋模范作用得以充分发挥。

【关键词】 大学生；党员；考评机制

一、引言

大学生党员是我国党员队伍中的重要组成部分，也是我党未来发展的后备力量，肩负着中国共产党未来改革和发展的重要任务。2017 年中共中央、国务院下发的《中共中央关于进一步加强和改进大学生思想政治工作的若干意见》指出：“要发挥党的政治优势和组织优势，高度重视学生党员发展工作，坚持标准，保证质量，把优秀大学生吸纳到党的队伍中来。对大学生党员要加强党员先进性教育，使他们严格要求自己，提高党性修养，充分发挥在大学生思想政治教育中的骨干带头作用和先锋模范作用。”大学生党员是一群有知识有文化、有热情有能力、有担当有责任感的群体，但又存在着社会经验不足、经历尚浅易冲动的缺陷。因此，要以完善党员考评机制为前提和依据，深入思考党员教育管理模式，加强管理力度，推进管理模式的改革。

二、当前高校学生党员现状

1. 入党动机复杂

近几年来，高校学生党员数量不断增多，这一方面表现了高校目前在发展学生党员工作上的成果显著，另一方面也表现出高校大学生希望加入党组织的积极性越来越高涨。绝大部分同学能够积极响应团组织和党组织的号召，把投身于共产主义事业、实现共产主义最终目标、全心全意为人民服务作为自身的理想和奋斗目标，但还有个别同学入党动机不单纯，把入党看作是自己未来评优、就业和个人发展的政治筹码，导致入党的动机不纯洁，带有较大的功利性和复杂性，违背了入党的思想条件和政治目标。

2. 入党前后表现不一

在一些经济或政治利益的驱使下，个别已经成为党员的同学，入党前后的表现有较大反差，甚至可以说是判若两人。这些同学在入党之前表现积极，热情较高，能够做到定期向党组织上交材料，进行思想汇报，积极参与党团组织的建设活动，乐意为组织奉献自己的力量。而入党之后却态度圆滑，行为散漫，无组织无纪律，对待党组织的任务能逃则逃，不仅不能发挥党员的先锋模范作用，还凭借自己的党员光环一味地追求个人利益，失去了党员应有的纪律性和奉献精神，在党员队伍和普通同学中都造成了不良的影响。

三、当前学生党员考评及管理机制存在的不足

1. 重视结果管理，忽视考评过程

党员考评机制是客观考评预备党员的一个有效手段，也是检验预备党员是否合格的重要途径，是提升预备党员素质的必经过程。然而在很多高校，只重视党员的选拔结果，将工作重点放在已经成为党员的大学生的教育和培养上，而忽略了党员考评过程，导致一些大学生在入党初期依然没有较高的政治敏感度和政治素养，对党的精神和理论体系也不甚了解，学习能力不高、能动力不足，对待社会实践态度消极，日常的表现平庸、不积极，导致后期对其的培养也存在一定阻力，导致党员队伍素质参差不齐。

2. 缺乏对考评过程的原则性指导

目前，一些高校在对预备党员进行考评时，缺乏一定的理论依据和原则性指导，在党员的考评过程中往往存在片面性和主观性。首先，考评人员主要集中在党员内部，而没有将被考察者学习生活中所接触到的普通同学也纳入考评人员范围。其次，在考评前期没有做好相应的调研准备，对待被考察者没有做到完全了解。再次，考评的过程没有进行系统的、完善的论证，主观性、片面性和随意性占据主导，对被考察者的考评往往只侧重某个方面，比如只关注学习成绩的好坏，使一些成绩优秀但是品行一般，其他方面表现并不突出的学生受到党组织的关注培养；或者只侧重工作能力的突出与否，将学生干部大批纳入入党考核范围，而没有给各方面比较优秀的普通同学更多的机会。由于考评过程的原则性指导不到位和理论性依据不完善，一些学生党员对个人的要求不够高，难以在普通同学中起到榜样作用。

3. 缺乏完善的党员考评体系

当前，全国各大高校都已认识到传统党员管理模式和考评机制的不足之处，有些高校就此对新形势下的党员考评机制进行了研究和改革。虽然在小范围内有了一定的成效，但是仍然不能够在大方向上很好地把握党员考评机制的内涵，并将其优越性和严谨性发挥出来。还有部分高校在党员考评机制的改革和体系的构建上仍然处于探索的初期阶段，在现实中仍然难以摆脱缺乏完整的考评机制而带来的各方面弊端。因此，在全国范围内建立和完善一套完整有效的党员考评体系，是当前高校党建工作的首要任务。

四、完善党员考评机制的有效方法

1. 制定合理有效的考评程序

针对大学生党员的发展，高校应成立专门的大学生党员考评小组，制定出规范、严谨的考评方法，提出考评的指导思想。对于考评的要求、标准、时间、程序等应提前制定并公示。对于考评的过程，应分四个阶段。首先是党员自我评议。学生党员根据所制定出的评议标准，对自我情况进行客观的评价，并将评价内容以书面材料形式上交党组织，考评小组成员对其进行审议。其次是党员互评。在党支部会议上将学生党员分成小组，先根据考评标准在组内进行党员之间的互评，随后各组交流心得，概括出党员的优点和不足，在会议上总结出最终意见。再次是党支部对党员进行考评。在自评和互评结束后，各党支部对党员一段时间以来的学习、思想、工作等各方面进行总结，给出考评分数和考评意见。最后是群众评价。在党员所在的生活、学习和工作圈中，向其所接触到的普通同学和老师广泛地征求意见，得出群众结论，并给出相应的分数。以上步骤完成后，根据各阶段所得到的分数计算出最后的总得分，进行审议，并将结果公示、存档，成为党员和预备党员今后评奖、转正的重要依据。

2. 有效利用考评结果

根据考评得出的结果，考核成绩优秀的学生党员应在党员大会上予以表彰，并给予相应的奖励。对于考核成绩较差或者考核成绩不合格的学生党员，应及时采取领导谈话、限期改正的措施，鞭策其自我反省，对其未来的发展进行引导，提升其个人素质。而考核成绩屡次不合格的预备党员，要根据情况延长其预备期，或是酌情取消其预备党员资格。总体来说，大学生党员的考评结果是鞭策学生党员，勉励其不断进步的有力武器，对大学生党员未来的发展也起到了相应的导向作用。有效合理地利用党员考评结果，可以维持党组织内部的纯洁性和高素质性，为党员有效发挥模范先锋作用开辟道路。

3. 在考评后及时进行总结

对大学生党员来说，考评不是主要目的，考评的真正意义在于对现状进行探究，对未来进行规划。因此，考评结束之后要以党支部为单位，在支部领导的带领下对考评结果进行严肃、严谨的总结。首先，要从党组织角度出发，找出近期在大学生党建工作上不合理、不完善的地方，及时进行整改。其次，要加强对大学生党员的教育力度，帮助他们找到自身的不足，在接下来的学习工作中调整步伐，积极进取，不断提升党性修养和政治素质。再次，也要总结教育人员自身的问题，在如何教育和培养优秀的大学生党员的问题上进行探究，提高大学生党员教育的工作水准，让党建工作真正落到实处。

大学生党员作为中国共产党先锋队中的重要后备力量，肩负着党和国家发展的重任。因此，要立足于新形势下大学生的发展情况，建立大学生党员的考评机制，完善党员教育模式，努力培养出素质高、能力强的优秀学生党员，让高校党建工作得以进一步完善和发展。

【主要参考文献】

[1] 杨树政. 创新大学生党员发展、教育、管理和考评机制[J]. 高校理论战线，2010(3).

[2] 高月亮，彭杰. 新时期大学生党员现状浅析[J]. 商情，2010(7).

[3] 李婧. 对社会实践育人功能的探讨[J]. 商业经济，2011(6).

[4] 孙浩. 新形势下高校党建工作现状分析及对策研究[D]. 石家庄：河北师范大学，2009.

[5] 徐鸿望，成艺涵. 学习十九大做合格党员[A]. 法制博览，2019(18).

[6] 刘瑞清. 以十九大精神为指引 开创基层党建新局面[J]. 中国新通信，2019(11).

【作者简介】

邱明浩(1982—)，沈阳建筑大学管理学院党委副书记、副院长，讲师。

苏立红(1969—)，沈阳建筑大学管理学院党委书记，副教授。

周秀丽(1991—)，沈阳建筑大学管理学院，辅导员，讲师。

行业特色型地方高校留学生教育问题探析

金晓玲[1]　于美媛[2]
（1. 沈阳建筑大学管理学院；2. 沈阳建筑大学国际学院）

【摘　要】 高等教育国际化背景下，来华留学生规模不断扩大，并呈现向地方普通高校逐步扩展的趋势，行业特色型大学的留学生教育刚刚起步，存在诸多问题。本文以沈阳建筑大学为例，对近四年来留学生招生总量、生源国、专业人数进行分析，在此基础上指出留学生教学及管理工作遇到的主要问题，并进一步总结收获，提出下一阶段留学生工作的方向。

【关键词】 行业特色；地方高校；留学生教育

一、高等教育国际化背景下来华留学生规模及特点

高等教育国际化是指各国高等教育在面向国内的基础上日益注意面向世界的发展趋势，在高等院校或国家高等教育政策的目标制定及实施过程中，实现全球维度的跨文化交际，主要体现在教学、科研和社会服务等方面的国际交流与合作上。在此背景下，我国政府大力倡导教育对外开放工作。随着我国综合国力的不断提升及汉语国际影响力的不断扩大，来华留学生的规模取得不断突破。教育部统计数据显示，2018 年共有来自 196 个国家和地区的 492 185 名各类外国留学人员在全国 31 个省（区、市）的 1 004 所高等院校学习，比 2017 年增加了 3 013 人。生源数量排名前三的大洲分别为亚洲、非洲和欧洲；接收留学生数量排名前五的省份为北京、上海、江苏、浙江和辽宁；其中，博士研究生 25 618 人，硕士研究生 59 444 人。2018 年，非学历留学生 234 063 人。留学生来华学习由最初集中于北京、上海的综合型大学，呈现向地方普通高校逐步扩展的趋势。留学专业涉及地质、矿产、医药、农林、政法、电力、通信、化工、建筑、机械、环境、交通等多个领域，近年来行业特色型大学颇受青睐。

二、行业特色型地方高校留学生教育概况

行业特色型高校，是指具有行业背景和突出优势学科，以行业为依托，围绕行业需求，针对行业特点，为特定行业培养高素质专门人才的高等院校。与传统综合

型大学和部属重点院校相比,行业特色型地方高校受地理位置、教学资源、师资力量、国际影响所限,留学生招生起步较晚,普遍存在规模小、生源单一、英语教学老师缺乏、培养层次低、留学生管理及服务机制不健全等问题。

三、沈阳建筑大学留学生教育现状

沈阳建筑大学(以下简称建大)位于省会沈阳,是辽宁省内唯一一所以建筑、土木、机械等学科为特色,以工科为主,多学科门类协调发展的省部共建高等学校,原隶属于国家建设部,2000 年在国家办学管理体制调整中划归辽宁省管理,2010 年成为国家住房和城乡建设部与辽宁省人民政府共建高校,具有鲜明的建筑行业特色。建大是国务院确定的全国首批可以招收外国留学生的学校,是中国政府奖学金来华留学生接收院校,是辽宁省政府外国留学生(博士)奖学金生招收院校。

学校一直十分重视国际化,于 2014 年通过《沈阳建筑大学"教育国际化推进工程"实施方案》,提出到 2020 年,学校形成全方位、多角度、宽领域、高层次的教育国际化体系,教育国际化总体水平居辽宁省前列,建设成为国内行业领先的高水平特色国际化大学。

学校招收博士生、硕士生、本科生,以及长短期汉语言培训生,能够用汉语进行学习的留学生可以在学校 45 个本科专业里选择喜欢的专业学习,土木工程、机械设计制造及其自动化、电气工程及其自动化、计算机科学与技术、工商管理 5 个本科专业还招收用英语进行学习的留学生。2015 年共有来自 38 个国家的 400 余名博士、硕士、本科及学习汉语言的留学生在这里学习,其中学历生占 50% 以上。学校计划到 2020 年,招收留学生 1000 名左右,学历生占 60% 以上。学校 2014 ~ 2017 年招生情况,以及留学生生源排名前五的国家、留学人数排名前五的专业分别见表 1、表 2、表 3。

表 1　学校 2014 ~ 2017 年招生情况

	2014 年	2015 年	2016 年	2017 年
到校人数	87	210	194	367

表 2　2014 ~ 2017 年留学生生源排名前五的国家

	尼日利亚	巴基斯坦	加纳	索马里	韩国
2014 年	26	21	10	10	1
2015 年	74	16	16	18	24
2016 年	46	25	9	25	20
2017 年	75	65	31	11	19
总计	221	127	66	64	64

表 3　2014～2017 年留学生人数排名前五的专业

	汉语言	土木工程	计算机科学与技术	工商管理	机械设计制造及其自动化
2014 年		35	17	7	13
2015 年	39	52	35	29	18
2016 年	56	52	27	21	11
2017 年	155	74	29	32	21
总计	250	213	108	89	63

由上述数据可以看出：

1. 学校招生规模在 2017 年扩大将近 1 倍，“教育国际化推进工程”初见成效。

2. 尼日利亚作为非洲第一大经济体，是学校最主要的留学生生源国；巴基斯坦作为中国的友好邻邦，留学生人数位列第二；中国的近邻韩国留学生人数位列第五。另有来自英国、意大利和德国等欧洲国家和来自美国、加拿大的留学生，但人数较少。学校的留学生主要还是来自非洲国家。值得注意的一个现象是，俄罗斯虽然在人数方面没有上榜，但来建大留学的俄罗斯学生，全部获得了中国政府奖学金，可见俄罗斯生源的留学生质量是最好的。

3. 在专业人数排名方面，汉语言位列第一。来华留学生对汉语的重视反映出中国国家实力不断增强，在国际社会的影响力不断增大。每年寒暑假都有来自世界各地的学生参加汉语短期班的学习，其中韩国留学生占了很大比例。建大在罗马尼亚设有孔子学院，每年也会吸引部分东欧国家的学生来中国学习汉语。

4. 来建大接受学历教育的留学生，大多是因为本国缺少既懂汉语，又懂专业的人才，才选择来华学习。他们首先要在国际学院学习一年汉语，之后才能进入专业课学习，学生们基本能读写汉语拼音，他们的专业课程采用英文授课。获得中国政府奖学金的留学生也要学习一年汉语，但因为他们采用汉语学习专业课，需要通过 HSK5 级考试，最终都能够实现用中文记笔记、写论文。这是教师和学生共同努力的结果，很不容易。

5. 排名第二的土木工程专业和排名第五的机械设计及其自动化专业是建大的优势专业，每年都吸引了大批留学生申请。来自巴基斯坦的同学比较喜欢选择这类工科专业，他们的理工学习能力较强，而且工程师在其本国的社会地位和收入都比较高。而选择工商管理专业的学生几乎全部来自非洲国家，尤其是尼日利亚学生中几乎有一半选择学习工商管理。他们几乎都来自中产家庭，很多人计划毕业后自己开公司和中国企业做生意。

四、留学生教学及管理工作遇到的问题

1. 留学生培养体系需要不断完善

随着招生规模的不断扩大，留学生管理和服务工作的复杂程度也不断增加。学校的国际学院承担着留学生招生、汉语教学和教育管理工作，学历生的专业课教学则由各专业所在学院承担。国际学院有专人负责留学生教务工作，但各学院由于编制紧张，很少设专人负责留学生教务，实践中存在两个学院对接困难的情况。留学生教学培养目前也没有在学校层面形成统一的要求和标准，教师们存在各自为战的情况。行业特色与留学生教育结合得也不够紧密。

2. 现有师资力量难以满足留学生教学需求

以工商管理专业为例，14 名专业课教师中，只有 4 位有在英语国家学习的经历。开课前学校也没有安排相关培训和指导，教师都是摸着石头过河，自己找到原版教材学习钻研，之后再为留学生讲授。大概讲过三轮后，才可能渐入佳境。

3. 留学生存在文化和沟通方面的差异

留学生来自不同的国家，拥有不同的宗教背景、生活习俗，教学初期教师很难适应。在这方面韩国和俄罗斯的学生要好得多，他们通常很有礼貌、尊重老师、学习认真、很守时，其本国文化跟中国的传统文化背景比较接近。非洲留学生则完全不同，他们比较随性，时间观念淡薄，课堂上对于感兴趣的问题积极参与，不感兴趣的问题则直接无视。教师需要在教学中注意观察并逐步了解留学生的特性，因材施教，方能取得良好效果。

4. 留学生学习效果的考核环节比较中国化

由于尚没有专门针对留学生考核环节制定的规范文件，教师在日常授课及毕业论文写作中主要参照对中国学生的要求。这些要求和标准与留学生本国的教学要求相去甚远，有些是他们难以理解的。特别是中国学生毕业论文的写作要求和英文国家毕业论文写作结构和重点截然不同，常常是学生一头雾水，指导教师无所适从。

5. 对留学生授课教师的激励不足

目前学校的政策是工作量按照授课学时的 2 倍计算，事实上老师们付出的精力和时间绝不止学时的 2 倍，甚至可能四五倍，对于毕业论文的指导工作更是如此。

五、收获及展望

虽然建大的留学生教学管理工作还存在着诸多问题，但毕竟已经运转 5 年多了，学校和教师们都受益匪浅。学校在非洲国家的声誉日隆，更多非洲国家的学生

带着自己的国家和民族特色来到建大，再把中国的风土人情带回祖国，这本身就是国际交流的成功！学校培养了很多优秀的留学生，他们或在中国高校继续求学，或申请去美国、加拿大攻读博士学位，也有在中国工作的工程师或公司白领。

教师们也因为学校的"国际化工程"提升了自己的外语水平和专业素养，并有机会接触、了解到不同种族和文化，开拓了眼界。不同国家的政治经济实践为老师们提供了很多新的研究视角和新的课题。

未来学校应继续立足于行业特色，研究、完善符合留学生生源特点的培养方案和管理服务机制；持续加大对留学生教育的投入，为授课教师提供赴国外进修、访学的机会；帮助授课教师了解留学生特点，逐步提高留学生教育质量，到2020年实现留学生教育规模和教育水平再上新台阶！

【主要参考文献】

[1] 姚宇华. 高等教育国际化：概念框架、实践探索与发展路径[J]. 高等理科教育，2019(2)：9－18.

[2] 赵丽. 我国高等教育国际化的现状与分析[J]. 天津职业院校联合学报. 2019(1)：106－110.

[3] 孔雪晴. 来华留学生教育培养模式探究[J]. 吉林省教育学院学报. 2019(4)：38－41.

[4] 焦健. 来华留学生教育面临的问题及对策[J]. 科教导刊. 2019(12)：9－11.

[5] 王立威. 地方高校来华留学生协同管理机制构建研究[J]. 蚌埠学院学报. 2019(4)：122－124.

【作者简介】

金晓玲(1978—)，沈阳建筑大学管理学院，副教授。

于美媛(1990—)，沈阳建筑大学国际学院招生办。

澳英高校教学模式对我国商科类本科课堂教学的启示

岳文赫[1]　韩丹鸿[2]

（1.沈阳建筑大学管理学院；2.沈阳师范大学马克思主义学院）

【摘　要】　多样化的教学形式相互支撑、相互作用，既有利于促进学生对知识的掌握，又可以提升高校教学质量。本文对澳大利亚昆士兰科技大学和英国奥斯特大学课堂活动进行了探索，从如何改革商科类本科教学活动方面提出了在今后的教学过程中可借鉴和应用的思路。

【关键词】　高校教学模式；启发式教学；合作学习

一、引言

随着我国经济的发展，社会对商科人才的需求也呈增长趋势，商科教育队伍已成为我国高等教育中一支蓬勃发展的新生力量。在打造“金课”号召的指引下，大学本科课堂形态逐渐从传统的“安静”“回答”转变为“对话”。笔者接受了高等教育教学法的专业课程学习以及随堂参与了本科和硕士阶段的专业课程学习，体验了澳英大学的教学理念和方法，并对如何将此理念和方法引入笔者所在学院学生的课堂活动中进行了反思。

二、澳英高校的教学情况

1.采用多样化的教学方法

教学方法是教师和学生为了实现共同的教学目标，完成共同的教学任务，在教学过程中运用的方式与手段的总称。教学方法的多样化程度直接影响着教学效果的好坏。之前在授课过程中仅拘泥在开展小组讨论一种形式，澳英高校本科教学采用多样化的教学方法，如 JIGSAW 拼图式学习，TPS，Fish bowl 等（如图 1 所示）。这些教学方法鼓励学生首先要独立思考，然后通过头脑风暴去分享观点、进行归纳，最后反思总结，以便今后进一步提升。教师循序渐进地抛出问题，让学生对讨论的话题主动产生兴趣。

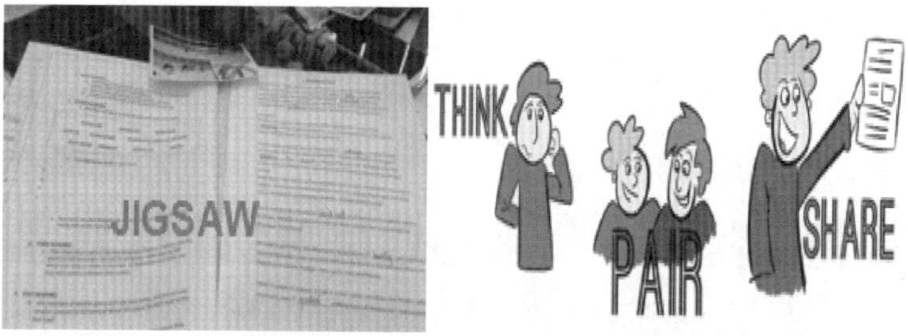

图1　多样化的教学方法

多样化的教学方法会提升课堂活跃程度,会令气氛沉闷的课堂变得生动起来。多样化的教学方法是一剂催化剂。任课教师需要通过使用多种教学方法给学生机会去表达和展示,只有让学生真正地参与到教学过程中,他们才会记忆得更深刻。虽然此次研修是“小班”授课,但是对于国内大规模班型来讲,可以通过发放彩色卡片、同姓氏归类等多种方式达到“小班”的效果。

2. 营造便利的教学环境

澳英高校的教学环境有很多值得称赞的地方(如图2和图3所示)。

第一,教室桌椅的布置。为了鼓励学生“动起来”,教室的桌椅均为可移动的,教师可以根据教学任务灵活分配学生,组成讨论小组。而桌子的造型也很适合团队成员间面对面地交流,可以全方位地接收到不同方向的信息。

第二,多媒体操作台。仅以笔者目前所接触到的国内教室进行比较,相对于我国“巨大”的金属多媒体操作台,澳英高校的更加“娇小”“紧凑”和“温暖”。在一张小书桌上汇集了平板电脑、小台灯式投影仪、录音器、多媒体控制端等设备。教师可以自由切换使用教学仪器。

第三,发达的网络。无论在哪个校区,只要学生注册过身份信息,就可以尽情地使用WiFi上网“冲浪”。教师也会把教学资源在课前发布到每个学生的课程系统(也称Blackboard)中,学生既可以提前打印PPT,也可以随堂通过自己所携带的笔记本电脑查看和下载教师的授课资源。任课教师在授课环节也实时联网,播放网络上丰富实用的视频资源。教师的每节课都会进行同步录音,课后会第一时间上传,以便学生课后复习或者在线自学。学生的作业通过网络提交,教师组织相关任课团队进行在线评阅。

图2　澳大利亚昆士兰科技大学的室内教学环境

图3　英国奥斯特大学的教室环境

第四,电子资源丰富。图书馆的许多纸版的图书均有电子版可供在线阅读和在规定天数内下载。注册有效期内的学生可以在任何时间、地点进行浏览和下载。

3. 保持敬业的教学态度

通过接触两国的教师发现,他们大多都是充满激情的,他们对教学的热爱程度可以通过多方面体现。首先,充分的教学用具准备(如图4所示)。每次上课时,任课教师总会分发不同颜色、尺寸、形状的笔纸或者教学资料。通过这些可写、可画、可娱乐的小道具“形散而神不散”地激发了学生的学习热情。同时也体现了教师课前准备的良苦用心。

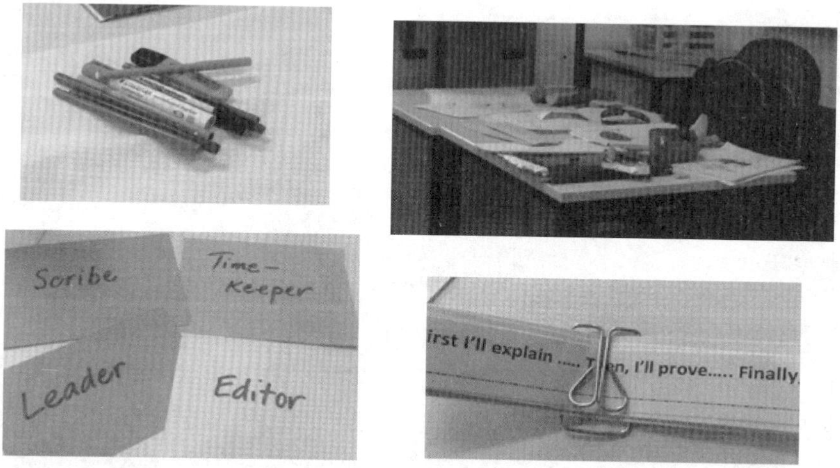

图4　课堂教学用具

其次,教师的授课热情。多数教师会把课堂作为舞台,发自肺腑地尽情释放激情。他们丰富的肢体语言和抑扬顿挫的语音语调感染着学生,学生甚至会不自主地在有机会发言的时候“与君共舞”。

最后,可圈可点的作业批改。在学生上交的作业以及开展的几次陈述环节中,任课教师都逐一地修改和在反馈表上进行点评。这是一个不小的工作量,但是教师们却批改点评得非常认真(图略)。

三、对我国商科类本科课堂教学的启示

1. 对中国学生进行启发式授课

首先让学生独立思考,给他们时间准备想要表述的问题。然后再通过分组,让学生相互交流。课堂上可以采取以下方法:

(1)破冰练习。首次课上,可以将学生按照姓氏笔画多少或者姓氏的拼音排序,围成一圈,选择起点,单双数两两相对形成内外两个环,分别抛出不同的问题,让其中一个学生圈旋转。这样每个人都有和不同人说话的机会,这样的快速热身也有利于学生尽快进入状态。

(2)卡片练习。给学生发一些提示的小卡片和绘图纸等。学生可以通过提示卡或组织语言,或进行问题与答案的配对。通过绘图纸让学生画出图案或者绘制路线图，配以简单明了的观点。这样可以在一定程度上调动学生学习的热情。另外，也可以采取“Fish bowl”的教学方法，在每组中推选更愿意表达的学生，将其请到讲台上，分别陈述各自小组的观点。

(3)指定专业读物和视频。在课前指定部分专业读物，让学生分组完成对读物的阅读和理解工作，课堂上与其他学生共享。此部分也可以作为翻转课堂的一个环节。学生带着问题先去找“答案”，然后再带着“答案”课上分享，并提出新的问题。教师和其他组学生进行解答。

2. 对留学生侧重深入理解学习

笔者所在学院招收工商管理专业留学生，留学生虽然来自非洲和中东地区，但是他们的英语水平普遍较高。因此，在对留学生授课时应更多地在小组工作中增加讨论的环节，尽量给每个学生上台自我表达的时间和机会。可以穿插更多的游戏项目来活跃课堂。另外，留学生来自不同文化背景国家，他们的某些行为方式会有差异，因此在首先尊重其文化的情况下，制定一些要求和规范，保证课堂效果，达到教学目的。

在讲授过程中相关知识点可添加适当的视频内容，也可以邀请学生进行角色扮演。留学生教室的桌椅均可灵活摆放，可以借鉴研修过程中的某些模式：站起来、走动、换位、发言、复原。如“跨文化管理”的课程，可以将本科生和留学生集中在一起进行英语教学。在教学中就既可以进行中西方学生的 Fish bowl，也可以中西方学生混组进行 TRS。这样的混编教学环境可以淋漓尽致地采用所学的教学方法。

【主要参考文献】

[1] 李雷，贺楠. 中外高校创新创业教育课程体系的比较研究[J]. 现代商贸工业，2018(9):160－164.

[2] 闫佳祺，关晓丽. 美国、英国和日本高校创新创业体系的多案例研究及启示[J]. 当代教育科学，2015(21):48－53.

[3] 孙冰. 借鉴国外高校课堂教学模式初探[J]. 美术教育研究，2013(5):143－144.

【基金项目】

“工商类专业教育质量国家标准下特色人才培养方案研究”，沈阳建筑大学教研课题，2018 年。(沈建教字〔2018〕116 号－7)

【作者简介】

岳文赫(1979—)，沈阳建筑大学管理学院，副教授。

韩丹鸿(1994—)，沈阳师范大学马克思主义学院，研究生，研究方向：中国传统文化与现代化。

国际化背景下来华留学生培养质量提升研究

寇鑫[1]　林峥琪[2]

（1. 沈阳建筑大学管理学院；2. 浙江大学城市学院法学院）

【摘　要】 在国际化的大背景下，来华留学生的数量逐年增加，怎样提升其培养质量是来华留学生学历教育中的重要环节。本文以来华留学生培养质量标准为核心，在分析来华留学生教育，特别是学历教育现状的基础上，探讨现行培养模式的适应性，并提出培养质量提升的途径与一些可行性建议。

【关键词】 国际化；留学生培养；质量提升

一、引言

当今世界全球化和国际化进程加速，在区域经济一体化的大背景下，教育的国际化是我们走出去和请进来的重要途径之一。我国已经成为全球第二大经济体，随着我国综合国力的提升，不仅每年出国留学人员的数量在不断增加，来华留学生的数量也在不断攀升。从冬夏令营的体验留学、短期交换留学到学历教育，对来华留学生的培养模式也在逐渐丰富。本文主要针对高等教育国际化背景下的来华留学生学历教育的培养质量进行分析。

二、来华留学生培养质量标准

2018 年 9 月 13 日，教育部印发了《来华留学生高等教育质量规范（试行）》（以下简称《规范》），对来华留学生高等教育的人才培养目标、学科专业水平、语言能力、入学标准、专业设置和学位授予等部分做了详细的要求。《来华留学生高等教育质量规范（试行）》是教育部首次专门针对来华留学教育制定的质量规范文件，是指导和规范高校开展来华留学教育的全国统一的基本准则，是开展来华留学生内部和外部质量保障活动的基本依据，是高等学校等高等教育机构完善来华留学生教育、开展自我评价的基本依据，同时也是各类教育评价机构开展来华留学生高等教育评价的基本依据。《规范》中指出：

1. 人才培养目标

来华留学生在学科专业上的培养目标和毕业要求与所在学校和专业的中国学生一致,符合相应教育层次、专业的教育教学标准或相关规范。

2. 语言能力

以中文为专业教学语言的学科、专业中,来华留学生应当能够顺利使用中文完成本学科、专业的学习和研究任务,并具备使用中文从事本专业相关工作的能力;毕业时中文能力应当达到国际汉语能力标准五级水平。

以外语为专业教学语言的学科、专业中,来华留学生应当能够顺利使用相应外语完成本学科、专业的学习和研究任务,并具备使用相应外语从事本专业相关工作的能力;毕业时,本科生的中文能力应当至少达到"国际汉语能力标准"四级水平,硕士研究生、博士研究生的中文能力应当至少达到"国际汉语能力标准"三级水平。

3. 入学标准

来华留学生入学标准中的最低学历要求为专科、本科入学要求高中毕业或具有同等学力;硕士研究生入学要求获得学士学位或具有同等学力;博士研究生入学要求获得硕士学位或具有同等学力。语言方面,来华留学生入学标准中,以中文为专业教学语言的学科、专业的中文能力要求应当至少达到"国际汉语能力标准"四级水平。对于以外语为专业教学语言的学科、专业,高等学校在来华留学生入学标准中应当明确规定应有的外语能力。

4. 专业设置和学位授予

依照国家有关规定设置和调整招收来华留学生的专业。高等学校来华留学生教育的修业年限应当符合国家高等教育基本制度规定。高等学校招收来华留学生的专业应当属于具有相应学位授予权的学科(专业学位类别),并且是国家规定可以对外开放的专业。

三、来华留学生培养现状

1. 来华留学生数量与教育结构变化趋势

根据教育部国际合作与交流司统计的数据,来华留学生总人数呈大幅度上涨趋势,由 1999 年的 44 711 人增长到 2016 年的 442 773 人,近 20 年的时间增长了近 10 倍(如图 1 所示)。说明我国教育国际化进展得很快,各国留学生对中国更加了解,并且乐于来华接受教育。

在学历教育方面,由图 2 可以看出,其变化趋势是平稳上升的。学历教育留学生人数从 1999 年的 11 479 人增长到 2016 年的 209 966 人。研究生学历教育留学生人数由 1999 年的 2 896 人提升到 2016 年的 63 867 人。可以看出来华留学生的教育层次和结构在不断优化,各国留学生对我国的学历教育和专业认可度有了显著的提高。

图 1　1999 ~ 2016 年来华留学生总人数

（数据来源：教育部国际合作与交流司 1999 ~ 2016 年来华留学生简明统计）

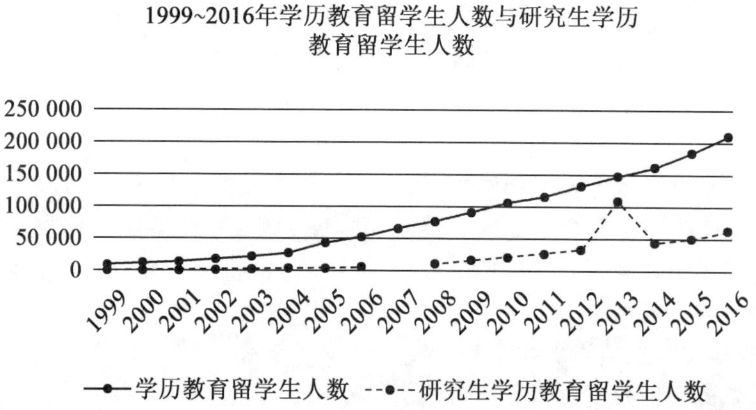

图 2　1999 ~ 2016 年学历教育留学生人数与研究生学历教育留学生人数

（数据来源：教育部国际合作与交流司 1999 ~ 2016 年来华留学生简明统计）

来华留学生人数大幅度上升的重要原因之一是中国政府奖学金的授予。由图 3 可以看出，虽然 1999 年到 2016 年中国政府奖学金留学生所占比例基本持平，但其数量的增加非常显著。特别是自 2007 年，中国政府奖学金留学生的数量大幅度增加，这与当时的政策导向是密不可分的。2017 年教育部采取了多项新措施来规范发展来华留学工作，如为适应我国外国留学生教育发展的需要，建立外国留学生学历生从入学到毕业的完整信息档案，供外国留学生和有关机构网上查询，下发了《关于试行普通高等学校外国留学生新生学籍和外国留学生学历证书电子注册的通知》。并且，自 2008 年开始，为落实《国家教育事业发展“十一五”规划纲要》，满足新时期对外工作和教育事业的新需要、新发展，中国政府决定在“十一五”期间大幅扩大中国政府奖学金来华留学规模，其效果是显著的。

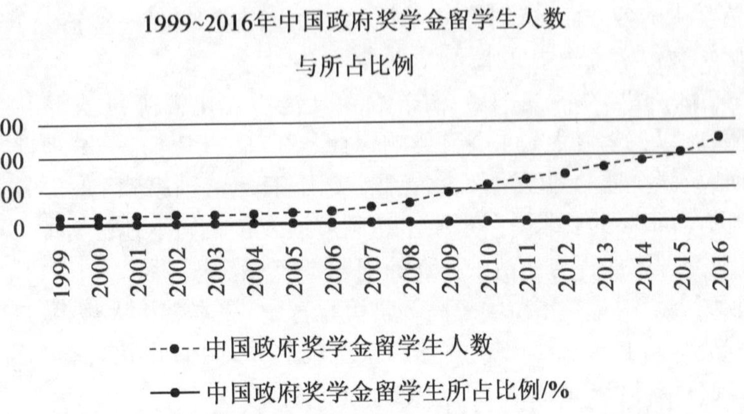

图 3　1999 ~ 2016 年中国政府奖学金留学生人数与所占比例
（数据来源：教育部国际合作与交流司 1999 ~ 2016 年来华留学生简明统计）

2. 培养过程与中国学生的差异性

《来华留学生高等教育质量规范（试行）》中规定来华留学生在学科专业上的培养目标和毕业要求与所在学校和专业的中国学生一致。但从实际来华留学生的培养现状来看，留学生的培养目标和毕业要求虽然与中国学生基本一致，但其培养过程与质量保障方面与中国学生的差异性还存在。例如在高等学历教育中，虽然所授学位与中国学生是一致的，但是留学生在培养过程中的专业划分往往没有中国学生那么细致，往往仅以一级学科划分。这与每所学校和科研院所的留学生人数过少有关，如果像中国学生培养过程一样细分，可能授课班型过小，师资力量过于分散，不便于实施。

3. 语言能力有待提升

《来华留学生高等教育质量规范（试行）》中规定，来华留学生毕业时，本科生的中文能力应当至少达到“国际汉语能力标准”四级水平，硕士研究生、博士研究生的中文能力应当至少达到“国际汉语能力标准”三级水平。但是,在实际来华留学生高等学历教育培养过程中,留学生的中文能力往往不尽如人意。许多高校在招生阶段对留学生的中文水平要求较低,有些没有加以要求。入学后,留学生的中文课程比较短,只有一学期或者一学年。由于中文的复杂性,短时间内来华留学生很难提高中文能力。且中文课程多为预科阶段课程,进入专业学习以后,很多来华留学生不再学习中文,造成毕业时中文水平依然有限。

来华留学生的中文能力往往与是否获得中国政府奖学金有相关性。奖学金的发放对留学生的各方面,特别是中文水平的要求比较严格,一般情况下奖学金获得者比非奖学金留学生的中文水平高。

另外,有些留学生来自非英语国家,英文能力也比较薄弱,加之中文掌握的程度也有限,所以在学习中效果受到影响,对课堂所授知识不能充分理解。

同时,放眼全球的留学生教育,英国、美国、日本等国家和地区对高等学历教育的语言都有着很高的要求。一般要求达到英语或接收国本地语言能够熟练听说读写,能够充分理解课程与生活中存在的问题,能够运用这些语言独立地探索一些不了解的领域。我国对来华留学生高等学历教育中,在本着扩大规模,进一步推进国际化进程的基础上,应多加强对来华留学生包括中文在内的语言能力的培养。

四、现行培养模式的适用性

1. 专业设置与学历教育在留学生母国的适用性

《来华留学生高等教育质量规范(试行)》中规定,高等学校招收来华留学生的专业应当属于具有相应学位授予权的学科。这是符合我国现有学科结构和各专业培养方案的。但是,我国的学科设置与国际上其他国家和地区的学科设置存在一定的不一致性。有些学科是我们特有的,有些学科是我们没有的。一些专业的分类与其他国家和地区也有一定区别,使得同一专业所获学位不同。在这种情况下,有一些来华留学生对于在华所取得的学位在其母国和其他国家、地区的适用性,以及在求职和未来进一步深造中的竞争性存在疑问。对于我国学科结构和相关专业的培养应在留学生申请学校前使其有更加充分的了解。

2. 专业课的基础能力对接

在高等学历教育中,留学生培养过程中的教学难易程度往往比中国学生要低。目前来华留学生接受学历教育的生源有一部分来自一些教育资源有限的发展中国家,留学生在母国接受的高等学历教育前的教育水平参差不齐,特别是在数学与计算机等方面的基础比较薄弱。为保障教学效果,在教学过程中不得不降低教学难度,以便大多数来华留学生能够理解所授知识。在专业课的教学过程中,由于来华留学生在母国前一阶段接受教育所吸收掌握知识的程度存在一些差异性,因此在专业课授课过程中需要加补一些非专业的相关基础知识。

3. 研究生层次教育的吸引力

从图4可以看出从1999年到2016年来华留学生的研究生层次学历教育所占比例的增长速度较为缓慢。仅从1999年的6.48%增长到2016年的14.42%，说明研究生层次的来华留学生学历教育的吸引力还有待加强。很多来华留学生在本科阶段的学历教育选择在中国完成，在硕士研究生和博士研究生阶段的教育选择去其他国家和地区。这与学科的选择相关，另外奖学金制度对其也造成一定影响。特别是一些经济不发达地区的留学生，没有全额奖学金会增加其放弃接受在华接受研究生层次学历教育的概率。

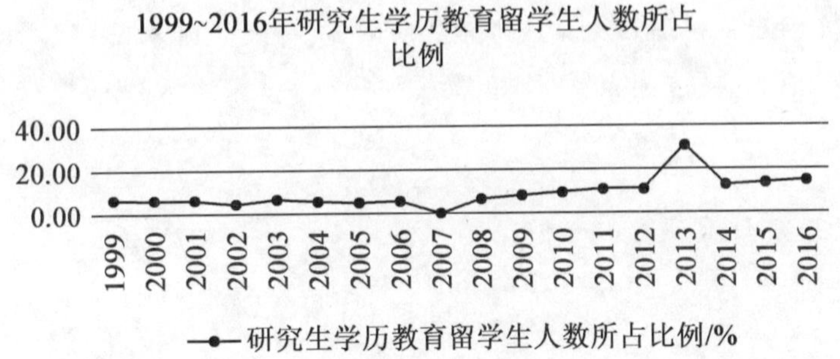

图4　1999~2016年研究生学历教育留学生人数所占比例

（数据来源：教育部国际合作与交流司1999~2016年来华留学生简明统计）

五、提升途径与建议

1. 提高中文能力与英文能力的培养

在专业课进行前强化对来华留学生中文和英文能力的培养，对其语言能力做具体的规定，可以利用奖学金制度激励来华留学生学习中文与中国文化的积极性，从而提升整体学历教育的质量。

2. 有针对性地开设与专业课相关的基础课程

强化数学、计算机、专业写作等相关基础课程的设置，为专业课和毕业设计与论文打造良好的基础条件，以便来华留学生能更好地吸收专业课内容，提高学习效率。

3. 加强国际化进程

在学科建设、培养方式与留学生管理方面加强国际化进程，使我国留学生学历教育能够更好地与国际接轨，提高来华留学生学历教育的适用性，增加研究生学历教育的吸引力。

【主要参考文献】

［1］ 栾凤池，孙伟．“一带一路”国家来华留学生教育的意义、问题及对策［J］．江苏师范大学学报（哲学社会科学版），2018，44（1）：7－11．
［2］ 李巍，马丽杰．地方高校留学生教育管理现状与发展的研究［J］．吉林工程技术师范学院学报，2017，33（12）：39－41．
［3］ 王军．我国来华留学生教育的基本定位与应对策略［J］．中国高教研究，2014（8）：88－92．

【作者简介】

寇鑫（1983—），沈阳建筑大学管理学院，讲师，博士。

林峥琪（1992—），浙江大学城市学院法学院，行政管理专业。

高校研究生招生指标资源配置优化研究

郭宝荣[1]　温全[2]　彭一峰[3]
(1. 沈阳建筑大学管理学院;2. 沈阳建筑大学机关;
3. 沈阳建筑大学管理学院)

【摘　要】 高质量的研究生教育是科技强国的重要基础,保证高校招生的自主权、优化研究生招生制度尤为重要。以我国研究生招生制度的演变历程为切入点,探讨高校研究生指标资源配置过程中存在的问题,研究发现改革要自上而下,保证内外协同;实行竞争性的动态调整模式;走内涵式发展道路;促进质量文化融入资源配置过程,能有效地优化高校研究生招生指标资源配置制度。

【关键词】 高校;研究生招生;指标资源

一、引言

研究生教育指标是促进社会经济发展和满足信息知识时代对高素质、高层次人才需求的重要内容,关系到高校发展水平的提高。合理地配置研究生资源是高校培养高素质人才的重要基础,是国家教育部门的职责。我国研究生招生指标相对短缺,因此,招生指标的合理配置,不仅影响高校的拓展力及其发展方向,而且影响社会的发展。研究生招生指标是财力、人力资源配置的源头,招生指标的配置不仅需要关注教育的投入,也要关注绩效产出。鉴于此,通过分析高校研究生教育指标资源配置的形成过程,探究其分配机制,对研究生招生计划配置提出相应的政策建议,优化资源配置,促进高校落实自主招生权,提升教育质量,不断优化研究生招生计划配置,实现与社会需求、学科发展、人才培养过程的高效衔接。

二、中国研究生教育招生计划工作的发展历程

中华人民共和国成立以来,随着我国经济的不断发展,对高素质人才的需要也随之增加。研究生教育是培养高水平创新人才的主要来源,因此国家对研究生教育的招生计划管理办法也在不断探索,以适应国民经济的发展和科技的进步。图 1

为我国研究生招生计划管理发展历程。

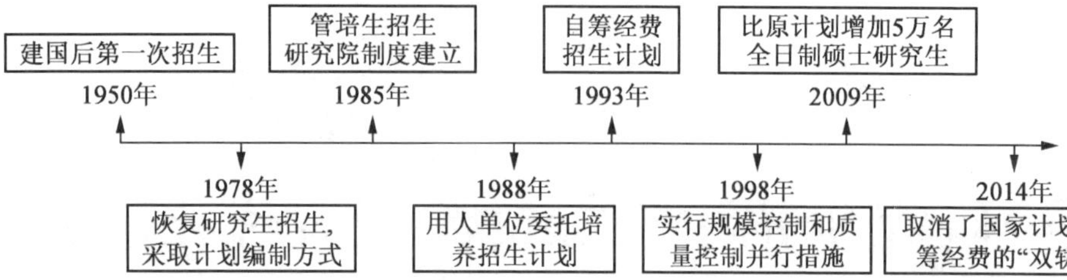

图 1　我国研究生招生计划管理发展历程

通过对中国研究生招生计划工作的梳理以及文件的研究,发现中国自恢复研究生招生以来,一直采取计划编制方式对招生工作进行管理与控制,普通高校研究生招生采取国家任务计划与调节性计划相结合的方式。

在《教育部国家发展改革委财政部关于深化研究生教育改革的意见》(教研〔2013〕1 号)文件中,针对深化研究生招生计划管理改革明确提出:“加强宏观管理,逐步建立研究生教育规模、结构、布局与经济社会发展相适应的动态调整机制。进一步完善计划分配办法,通过增量安排和存量调控,积极支持优势学科、基础学科、科技前沿学科和服务国家重大需求的学科发展。”在此背景下,许多高校通过增量安排和存量调整以适应研究生招生指标资源配置的动态调整机制,从而促进高校高质量人才的培养,满足国家服务需求。

国家经济和科技的发展离不开高层次人才,研究生教育在培养高素质人才和科技的发展方面起着至关重要的作用,国家对研究生招生计划管理办法不断做出调整以适应变化的招生形势。研究生教育发展的核心是保证质量和数量,招生数量稳步增长,实现从“规模扩张”到“提高质量”的转变,适应时代发展需要,能充分发挥高校的培养优势。全国 C9 高校研究生招生工作研讨会,旨在分析全国研究生教育的发展趋势,指出招生工作改革在研究生教育中的重要性,同时加强 C9 院校之间研究生招生及教育的合作与交流,为我国今后人才的培养提供借鉴。在国家计划的引导下,保证高校招生的自主权,建立科学合理、公平公正的研究生招生制度,为选拔出优秀的人才提供制度保障,不仅有利于高校发展水平的提高,而且能够减少资源流失,提高我国在国际研究生教育上的影响力。

三、问题分析

国家、省、招生单位是中国研究生招生制度的三级组织机构,且实行从上至下的管理模式,国家作为研究生招生计划政策的制定者,是各方利益的总协调者,实行计划编制为主的管理制度,对 1978 年以来我国研究生教育的恢复工作起到了很好的作用。但是随着社会的不断发展,现有的制度体系已不能满足招生要求,因此进行研究生招生体制的改革势在必行,需要建立一套满足我国当前社会发展需求的研究生招生新体制。"问题导向"的模式已经不符合当前的发展要求,即由"问题"所诱发,类似于"救火"式决策程序已经不能满足研究生招生制度的要求。在我国研究生招生制度的制定过程中存在以下几点问题:

1. 存量决定增量

高校在研究生入学指标资源配置过程中,采用相对单一的量表评估方法,存在较多共同的路径依赖、惯性思维和经验。根据增量的计划分配方法,大多数学院和大学开展研究生招生指标资源的配置,其配额都是基于去年分配的结果。基于定性经验的学院和学科招生计划的过度分配将不可避免地受到许多主观和客观因素的影响,导致计划分配的结果与预期状态不符。

2. 高校滥用招生自主权

研究生招生计划管理办法还没有形成成熟完备的制度体系,还在不断探索优化,所以在制度文件的制定过程中存在一些问题,相对宽松或者过于刚性的招生制度,都会带来问题,导致招生政策在实施中与预期不符,甚至高校在考虑学校声誉、发展以及其他目的的条件下,歪曲招生制度,滥用招生自主权,导致招生计划与实际结果相去甚远。落实招生自主权,又要防止招生自主权的滥用,必须对权力进行有效限制,保证招生信息的完全透明与公开。除此之外,研究生招生实际上是导师与学生的配合,高校应该给予导师更多的权力,使学术权力与行政权力相互制衡,建立权力制衡机制,同时教育部门也应该做好监督管理工作,保证高校招生自主权平稳落地。

3. 指标配置缺乏科学指导

招生指标的配置涉及质量、效率、公平,是对高校的师资力量、科研成果、学科类别等的综合考量,关系到高校的学科建设、人才培养、学校的长期发展。高校在各个院系招生指标分配时应该考虑专业优势、国家需要和就业形势进行定量分配,而不是行政性地将预留的名额分发出去,导致指标分配不公,甚至出现为了生源而降低录取标准的现象,导致研究生招生过程偏离人才选拔的根本目的,而出现追逐个人或单位利益的现象,最终导致出现公共资源过度使用的"公地悲剧"困境。这种做法显然违背了能力匹配原则与程序正义的教育行为,是教育中的一种恶,是一种教育不公平。

研究生招生指标的科学合理配置关系到高校的发展和社会的进步,因此制定科学合理的分配办法成为当前的一项研究重点。基于以上论述,高校应该考虑学科门类和发展需求,进行差异性指标分配,逐步成为制度科学、分配合理的招生计划主体,实现规划从"统一规划"逐步转变为"民主集中",充分发挥国家计划统筹全局的指导作用。

四、高校研究生招生指标资源配置的全新架构理念

国家计划在研究生招生中起着调整和指导的作用,协调群体利益,规范招生行为,高校研究生招生指标资源的配置关乎多方的利益,是人力资源和财力资源合理分配的体现。新制度的建立要以现实条件为出发点,统筹我国研究生教育发展不平衡、培养模式过于单一、质量有待提高等现象,优化研究生招生指标资源配置制度,提高指标配置水平,把政策运行作为切入点,促进招生方案的实施,最终稳妥渐进建立新的研究生教育改革制度。

1. 自上而下改革,保证内外协调

研究生招生指标的资源配置关乎国家、社会、高校等各方利益,高校的名额分配直接影响学校的招生和发展,而科学合理的指标资源分配,有利于研究生教育体系的内外协调。高校作为招生计划的主体应该把顶层设计作为切入点,建立招生计划分配动态调整机制,根据学校发展、学科优势培养高质量人才,以制度化的文件规范操作,使教育回归质量绩效和质量文化的出发点,其基本思想包括:相对稳定和及时调整相结合,必要的评估结合田野调查,并规范控制过程和评估结果。

2. 实行竞争性的动态调整新模式

研究生教育是为了培养高质量人才,满足社会的发展,而研究生资源的配置就是为了提升研究生的培养质量,招生计划属于相对稀缺资源,如何将有限的研究生招生指标进行合理分配,关乎质量、公平等问题。通过绩效评价进行竞争性分配,促进优势学科发展,竞争性动态调整根据绩效评价进行差异性的指标分配,因此还应保证公平与绩效评价的内在统一,做到有意识地对弱势院系、基础学科进行合理的公平补偿和照顾,促进受助群体的发展。竞争性是实现研究生教育综合改革的关键,要求竞争性的动态调整模式要实现变与不变的内在统一,新的分配体系既要尊重以往探索所形成的状态,也要科学对待调整变化。通过学术成果、课题项目和学科差异性等指标进行定量指标的分配,可能导致不公平以及招生规模的大幅度变化,不利于人才的培养和学校的长足发展。而采用存量调控、增量安排的竞争机制和动态调整方式是招生计划管理系统演化最活跃的动力和自组织的首要条件,应该鼓励并促进该模式的推行。

3. 走内涵式发展道路

研究生入学选拔的公信力在于初试的公平性以及录取的公开性,初试选择合格考生,保证公平,复试遵循优中选优,质量至上原则,入学标准需要围绕"学生的哪些特征能够准确可靠地预测未来成功(至少在大学毕业后)"的基本要求制定出来。对研究生入学指标资源的配置可以将学术成果、国际交流、研究生质量等因素赋予各自的权重,制定评价标准,构建适用于当代社会发展的研究生招生指标资源配置制度,促进高校发挥办学特色,实现人才选拔,将高校、社会、国家紧密联系起来,形成人才培养质量反馈机制,提高人才质量水平,满足社会和国家需求。走内涵发展道路,提高办学效益,针对不同招生种类、层次、类别的人才实行相应的政策,合理分工。

由此看出,过去的计划管理体制多是直接凭借外部权威来制定,靠指示、指令和控制来建立秩序,而完全由大学自己制定、自主管理的新的计划分配过程,则是各利益相关者均服从于共同认可的制度规范以及自发、自愿建立的"自发秩序",新的计划分配过程就是在国家的统一指导下,落实高校办学自主权,加强高校同社会、科研机构等方面的相互联动,实现创新引领的工作机制,推动高校的内涵式发展,提高其适应社会的积极性。如"九校联盟"实行人才联合培养,开启了人才培养新局面,为今后人才培养起到示范与引领作用。

4. 质量文化与指标配置相融合

在资源有限甚至稀缺的前提下,资源配置方式理当遵循高效利用的原则,高校要把优质的研究生教育资源分配给那些最有可能成才或具备创新潜质的"候选人",使有限的资源发挥最大的价值。现在高校办学突出学科特点,追求质量文化,淡化规模概念,符合当代社会人才的培养要求,使具备公共产品属性的高等教育实现了资源的可持续利用。把质量文化融入研究生招生指标资源配置过程中,使其与高校人才质量的培养保障体系相得益彰,共同促进研究生教育体系改革,实现治理体系的现代化,把质量文化作为治理的基础,使其在研究生招生指标资源配置竞争性的动态调整模式下,实现自力更生。

【主要参考文献】

[1] 周涛,万丽娟,彭涛,等. 基于就业质量的硕士研究生招生计划动态调节机制研究[J]. 研究生教育研究,2019(3):29-35.

[2] 姜家宗. 探寻更为高效可行的研究生招生模式[J]. 人民论坛,2018(35):62-63.

[3] 田贤鹏. 解构与重构:高校研究生教育制度变革 40 年回顾[J]. 现代教育管理,2018(11):26-32.

[4] 戴一飞,王顶明. 专业学位硕士研究生考试初试科目设置改革研究[J]. 中国高教研究,2018(11):52-56.

[5] 欧阳光华,胡艺玲. 权力关系视角下硕士研究生招考改革:历史、特征与展望[J]. 研究生教育研究,2018(5):53-57.

[6] 林莉萍,徐国强. 利用新媒体实现研究生招生宣传工作转型[J]. 中国高等教

育,2018(11):60－61.
[7] 周佑勇.论高校自主设置研究生招生条件的正当性及其限制[J].苏州大学学报(哲学社会科学版),2018,39(3):41－51,40.
[8] 李新华,孟宪军,王春超,等.基于构建“国考＋校试”模式的硕士研究生统一入学考试招生制度探索[J].高教探索,2018(3):87－91.
[9] 段斌斌.从“公平选才”走向“有效选才”:我国博士招生改革的路径选择[J].高等教育研究,2017,38(10):55－63.
[10] 吴东姣,包艳华,马永红.改革开放以来我国博士研究生招生制度变迁的逻辑分析——基于历史制度主义视角[J].中国高教研究,2018(6):37－43.

【基金项目】

“基于生源不平衡问题导向的研究生招生指标资源配置研究”,辽宁省研究生招生工作研究会项目,2018.6.1～2019.12.31。(项目编号:YZ2018YB022)

“高校研究生招生指标资源配置研究”,辽宁省研究生招生工作研究会项目,2018.6.1～2019.12.31。(项目编号:YZ2018YB009)

【作者简介】

郭宝荣(1987—),沈阳建筑大学管理学院,讲师。

温全(1987—),沈阳建筑大学机关,讲师。

彭一峰(1994—),沈阳建筑大学管理学院,硕士研究生。

以开展系列研究生活动为载体 加强研究生学术道德和科研诚信教育

邱明浩[1]　刘洋[2]　于洋[3]　金宁[4]
（1. 沈阳建筑大学管理学院；2、3、4. 沈阳建筑大学研究生学院）

【摘　要】 近年来如翟天临事件等学术不端现象屡屡出现，产生了恶劣的影响，引起了学术界、教育界等的普遍关注和高度重视。硕士、博士研究生作为学术研究队伍的主力军，是我国科学研究群体的重要组成部分。高校作为研究教育的主阵地，不仅要开展学术道德与科研诚信相关课程，更要多途径、多形式开展研究生教育活动，加强研究生学术诚信教育。本文以开展学术诚信教育活动为载体，以建立健全工作小组、完善工作机制为基础，以组建高校科学道德与学术诚信宣讲团为抓手，加强宣传、深化影响，开展各类研究生学分教育宣讲活动。

【关键词】 学术道德；诚信；研究生活动

一、引言

近年来，在美国留学的中国学生由于各种各样的原因，被就读学校取消学习资格，引起了国外及国内各界的关注。2014 年有大约 8 000 名中国留学生被学校开除。调查其中 1 000 多名中国留学生被学校取消学习资格的原因，81% 的中国留学生是因为学术诚信相关因素被开除，被开除的学生大多是本科或者硕士生。

一直以来，中国非常重视科学道德和学风建设工作。2011 年以来，全国科学道德宣讲教育领导小组会同北京市政府已经连续八年举办宣讲教育报告会，广受研究生新生欢迎，引起社会广泛反响，效果显著，成为每年开学季的一道亮丽风景线。2018 年 10 月 15 日，中国科协、教育部、中科院、社科院、工程院、自然科学基金委和北京市政府共同主办的2018 年全国科学道德宣讲教育报告会成功在人民大会堂举办。为进一步贯彻落实关于科学道德和学术诚信等的文件精神，提高高校研究生教育培养质量，加强高校研究生科学道德和学术诚信教育，本文提出以开展系列研究生活动为载体，加强研究生科学道德和学术诚信教育活动。

二、建立健全组织机构，完善工作机制

1. 组建科学道德和学术诚信教育活动工作组

开展研究生学术诚信教育活动目的是提升研究生自主创新能力，对提高研究生教育培养质量具有重要意义。为更好地开展学术诚信教育，各高校应成立学术诚信教育工作组，由主管校领导担任组长，研究生管理和培养单位，以及科研管理、思想政治教育等部门负责同志共同参与，统筹并协调组织各单位认真开展各项教育工作。

2. 制订科学道德和学术诚信教育活动开展方案

根据相关文件精神，结合各学校的研究生教育发展实际，以全面提升高校研究生的科学道德素养为目标，研究制订高校研究生学术诚信教育活动实施方案，发布学术诚信教育具体活动通知，对高校研究生学术诚信教育各项工作提出进一步要求，明确各研究生教育培养单位在学术诚信宣讲教育活动中的工作和任务。

3. 大力加强科学道德和学术诚信宣讲团专家队伍建设

要在校内外遴选在研究生中具有一定影响力和感召力的知名教师，组建成立宣讲团队，到各研究生教育培养单位，紧扣科学道德和学风建设这一主题，在研究生中大力宣讲严肃求实的科学精神、严谨细致的科学研究方法，耐心引导广大研究生走好学术生涯每一步。尤其要注重帮助广大研究生新生尽早树立科学道德和学术诚信意识，从研究生培养源头帮助广大研究生新生养成科学严谨的治学精神，培养诚信高尚的科学道德素养。

三、加强宣传、深化影响，大力开展科学道德和学术诚信教育宣讲活动

1. 组建各培养单位宣讲教育团队，实现教育宣讲全覆盖

组建各培养单位科学道德和学术诚信教育宣讲教育团队，广泛开展宣讲教育活动。组建由各培养单位分管研究生领导带队，研究生导师、研究生辅导员广泛参与的学术诚信教育宣讲团队，结合自己学校的学科特色和研究生教育培养的实际，组织开展专题讲座、学术报告、主题班团会、学术交流等主题特色鲜明的学术诚信教育主题活动，积极调动广大研究生参与各项活动的热情。

2. 将教育宣讲纳入到研究生教学和培养的全过程

将科学道德和学术诚信相关课程设定为研究生必选课，遴选有经验的教师担任任课教师，结合研究生的特点，制订相应教学计划，保证授课学时，赋予学分，实行学年考核。充分发挥课堂教学的主导作用，培养诚信高尚的科学道德素养。

另外可要求各研究生教育管理和培养单位组织研究生签署学术诚信承诺书，同时加强学位论文相似性检测，建立研究生课程学习、科学研究、遵章守纪等方面的学术诚信档案，记录研究生在校期间的诚信状况，将诚信档案内容量化为诚信积

分，并将诚信积分与研究生奖学金评定、评优表奖等挂钩，进一步推动高校研究生学术诚信教育实践活动的深入化、制度化，营造实事求是、潜心钻研、创先争优的健康的学术研究氛围。

3. 创新形式、拓展载体，增强科学道德和学术诚信教育活动时效性

各研究生教育管理和培养单位要开动脑筋、拓宽思路，持续开展不同主题、形式多样、内容丰富的学术诚信教育宣讲活动，开展以科学学术道德为宗旨的辩论赛、学术诚信主题微视频大赛、微表情设计大赛、主题教育书法、漫画作品展、主题征文，组织研究生观看学术不端的案例视频，以及制作主题卡片、书签、宣传标语等研究生喜闻乐见的宣传教育活动。

4. 群策群力，积极调动研究生参与宣传教育活动的积极性

各研究生培养单位在努力开展宣讲教育活动的同时，积极调动广大研究生的参与热情，充分发挥研究生党员、研究生骨干的引领示范作用，带领全体研究生遵守学术规范。号召研究生党员、研究生干部自我监督，自觉成为学术诚信教育宣讲的践行者和维护者。

四、稳步推进、选树典型，全面深化宣讲教育活动成果

1. 拓展宣讲教育活动范围，提升科学道德和学术诚信教育宣讲质量

进一步提升科学道德和学风建设水平，扩大研究生学术诚信教育影响力，各研究生培养单位要在全面总结本单位科学道德和学风建设宣讲教育活动各项工作落实情况的同时，在全校范围内，努力拓展宣讲教育活动范围，逐步把宣讲教育活动的对象扩大到青年教师队伍；将宣讲团的宣讲内容融入研究生党团及学生组织活动当中，使科学道德和学术诚信教育贯穿研究生教育管理过程的始终。

2. 评选宣讲教育先进单位，树立先进优秀典型

为进一步加强各研究生教育管理和培养单位组织研究生参加宣讲教育活动的积极性和主动性，树立研究生学术诚信教育宣讲优秀典型，及时总结宣讲教育活动成果，以组织开展研究生学术诚信教育评选活动为载体，评选积极参与科学道德和学风建设宣讲教育活动、诚实守信、自觉抵制学术不端行为、遵守学术规范、学术科研成果显著的研究生标兵，在全校范围内进行宣传表彰，同时各高校还要对各单位科学道德和学风建设宣讲教育活动各项工作的开展情况进行督导，评选和表彰在科学道德和学风建设宣讲教育活动中组织有力、措施有成效、推进有力的先进单位。

3. 广泛宣传优秀单位和个人的先进典型事迹，进而深化宣讲教育活动的影响

要求各研究生教育管理和培养单位充分利用校园网等各种网络媒体，及时展示学术诚信教育活动的阶段性成果，营造以恪守科学道德为荣，以违背学术诚信为耻的活动氛围。结合各高校研究生教育发展的实际情况，精心组织、全面部署、认

真落实、稳步推进，开展一系列形式多种多样、内涵广泛深刻的宣讲教育活动，不断总结开展宣讲教育工作的经验，加强高校内涵建设，注重实效，完善监督机制，推进高校研究生学术诚信教育各项工作稳步前进。

五、组织观看学习科学道德和学术诚信有关报告会，开展座谈交流活动

1. 组织收看报告会

深入学习贯彻党的十九大精神、“科技三会”精神和习近平同志关于科学道德和学风建设的重要指示精神，组织研究生和中青年教师收看由中国科学技术协会、教育部等有关部门举办的每年一次的全国科学道德宣讲教育报告会。

2. 组织开展座谈交流活动

在报告会直播结束后，组织研究生以座谈会等多种方式围绕宣讲报告进行热烈的学习交流。引导广大研究生从态度上坚持实事求是，摒弃急功近利；从行动上坚持开拓创新，摒弃粗制滥造。坚守“一条红线”、树立“一颗红心”、争做“一代红军”，坚决抵制学术不端行为。时刻牢记习近平总书记对青年一代的期望和嘱托，以严谨的治学态度和高度的爱国情怀，成为讲诚信、懂诚信、守诚信的新时代科研青年。高度重视高校研究生学术诚信教育实践工作，打造研究生科学道德与学术诚信教育品牌。通过组建高校研究生学术诚信教育宣讲团，组织开展形式多样的科学道德和学术诚信教育活动，建立研究生学术诚信档案制度，评选学术诚信之星、先进典型等，将研究生学术诚信教育融入研究生教育管理和培养的各个环节。还可在研究生宿舍建设研究生诚信空间，在为广大研究生提供生活便利服务、营造研究生宿舍文化氛围的同时，在潜移默化中开展研究生诚信教育。推动高校研究生学术诚信教育活动的深入化、经常化，营造实事求是、潜心钻研的健康学术研究氛围。

六、展望

深入开展学术诚信教育宣讲活动，进一步推动高校优良学风、校风的形成，对于倡导严谨求实的科学精神、提升研究生科学道德素养、增强研究生自主创新能力，还应做到：

1. 强化科学道德和学术诚信教育宣讲工作的长效机制

科学道德和学术诚信教育是推动学术研究健康发展的前提和基础，是一项长期任务，要把宣讲教育活动作为一项常态工作来抓，做到一年做一次、一次做一年，把宣讲教育作为研究生培养的重要环节，将宣讲内容融入课堂教学中去，通过专题报告、研究生学术规范教育、政治理论课等形式，把高校研究生学术诚信教育贯穿到研究生培养全过程，继续建立健全完善的诚信档案制度，对宣讲教育各项活动常抓不懈，确保宣讲教育工作持续开展。

2. 加强宣讲教育团队建设，创新宣讲载体，提高宣讲教育实效

在组建宣讲专家团队的基础上，遴选更多具有深厚学术造诣和严谨治学态度的校内外专家学者为研究生开展宣讲教育，扩大宣讲教育在研究生中的影响力，同时精心设计宣讲教育形式，不断开拓宣讲教育方法，多种形式相结合，提高宣讲教育的实效性。

3. 不断扩大宣讲教育范围，提升科学道德和学风建设水平

灵活采取集中宣讲和分散宣传相结合的方式，实现全体研究生宣讲教育的全覆盖。将新聘任研究生导师也纳入到宣讲教育范围中来，并将科学道德和学风建设教育与研究生导师培训和考核挂钩，对高年级研究生则侧重于开展学术规范和论文写作方面的培训，同时加强学位论文双盲审制度和论文相似性检测制度，保证学位授予的高质量，使科学道德和学风建设教育贯穿研究生管理过程始终，进一步提升科学道德和学风建设水平。

4. 深入开展科学道德与学术诚信教育理论研究，推动教育活动科学发展

为不断促进高校研究生学术诚信教育工作健康发展，同样要高度重视相关理论的研究工作，可拿出专项经费，设立科学道德与学术诚信教育理论专项研究，组织专家、教师积极参与，对科学道德和学术诚信教育系列重点项目进行深入研究，对加强高校研究生学术诚信教育、倡导求真务实的学习风气、推动学术研究健康发展、提高研究生的思想道德水准将起到积极的促进作用。

【主要参考文献】

[1] 殷翔文. 大力提高研究生培养质量的思考与实践——以江苏省为例[J]. 学位与研究生教育, 2012(4):1 -4.

[2] 刘红. 中国梦 职教梦 青春的梦[J]. 中国职业技术教育,2013(16):21 -27.

[3] 李振,杨超,王明静. 研究生学术文化建设中存在的问题及改进措施[J]. 教育现代化,2017,4(1):3 -5.

[4] 佚名. 重庆市全面启动科学道德和学风建设宣讲教育活动[J]. 学位与研究生教育,2012(1):15 -15.

[5] 孟姗姗. 研究生学术规范与学术道德教育机制研究[D]. 石家庄:河北大学,2015.

【作者简介】

邱明浩(1982—)，沈阳建筑大学管理学院党委副书记，副院长，讲师。

刘洋(1980—)，沈阳建筑大学党委研究生工作部副部长，研究生院副院长。

于洋(1981—)，沈阳建筑大学研究生学院党委研究生工作部，讲师。

金宁(1989—)，沈阳建筑大学研究生学院招生科科长，助理研究员。